교실 한구석에서 시작하는
학교 공간혁신

교실 한구석에서 시작하는
학교 공간혁신

발행일 2021년 6월 01일 초판 1쇄 발행
2023년 1월 20일 초판 3쇄 발행
지은이 한현미
발행인 방득일
편 집 박현주, 허현정
디자인 강수경
마케팅 김지훈

발행처 맘에드림

주 소 서울시 도봉구 노해로 379 대성빌딩 902호
전 화 02-2269-0425
팩 스 02-2269-0426
e-mail momdreampub@naver.com

ISBN 979-11-89404-46-8 93370
※ 책값은 뒤표지에 있습니다.
※ 잘못된 책은 구입처에서 교환하여 드립니다.

학교, 삶과 배움이 조화를 이루는 공간을 디자인하다

교실 한구석에서 시작하는
학교 공간혁신

한현미 지음

맘에 드림

획일화된 공간에서
창의적 인재를 키울 수 있다는 착각

인간은 누구나 공간에서 태어나고, 공간에서 살다가, 공간에서 삶을 마감한다. 공간을 벗어난 인간의 삶을 생각할 수 없을 만큼 공간은 우리의 일상과 삶의 질에 커다란 영향을 미친다.

지금 어떤 공간에서 생활하고 있습니까?

안타깝게도 그동안 우리는 삶에서 공간이 인간에게 미치는 영향과 중요성에 대해 깊이 생각하지 않았다. 마치 우리가 공기 없이는 살 수 없는 존재임에도 평상시 공기의 소중함을 잊은 채 살아가는 것처럼 말이다. 하지만 날이 갈수록 심각해지는 미세먼지나 초미세먼지 문제에 더해 코로나19 팬데믹 상황까지 겹치며 평소 실내에 머무는 시간이 크게 늘었고, 이제 어떤 공간에서 생활하는 가는 우리에게 더욱 현실적인 문제로 다가왔다. 공간의 중요성을 체감하게 된 것이다.

사실 우리는 커피 한 잔을 마시더라도 분위기 좋은 공간에 머물 때 그 맛을 더 풍부하게 느낀다. 공간이 주는 따뜻함, 편안함, 아름다움 등에 끌릴수록 그곳에 더 오래 머물고 싶어지고, 또 그런 공간을 찾게 마련이다. 더 나은 공간을 추구하면서 우리가 사는 집은 꾸준히 변화해왔다. 단순히 거주하는 공간이 아니라 좀 더 우아한 공간, 좀 더 세련된 공간, 좀 더 아늑한 공간으로 바꾸려는 사람들이 많아진 것이다. 예컨대 일부러 꽃시장에 들러 예쁜 꽃을 사다가 꽂아두거나, 특별한 액자를 걸거나, 때로는 과감하게 비용을 투자해 새롭게 인테리어를 하기도 한다. 우리가 사는 집, 우리 아이들이 사는 집은 편안하고 아늑해야 하니까.

그런데 학교 공간은 어떠한가? 수십 년 전 교실과 크게 달라진 곳을 찾기 어려울 만큼 너무나도 똑같은 모습에 머물러 있다. 네모난 교실에 네모난 칠판, 네모난 책상, 네모난 교탁 등은 그 모습 그대로 21세기에 덩그러니 존재한다. 초·중·고등학교 12년 동안 거의 똑같은 공간에서 공부하는 우리 아이들은 무의식중에 비슷한 생각을 하며, 비슷한 틀에 갇히기 쉽다. 하지만 21세기를 살아가는 우리의 아이들에게 필요한 것은 표준화된 생각이 아니라 창의적이고 융합적인 사고가 아닌가? 창의적·융합적 사고 능력을 키우려면 다양한 공간에서 생활하며, 다양한 것을 보고, 만지고, 느낄 수 있어야 한다. 좀 더 다양한 모양의 교실, 다양한 높이의 층고, 다양한 모양의 책상과 의자가 놓여야 한다.

우리가 꿈꾸는 학교 공간을 만들기 위한 고민

아주 오랫동안 우리의 학교는 아이들이 서로 치열하게 경쟁하는 공간, 좋은 성적으로 상급학교에 진학하기 위해 거쳐야 하는 공간 정도로 인식되어왔다. 성적 우수자를 얼마나 많이 배출하고, 소위 명문이라 불리는 상급학교에 얼마나 많은 학생들이 진학했느냐가 좋은 학교와 그렇지 않은 학교를 나누는 기준이 된 것이다. 그러나 이제 우리는 좀 더 진지하게 고민해야 한다.

- 학교가 단지 공부만 하는 곳인가?
- 단순 암기식의 결과를 성적으로 내는 것이 진정한 배움인가?

학교는 아이들의 삶이 담긴 공간이다. 따라서 아이들은 학교에서 편안한 마음으로 일상을 즐겁게, 행복하게 보낼 권리가 있다. 그러나 안타깝게도 우리의 학교 어디를 둘러봐도 마음 편히 쉴 수 있는 공간, 아름다운 공간, 편안함을 주는 공간은 찾아보기 힘들다. 대부분의 학교 현관은 벽면에 역대 교장선생님들의 사진들과 학교의 역사를 자랑스레 보여주는 딱딱한 분위기의 액자들로 꾸며져 있다. 이런 공간은 아이들이 아니라 어른들의 입장에서 꾸며진 공간일 뿐이다. 이런 분위기의 학교 현관에 발을 들이는 순간 아이들은 벌써 숨이 턱턱 막히는 위압감을 느끼고, 누가 뭐라 눈치를 준 것도 아닌데 괜스레 주눅이 들 수밖에 없다.

아이들이 첫발을 디디는 학교 중앙현관부터 바꿔보자. 또한 계단, 복도, 교실, 화장실, 특별실, 도서관, 식당 등 우리가 조금만 관심을 기울이면 전혀 다른 모습으로 아름답게 탈바꿈할 만한 공간들이 너무나도 많다. 당장 큰 예산을 들일 수 없다면 작은 것부터 시작해도 좋다. 학교 공간에 조금 더 관심을 가지고 창턱에 작은 화분 하나라도 올려놓고, 페인트 색상 하나라도 밝게 바꾼다면 공간이 한층 생기 넘치게 살아난다. 공간에 생기가 돌면 자연히 그 속에서 활동하는 아이들의 마음도 함께 살아난다. 나아가 그들의 삶도 행복해질 것이다.

공간의 중요성부터 공간별 혁신 사례까지, 학교 공간혁신의 거의 모든 것

자, 먼저 학교 주변 공간에 관심을 기울여보자! 그리고 천천히, 차분하게 들여다보자. 우리의 사랑스러운 아이들이 생활하는 이 공간을 좀 더 오래 머물고 싶은 온기가 넘치는 따뜻한 삶의 공간으로 만들려면 어떻게 해야 하는지 생각해보자. 아이들과 함께 공간을 들여다보고, 아이들과 선생님이 함께 공간에 대한 이야기도 나눠보자. 아울러 아이들이 원하는 공간, 선생님들이 원하는 공간, 아이들을 위한 공간, 선생님들을 위한 공간으로 만들어보자. 더 나아가 학교가 지역사회와 분리된 공간이 아니라 마을 속 학교, 학교 속 마을이 되도록 지역 주민들의 삶도 담아낼 수 있는 공간으로 거듭나려면 어떻게 해야 하는지 같이 고민해보자. 나는 이 책에서 이런 고민을 담아내고, 방향을 제시하고 싶었다. 책 속에 담긴 다양한 사례를 접하다 보면 분명 각 학교의 상황에 어울리는 고유한 빛깔을 찾아낼 수 있을 것이다.

1부에서는 학교 공간혁신에 관한 본격적인 이야기를 시작하기 전에 좀 더 근본적인 문제를 들여다보았다. 즉 '우리가 왜 공간에 주목해야 하는지', 그리고 '왜 공간이 중요한지' 등에 관해 이야기한다. 우리는 어떤 공간에 머무느냐에 따라 즐거워지기도 하고, 반대로 우울해지기도 한다. 이와 관련한 다양한 사례와 연구 결과들을 통해 공간의 중요성을 새삼 깨달을 수 있을 것이다.

2부에서는 공간혁신을 추진하는 주체와 공간혁신을 진행하기 위한 구체적인 방법 등을 다루었다. 과거에는 학교 공간의 개선에 큰 관심을 기울이지도 않았지만, 막상 공간 개선과 관련한 사업을 진행한다고 해도 이는 행정실과 관리자, 관련 교사 몇몇, 즉 소수의 의견에 좌우되어 이루어지는 것이 관례였다. 학교 공간에서 가장 오래 생활하는 학생들이나 교사들의 의견이 소외되었던 것이다. 그러나 집을 지을 때 가장 귀를 기울여야 하는 대상은 바로 그 집에서 살아갈 사람들인 것처럼, 학교 공간을 바꿀 때도 공간의 주인인 아이들과 교사들의 다양한 의견을 듣는 것이 무엇보다 중요하다. 즉 공간혁신의 주체는 아이들, 교사들이다. 나아가 앞으로 학교가 지역사회에 문을 열고, 마을교육공동체의 중심축으로 자리 잡아갈 것을 고려한다면 지역사회 주민들 또한 공간혁신의 중요한 주체이다. 주인 된 권리를 가지고 공간을 주체적으로 바꿔나가려면 공간 사용자는 자신이 생활하는 공간에 대해 관심을 갖고 면밀히 살펴보아야 한다. 또한 학교 공간을 사용하는 주체의 의견을 전문적으로 수렴하여 구현하고, 올바른 방향으로 공간혁신을 이룰 수 있도록 동력을 확보해야 한다. 그래서 이곳에서는 최선의 공간혁신을 위해 옆에서 도와줄 수 있는 촉진자들의 구체적인 역할과 사용자들이 참여하는 공간혁신의 일반적인 절차 등에 관해 기술하였다.

3부에서는 성공적인 공간혁신의 밑거름이 되는 '공간수업'을 어떻게 진행했는지에 관한 구체적인 사례를 담았다. 우리 교사들은 어떻게 공간수업을 해야 할지 고민이 많다. 이에 실제 학교의 공간수업 과정을 구체적으로 제시하여 각 학교의 상황에 맞게 응용할 수 있도록 하였다. 공간수업은 교육 공동체가 함께 참여하여 서로의 의견을 듣고, 모두가 원하는 공간은 무엇이고, 필요한 공간은 무엇인지 다양한 의견을 수렴하는 과정으로 공간혁신의 꽃이라 할 수 있다. 우리 교사들은 수업의 전문가이다. 공간이라는 주제를 가지고 수업을 한다고 생각하면 된다. 이 책에서는 초등학교와 중학교의 사례를 담았지만 과정과 절차는 비슷하다. 각 학교의 상황에 따라 과정을 좀 더 추가하여 진행할 수도 있고, 불필요한 절차는 생략해서 진행할 수도 있다.

4부는 공간혁신의 방향에 대한 내용을 담았다. '공간혁신'이라는 단어를 처음 들으면 다소 막막할 것이다. 이에 스스로 방향성을 탐색해볼 수 있도록 다양한 각도에서 살펴본다. 물론 공간혁신에 대한 정답은 없다. 단지 공간혁신이 추구하는 방향을 잃어버리지 않고, 개별 학교의 다양한 상황에 맞게 학생과 교사, 지역 주민들이 함께 의견을 모을 수 있어야 한다. 아울러 그 학교만의 고유한 공간혁신 방법을 찾기 위해 다양한 사례를 보고, 듣고, 느끼는 것이 중요하다. 여러 가지 사례를 발판 삼아 더 나은 아이디어로 다양하게 발전시켜볼 수 있기 때문이다.

5부는 학교 공간 곳곳을 아우르는 다양한 공간혁신 사례들을 소개한다. 먼저 학생들과 교사들이 가장 많이 머무는 교실에서부터 도서관, 복도와 계단 홈베이스, 운동장, 특별실, 교무실과 행정실, 그리고 화장실에 이르기까지 공간별로 나누어 혁신의 방향과 함께 사례들을 제시하였다. 학교에서 주로 시선이 가는 공간들은 가능한 한 모두 살펴보고자 했다. 자세한 내용은 뒤에서 다루겠지만, 평소 아무도 거들떠보지 않고 지나치기 일쑤였던 죽은 공간을 조금 변화시키는 것만으로도 아이들의 발걸음이 이어지고, 재잘대는 소리가 끊이지 않는다. 아무리 오랫동안 죽은 공간으로 방치되었다고 해도 아이들의 생기로 채워지는 순간 에너지 넘치는 살아 있는 공간으로 거듭난다. 아주 조금만 바꾸었는데 아이들이 몰려오고, 그들의 삶으로 공간이 가득 채워지는 것은 참으로 신기하고 감동적이다.

코로나19의 장기화로 어수선한 시기에 지금 당장은 학교 공간혁신이 왜 중요한지, 어떤 방향으로 공간을 바꾸어야 하는지, 공간혁신의 방법은 무엇인지 생각하는 것이 부담스럽게 느껴질 수 있다. 하지만 미래학교로 진화하는 과정에 공간혁신을 빼놓을 순 없다. 다만 공간 그 자체에 얽매이기보다는 공간에 관한 좀 더 다양하고 융통성 있는 해석이 필요한 때다. 이 책이 학교 공간혁신에 대한 궁금증을 아주 조금이라도 해소하는 데 도움이 되기를 간절히 소망한다.

한현미

차례

PART 01

공간과 인간 심리

"우리는 왜 공간에 주목해야 하는가?"

04 디자인 • 066
배움을 넘어 삶을 다시 디자인하는 공간혁신 방안

첫째, 자연과 더 가까이할 수 있는 방법을 고민한다 • 067 / 둘째, 교실 천장의 높이와 모양을 다양하게 한다 • 071 / 셋째, 다양한 모양의 창문을 만든다 • 074 / 넷째, 공간을 다채롭게 한다 • 079

PART
02

공간혁신의 주체
"누가, 어떻게 공간을 혁신할 것인가?"

01 리더촉진자, 기술촉진자, 교육촉진자 • 086
공간혁신의 추진 동력을 높여주는 촉진자들

공간혁신은 곧 배움의 혁신이다 • 087 / 공간혁신의 중심을 잡아주는 촉진자들 • 088 / 촉진자들의 역할분담을 통한 효율적 진행 • 091 / 공간수업을 통한 공동체 의견 수렴과 공간혁신의 밑그림 그리기 • 094

02 구심점 • 100
사용자가 직접 참여하는 공간혁신 설계

각각의 목적에 따른 공간 구성의 필요성 • 101 / 사용자들이 참여하는 학교 공간혁신의 절차 • 103

PART 03

함께 참여하는 공간수업

"모두의 행복을 담은 학교로 만드는 공간혁신의 요체"

PART 04

미래학교와 공간혁신

"학교 공간은 어떻게 달라져야 하는가?"

"우리는 왜 공간에 주목해야 하는가?"

수년 전부터 서열화와 경쟁에 매몰된 교육을 혁신하기 위한 노력이 현장을 중심으로 다양한 분야에서 계속되어왔다. 이러한 자발적인 노력들의 결과 교육현장에 조금씩 변화가 찾아오고 있다. 하지만 학교 공간에 대한 관심은 다소 소외되어 있었다. 아무래도 '학교 공간'을 바꾼다는 것은 비용적, 시간적인 문제를 포함해 부담스러운 과제임엔 틀림없다. 하지만 학교 공간은 교육과정만큼이나 학생들의 성장에 큰 영향을 미친다. 이에 첫 장에서는 우리가 왜 더 늦기 전에 학교 공간에 관심을 기울여야 하는지를 중심으로 이야기한다. 다양한 사례와 연구 결과들을 통해 학교 공간과 배움의 관계, 이 둘 사이의 밀접한 상호작용에 주목하다 보면 왜 공간혁신이 중요한지 다시 한 번 깨달을 수 있을 것이다. 아울러 각자 머릿속에 공간혁신의 방향성을 세우는 데 분명 도움이 되리라 믿는다.

PART

01

공간과
인간 심리

공간

교육혁신?
이제는 공간혁신이다

우리는 늘 공간에 머물며 숨 쉬고, 느끼고, 생활한다. 공간을 벗어
난 인간의 삶은 생각할 수 없을 만큼 공간은 우리의 삶 전반에 깊
은 영향을 미친다. 그렇다면 우리는 어떤 공간에서 행복을 느낄
까? 영국의 총리였던 윈스턴 처칠(Winston Churchill, 1874~1965)의
말에서 우리는 공간과 인간의 관계를 짐작해볼 수 있다.

"우리가 건축을 만들지만, 다시 그 건축이 우리의 모습을 만든다."

우리에게는 너무나 익숙한 학교 건축에 대해 생각해보자. 학창 시
절을 지나 다시 교직 생활을 이어가면서 우리는 학교라는 공간에
서 과연 얼마나 행복한가? 코로나19는 학교 공간에 대해 새삼 생

각해보는 계기가 되었다. 사상 초유의 온라인 개학과 수업으로 교육 체제가 비대면으로 전환되면서 교정에서 아이들이 사라졌다. 아이들이 없는 교정은 쥐 죽은 듯 고요하고 삭막하다. 어떤 날은 그 삭막함에 마음이 저리고, 때론 눈가에 눈물이 맺히기도 한다. 사랑스럽고 귀여운 아이들과 함께할 때는 그들의 에너지 덕분에 그나마 활기차고 생기 있는 공간이었지만, 아이들이 없는 텅 빈 학교는 삭막하고 칙칙한 민낯을 고스란히 드러내고 말았다. 첨단 사회로의 변화가 무색할 만큼 오늘날의 학교는 예나 지금이나 여전히 차갑고 딱딱하기 그지없는 구식 공간이다.

똑같은 공간 속에서 똑같은 생각의 틀에 갇혀버리다

-

이 책에서는 우리나라는 물론 해외의 학교 공간 구석구석을 들여다볼 것이다. 하지만 학교 공간을 살펴보기 전에 우리의 집, 우리의 생활 도구들이 어떻게 변화되었는지 잠시 살펴보자. 얼핏 보기에도 50여 년 전 평범한 주거 환경과 비교해본다면 상당한 차이가 있음을 알게 될 것이다. 굳이 50년 전까지 거슬러 올라갈 필요도 없다. 2000년대와 비교해도 참 많은 것이 달라졌으니 말이다. 하다못해 전화기부터 냉장고, 텔레비전, 자동차 등 많은 것들이 과거와는 확 바뀐 모습이며, 이와 함께 우리의 생활 패턴도 크게 달라졌다. 그러다 보니 50년 전 주거 환경은 마치 사극을 보는 기분이 들 만큼 낯선 모습이다.

그런데 자세히 들여다보면 변화한 환경이 무색하게 기본 구조는 거의 달라진 것이 없다. 현대의 주요 주거 공간인 아파트만 해도 네모난 외형에 네모난 거실, 네모난 방, 네모난 화장실 등 내부 구조는 크게 바뀌지 않았다. 우리의 아이들은 마당 없는 네모난 아파트에서 태어나 네모난 교실에서 12년간 생활하고, 네모난 사무실에서 일하고, 또다시 네모난 아파트를 분양받아 새로운 둥지를 틀고 살다 결국 네모난 병원에서 생을 마감할 것이다. 벗어날 수 없는 네모의 틀에 갇힌 채 수동적이고 순종적인 삶을 살 수밖에 없는 구조이다. 똑같은 공간에서 생활하다 보니 생각도 비슷비슷하다. 특별한 생각을 하면 사람들이 이상하게 쳐다보니, 어떻게 해서든 비슷하게 모든 것을 통일하려고 든다.

다양성을 인정하는 사회일수록 발전의 폭은 확대된다. 하지만 다른 것은 틀린 것이라고 암묵적으로 동의하는 사회에서는 다른 생각을 하는 사람은 틀린 사람이고, 나쁜 사람이고, 멀리하고 싶은 사람이 되어버리고 만다. 똑같은 공간에서 살다 보니 생각도 똑같아야 한다는 틀까지 무심코 갖게 되었는지 모른다. 하다못해 식당에서 음식을 시킬 때도 "뭐 먹을래?"라는 질문에 "아무거나" 또는 "같은 걸로"라고 대답하는 식이다. 모두가 똑같은 메뉴를 시켰는데 나만 다른 것을 주문하기를 꺼리는 것이다. 이 또한 평생 같은 공간에서 자라면서 은연중에 같은 것이 좋은 것이라는 생각의 틀에 갇혀버린 결과이다.

빠르게 변화하는 공간 속에서 인간다움을 잃지 않으려면

세상은 과거와 크게 달라졌고, 지금 이 순간에도 급격하게 변하고 있다. 제4차 산업혁명은 이제 우리의 일상생활 깊숙이 들어와 있다. 사물인터넷, 인공지능, 로봇이 인간의 노동력을 대체할 것이라는 전망은 이제 새삼스럽지 않다. 첨단 기술력은 한층 스마트한 공간의 탄생으로 이어졌다. 예컨대 스마트 교실, 스마트 홈, 스마트 빌딩, 스마트 팜 등등의 공간은 첨단 IT 기술과 도시기반시설을 융합하여 효율적으로 관리되며, 시민들은 언제 어디서나 필요한 정보를 접할 수 있게 되었다.

그런데 스마트해진 공간과 별개로 우리 인간은 과연 더 행복해졌을까? 더 창의적으로 변했을까? 더 주체적인 삶을 살고 있을까? 안타깝지만 한층 스마트해진 공간과 대조적으로 우리 인간은 점점 더 피동적으로 되어가고, 자유의지와 창조성은 쇠퇴하는 모습이다. 사이버상에서의 관계는 거미줄처럼 복잡하게 얽히고설켜 있지만, 실제 현실에서는 단절 현상이 두드러진다. 그 결과 서로 배려하고, 소통하고, 양보하고, 협업하는 방법을 점점 더 잃어가고 있다. 인간다움이 사라져가는 것이다.

이러한 시대에 우리 인간이 인간답게 살기 위해서는 어떻게 해야 할까? 먼저 인간다움이란 어디서 나오는지를 살펴볼 필요가 있다. 우리 인간은 주변 환경에 많은 영향을 받는다. 특히 우리는 자연과 가까울수록 마음의 여유를 찾으며, 자신의 본모습을 돌아보게 된다. 그래서인지 요즘은 자연친화적 주거환경이 주목을 받고 있다. 예컨대 아파트만 해도 최근 건설사들은 단지 내에 공원이나 산책로 등을 조성해 복잡한 도심 안에서도 입주민들이 평화로운 자연을 느낄 수 있도록 하여 좀 더 쾌적하게, 좀 더 안락하고 편안하게 지낼 수 있도록 아이디어를 짜낸다.

변화하는 가정과 머물러 있는 학교

주거 환경을 개선하고자 노력한 것과는 대조적으로 학교 공간은 너무나 오랫동안 방치되어왔다. 즉 50년 전의 학교와 지금의 학교는 세월이 무색할 만큼 너무나 똑같다. 집이라는 공간에 대해서는 어떻게든 편안하고 자연친화적인 분위기를 만들기 위해 이런저런 노력을 기울이면서 정작 아이들이 거의 하루 종일 생활하는 학교에 대해 우리는 참으로 무심하다. 그래서인지 전국 어디를 가도 학교는 회색빛이 감도는 삭막하고 딱딱한 공간이다.

그동안 교사들은 교육혁신을 위해 수많은 노력을 기울여왔다. 그러나 공간혁신에 대해서는 상대적으로 소홀히 했던 것이 사실이다. 교육혁신은 배움 중심 수업, 함께 만들어가는 교육과정, 민주적인 협의문화, 회복적 생활교육을 바탕으로 한 학생자치, 마을교육공동체 등에 중점을 두며 교육과정을 이끌어가는 것이다. 수많은 교사들이 이러한 교육혁신에 앞장섰고, 조금씩 변화와 성장을 이끌어내고 있는 것과 달리 학교 공간은 여전히 전통적인 모습 그대로이다. 과거와 크게 달라지지 않은 공간에 단지 컴퓨터가 들어오고, 모니터가 교실 한구석을 차지했을 뿐이다.

더 늦기 전에 학교 공간에 관심을 기울여야 한다. 아이들이 편안하게, 재미있게, 무한한 상상력을 발휘하여 창의적인 인간으로 성장할 수 있도록 공간을 재구성해야 한다. 그래서 아이들이 맘껏 뛰놀고, 상상하면서 배울 수 있는 진정한 배움의 공간으로 만들어야 한다. 아름다운 공간은 아름다운 마음을 낳고, 아름다운 마음은 아름다운 행동으로 이어진다. 12년간 아이들을 삭막하고 차가운 공간에 몰아넣은 채 마음 따뜻한 사람으로 자랄 것이라고 믿는 것은 어른들의 착각이다. 틀에 갇힌 공간에서 창의적인 아이로 자라기를 바라는 것도 어른들의 욕심일 뿐이다. 아이들의 행동과 생각은 공간의 틀을 벗어날 수 없다. 딱딱한 공간은 아이들의 행동을 제약하고, 아이들의 상상력마저 제한하기 때문이다.

공간과 인간의 상호작용에 관하여

-

사람은 공간을 만들고, 공간은 사람을 만든다. 우리가 어떤 공간에 있느냐에 따라 행복함, 즐거움, 뿌듯함을 느낄 수도 있지만, 정반대일 수도 있다. 따라서 자신이 사는 공간에 대해 불편한 점 또는 원하는 것이 있다면 바꾸도록 요구할 수 있어야 한다. 무엇인가를 주도적으로 변화시키는 과정에서 사람은 자발적인 존재가 되고, 더 행복할 수 있다. 학교는 국민의 세금으로 지어지는 공공의 공간이다. 아울러 교사들이 일하는 공간, 아이들이 배우는 공간, 즉 삶의 터전인 만큼 좀 더 나은 공간으로 만들어야 한다.

한결같이 일렬로 쭉 이어진 복도, 같은 크기와 같은 모양의 교실, 일자형 학교 건물은 그간 학교를 지배해온 획일화된 교육의 결과물과 다르지 않다. 학교는 교육의 본질이 구현되고, 참된 교육이 이루어지는 공간이어야 한다. 기성세대가 획일적으로 만들어놓은 틀 안에서 자라는 아이들은 비슷한 생각과 비슷한 행동을 하는 사람, 말 잘 듣는 인간이 되어 사회로 나가게 된다. 창의력이 사라진 아이들은 커다란 사회의 시스템 속에서 기계적으로 살아갈 것이다. 또 그 속에서 일의 본질, 일의 즐거움을 잃고 진정한 행복이 무엇인지조차 모른 채 시계추처럼 살아가게 될 것이다.

배움이 이루어지는 학교 공간의 주인은 배움의 주체인 아이들이어야 하지만, 그동안의 학교 건축에서 아이들은 철저히 소외되었다. 학교를 짓고, 학교를 바꿀 때는 아이들의 의견을 들어야 한다는 생각조차 하지 못한 것이다. 집을 지을 때는 먼저 건축주가 원하는 것이 무엇인지, 그 공간에서 어떤 삶을 살고 싶은지를 깊이 있게 묻고 설계를 시작한다. 학교도 아이들의 의견을 묻고, 교사들의 의견을 묻고, 나아가 지역사회의 의견을 물어서 사용자 주체로 공간을 바꾸어 나가야 한다. 그곳에서 살아가는 사람이 그 공간의 주인이다. 그것이 바로 **공간주권**[1]이며, 공간에 대한 권리이다. 즉 학교에서 살아가는 학생들과 교사들이 학교 공간을 바꾸는 주체가 되어야 하고, 행복한 공간이 될 수 있도록 끊임없이 고민하고 요구해야 한다. 이제 학교 공간은 아이들이 행복한 공간, 교사들이 행복한 공간, 더 나아가 마을 주민, 지역사회가 행복한 공간이 되어야 한다.

'공간주권'의 의미

- 학교는 학생과 교사가 주인인 공간으로, 스스로 학교 공간을 어떻게 구성할 것인가 주체적으로 결정하고 변화시킬 수 있어야 함
- 공간주권은 학생들이 학교 공간 안에서 자신들의 공간이라는 주인의식을 갖고 능동적으로 살아가며, 공간을 주도적으로 구성하고 변화시킬 수 있는 권리임
- 특히 학교 공간을 보다 더 나은 공간으로 변화시키는 과정에도 주체적으로 참여하며, 단순히 학교 공간의 사용자로서가 아니라 자기 주도성을 갖고 적극적으로 학교 공간을 변화시켜가는 민주적 학교 공간의 생산자가 될 수 있도록 함

※ 공간주권은 프랑스 사회학자이며 공간철학자인 앙리 르페브르(Henri Lefebvre)가 처음으로 제기한 개념으로 공간사회학에서는 일반화된 개념임. 앙리 르페브르)는 공간을 권력의 관점에서 비판적으로 성찰하며, 평등한 공간 재구성에 대한 권리를 주장하였음

-교육부 보도자료-

---

1. 프랑스 사회학자이자 공간 철학자인 앙리 르페브르는 "학생들이 학교 공간 안에서 자신들의 공간이라는 주인의식을 갖고 능동적으로 살아가며, 공간을 주도적으로 구성 및 변화시킬 수 있는 권리"로서 공간주권을 정의하였다.

학교는 어떤 공간이어야 하는가?

－

학교는 민주주의의 배움터로 서로 존중하고 협력하는 법을 배우는 공간이어야 한다. 존중받은 경험이 있는 아이가 다른 사람도 존중할 수 있다. 학교가 아이들의 성장을 돕는 공간, 아이들의 욕구를 반영한 공간, 아이들이 원하는 공간으로 바뀔 때 아이들 또한 상호 존중을 배울 수 있다. 아울러 학교에 대한 자긍심도 높아지고, 우리 학교, 우리 공간이라는 주인의식을 갖게 된다. 좋은 배움의 공간은 현재의 아이들에게 행복한 공간을 제공하여 훌륭한 교육 공간이 되기도 하고, 미래 사회를 민주적으로 이끌어갈 민주 시민을 기르는 역할을 하기도 한다. 그렇다면 미래 사회를 이끌어갈 아이들을 기르는 학교는 어떤 방향으로 나아가야 할까? 여기에서는 다음의 네 가지 정도로 정리해보고자 한다.

하나, 아이들의 삶을 담아내고, 풍요롭게 하는 공간이어야 한다

아이들은 제각각이다. 조용한 아이도 있고, 활발한 아이도 있고, 장애를 가진 아이도 있고, 상처가 많아 마음의 문을 꽁꽁 닫고 사는 아이도 있다. 또 아이들은 기쁠 때도 있고, 슬플 때도 있고, 걱정에 휩싸일 때도 있고, 활기찰 때도 있고, 기운이 쭉 빠질 때도 있다. 따라서 학교는 저마다 서로 다른 아이들의 무수히 많은 생각과 감정을 표현할 수 있는 공간이 되어야 하는 동시에 **팔색조 같은 아이들의 삶을 담아내는 공간**이어야 한다. 그만큼 다양한 공간을 마련할 필요가 있다는 뜻이다. 하지만 지금까지의 학교 건축에서는 아이들이 자신의 감정을 추스를 수 있는 공간, 편안함을 느낄 수 있는 공간은 어디에서도 찾아볼 수 없었다. 학교니까 불편한 것이 있어도 참고, 또 학교니까 덥거나 추운 것은 당연히 참아야 한다고 막연히 생각했을지 모른다.

모두가 찢어지게 가난했던 시절에는, 학교가 그 지역에서 가장 좋은 건물이었다. 집보다 훨씬 훌륭했기에 감히 누구도 불편함을 쉽게 말하지 못했을 것이다. 그러나 지금은 상황이 크게 달라졌는데도 학교 공간의 문제점에 대해 이야기하는 모습은 여전히 찾아보기 어렵다. 집이라는 공간이 계속 변화하고 발전하는 동안 학교는 50년 전 제자리에 머물러 있는데도, 공간을 개선해야 한다는 적극적인 목소리를 내는 사람은 드문 것이다.

이제라도 더 늦기 전에 누가 봐도 좋은 공간으로 학교를 혁신해야 한다. 만약 학교를 고급 호텔 이상으로 바꾼다면 대한민국의 모든 아이들이 편안하고 안락하게 생활할 수 있을 것이다. 학교는 누구에게나 열린, 공적인 공간이다. 따라서 그 어느 공간보다 정성을 다해, 건축비가 많이 들어가더라도 최고의 공간으로 만들어놓는다면 그 혜택은 모두가 똑같이 누릴 수 있다. 즉 모든 아이들이 12년간 최고의 공간에서 자신의 삶을 마음껏 펼치며 생활할 수 있는 것이다.

학교는 아이들이 단지 학습만 하는 공간이 아니다. 밥도 먹고, 운동도 하고, 음악도 듣고, 화장실도 가고, 놀이도 하고, 걷기도 하고, 뛰기도 하고, 그림을 그리기도 하는 등, 아주 다양한 삶이 펼쳐지는 공간이다. 학교는 이 모든 활동을 담아낼 수 있는 따뜻하고 아름다운 공간이어야 한다. 그러기 위해서는 학습실뿐 아니라 동아리실, 명상실, 다락방, 알코브[2], 작업 공간, 신체활동을 할 수 있는 크고 작은 공간, 놀이 공간, 가상 체험 공간, 세미나 공간, 중정, 노작 공간 등 다양한 소통 공간을 만들어서 아이들의 삶을 폭넓게 담아내고, 아이들의 삶을 풍요롭게 해야 한다.

둘, 다양한 배움활동이 가능한 유연한 공간이어야 한다

기존의 학교는 각각 공간의 경계가 명확하고, 하나의 공간에 하나의 상황을 수용하도록 설계되었다. 즉 과학실에서는 과학 수업만, 음악실에서는 음악 수업만 할 수 있다. 그토록 넓은 급식실은 오직 급식이라는 상황만 수용할 뿐 더 이상의 기능은 없었다. 하지만 앞으로는 하나의 공간에서 여러 교육활동이 가능해야 한다. 즉 하나의 공간에서 다양한 교육활동이 이루어질 수 있도록 **유연하게 공간을 구성**해야 한다는 뜻이다. 예를 들어 도서관은 책만 읽는 공간이 아니라 수업도 이루어질 수 있도록 좌석 배치를 해야 하고, 간단한 공연이나 협의, 강의, 전시 등의 다채로운 교육활동도 수용할 수 있도록 설계되어야 한다. 또 운동장 트랙은 달리기할 때만 사용하는 것이 아니라 아이들의 등하굣길로도 사용할 수 있어야 한다. 반대로 아이들의 등하굣길을 트랙으로 사용한다면 운동

---

2. 방 또는 복도의 벽 한 부분을 쑥 들어가게 만들어놓은 공간

장을 조금 줄이고 산책 공간을 만들어 아이들이 산책을 하면서 자연을 접하고 마음의 여유를 가질 수 있게 할 수도 있다.

무엇보다 중요한 것은, 학교의 이런 공간들이 아이들에 대한 애정을 바탕으로 만들어져야 한다는 것이다. 학교 공간혁신의 근본은 아이들을 향한 사랑이다. 공공건축 분야에서 독보적 업적을 쌓은 건축가이자 교육자인 헤르만 헤르츠버거(Herman Hertzberger)는 《건축 수업》이라는 책에서 다음과 같이 말했다.

> 건축가가 설계하는 모든 공간은 가능한 모든 상황에 적합해야 한다. 즉 상황을 수용하는 데 그치지 않고 상황을 유도할 수도 있는 공간이어야 한다는 말이다. 이처럼 기본적이면서도 능동적인 적합성을 지니고 있으며 사람을 향한 애정이 풍부한 공간을 '우호적인 공간'이라고 부른다. [3]

셋, 연결되고 소통할 수 있는 공간이어야 한다

소통의 전제는 연결이다. 연결되어 있을 때 소통도 가능하다는 뜻이다. 과거에는 공간이 투명하여 밖에서 안이 들여다보이면 아이들의 집중을 방해한다는 이유로, 안에서 밖을 내다보면 시선이 산만해진다는 이유로 벽돌로 높은 담을 쌓고 경계를 확실히 나누는 식으로 닫힌 공간을 만들었다. 그나마 존재하는 창문마저도 불투명 유리로 시선을 차단하고 아이들을 안으로 가둔 것이다. 갇혀 있을

---

3. 헤르만 헤르츠버거, 《헤르만 헤르츠버거의 건축 수업》(안진이 옮김), 효형출판, 2009, 15쪽

수록 마음은 더 답답해진다. 닫힌 공간에서 일탈행위가 많이 일어
날 수밖에 없는 이유이다. 오히려 많은 사람들의 시선이 느껴질
때 아이들은 더 건전하게 행동하는 경향이 있다. 탁 트인 공간에
서 아이들의 마음은 한층 맑아지고, 행동은 바르게 나온다. 만약
교실 전면을 유리창으로 하면 어떨까? 복도와 교실의 경계를 폴딩
창으로 하여 활짝 열어놓으면 어떨까? 얼핏 말도 안 되는 소리처
럼 들릴지 모르지만, 실제로 스위스 취리히에 있는 로이첸바흐 스
쿨은 건물 외벽이 큰 유리로 되어 있어 아이들이 공부를 하고 체
육활동도 하고 노는 모습을 안팎으로 자연스레 지켜볼 수 있다.

※자료: 이인규·네임리스 건축, 《교육공간의 새로운 발견》, 씨프로그램, 2017, 23쪽

교실과 체육관의 벽이 모두 유리로 되어 있는 로이첸바흐 스쿨
아이들을 세상의 유혹으로부터 차단한다는 명목으로 두껍고 꽉 막힌 벽을 세울수록 아이들의
일탈행동은 더 늘어날 수 있다. 로이첸바흐 스쿨은 유리로 외벽을 구축하여 안팎으로 서로 훤
히 들여다볼 수 있는 구조의 학교를 만들었다.

우리나라에도 벽면 전체를 유리로 시공한 학교가 있다. 바로 경기도 남양주시에 있는 동화고등학교이다. 이 학교의 송학관은 삼각형 구조로, 세 개의 벽체 중 운동장을 향한 벽면은 모두 유리로 시공하였다. 교실 한쪽 벽면이 바닥부터 천장까지 유리벽으로 이루어진 공간에서 생활하면 어떤 느낌일까? 얼핏 아이들이 자꾸 밖을 내다보면서 산만해져 수업에 집중하지 못할 거라는 생각이 먼저 들지 모른다. 하지만 오히려 확 트인 벽면을 보며 답답했던 마음이 뻥 뚫리며 심리적으로 한결 안정되었다고 한다. 또 벽면에 블라인드가 설치되어 있어 상황에 따라 블라인드를 올리거나 내릴 수 있다. 이 학교도 처음에는 교사, 학생들 모두 뻥 뚫린 유리벽이 낯설고 신경 쓰였으나, 현재는 바뀐 환경이 너무나도 자연스럽게 아이들의 삶에 녹아들었다고 한다.

※자료: 한현미

동화고등학교 송학관의 운동장과 접한 전면 유리 벽체
동화고등학교의 송학관 건물은 삼각형으로 되어 있다. 그중에서 운동장과 접한 벽면은 전체가 유리로 시공되었다. 이 건물에서 생활하는 고3 아이들은 확 트인 유리를 통해 밖을 보면서, 공부하다가 느끼는 답답한 마음을 풀 수 있을 것이다.

소통이 자유롭게 열린 공간을 구축한 또 다른 사례로 서울동답초등학교의 공간혁신을 들 수 있다. 이 학교의 복도와 교실 사이는 벽이 아닌 폴딩도어로 되어 있다. 폴딩도어를 열면 교실과 복도의 경계가 사라진다. 폴딩도어를 열고 아이들은 작은 계단에 자유롭게 앉아 책을 읽기도 하고, 놀이도 하고, 교실에 있는 친구들과 이야기를 나누기도 한다. 벽이 사라지면서 아이들은 좀 더 쉽게 서로 관계를 맺고 소통을 할 수 있게 된 것이다.

※자료: 한현미, 《공간의 인문학》, 맘에드림, 2018, 65쪽

서울동답초등학교 복도와 교실을 연결하는 폴딩도어
교실과 복도는 분리되어야 한다는 고정관념을 깨고 폴딩도어를 이용해 서로 연결된 개방형 공간으로 만들었다. 이를 통해 한층 자유롭고 풍부한 소통이 일어나고 있다.

4차 산업혁명 시대가 가진 특징은 초지능, 초연결 사회이다. 사물인터넷의 도움으로 모든 사물은 인공지능을 품고 점점 더 발전하고 있다. 인공지능은 이미 거의 모든 영역에서 인간의 수행 능력을 넘어섰다. 가정에서도 텔레비전, 냉장고, 에어컨, 밥솥, 청소로봇 등의 전기제품이 인터넷으로 서로 연결되면서 본래보다 훨씬 더 똑똑한 기능을 제공한다. 미래의 학교는 학생들의 배움에 대한 다양한 선택권을 보장하고, 이를 위해 다양한 교육과정이 펼쳐질 것이다. 그러기 위해 공간도 이를 지원할 수 있어야 한다. 공간의 물리적 구성을 넘어 원격교육이 가능한 공간, 3D프린터와 드론, 각종 로봇 등 미래 사회를 경험할 수 있는 과학 기자재들이 구비된, 스마트한 학교 공간이 되어야 한다. 아이들이 미래 사회에 대비할 수 있도록 최첨단 기자재를 충분히 경험할 수 있어야 한다.

미래 사회의 모든 것을 로봇이 대체할 수는 없다. 로봇은 엄청난 데이터를 바탕으로 결론을 유출해낼 수는 있지만 어떤 사건의 맥락 속에 들어 있는 깊은 뜻까지 파악하기는 어렵다. 인간은 기존 지식과 정보를 바탕으로 맥락을 이해하고, 새로운 것을 창조해낼 수 있는 힘이 있다. 학교는 이러한 **창의·융합적인 사고력을 기를 수 있는 공간**이어야 한다. 나아가 타인을 존중하며 관계 맺는 힘, 사회문제를 인식하고, 토의와 토론을 통해 해결점을 찾아가는 힘도 함께 기를 수 있는 공간이어야 한다. 이것이야말로 미래 우리 학교가 갖춰야 할 진정한 모습일 것이다.

02

학교
우리의 학교 공간을
되돌아보다

아이들이 따뜻한 인성을 가진 사람으로 자라기 위해서는 공간에도 온기가 넘쳐야 한다. 그러나 아직 우리의 학교 공간 대부분은 온기는 커녕 뛰쳐나가고 싶은 삭막한 공간인 경우가 더 많다. 우리는 여기서 의문을 제기할 필요가 있다.

- 아이들이 학교에서 보내는 시간이 불편한 데도 계속 그렇게 지내도록 해야 할까?
- 오랜 시간 그래 왔으니 학교는 불편하고 가기 싫은 공간인 것이 당연한 걸까?

잠자는 시간을 빼면 아이들은 하루의 거의 대부분을 학교에서 보낸다. 학교에서 보내는 시간은 곧 소중한 우리 아이들의 삶이다. 따라서 우리 아이들이 학교라는 공간 속에서 충분히 행복감을 느낄 수 있도록 따뜻하게 바꿔야 한다. 무엇보다 불편함을 당연하게 받아들이지 않도록, 적극적인 인식의 전환이 필요하다.

천편일률적 공간 탄생의 서막

우리나라의 학교는 전국 어디를 가도 한눈에 학교라는 것을 알아볼 만큼 건물 구조 자체가 획일적이다. 어쩌다가 대한민국의 학교는 이렇게 똑같은 모양, 똑같은 구조를 갖게 된 걸까? 인구가 폭발적으로 늘어나던 1962년, 많은 학생들을 효율적으로 수용하기 위해 〈학교 시설·설비 기준령〉이 제정되었다. 바로 이것을 바탕으로 '학교표준설계도'가 만들어졌고, 똑같은 구조의 학교들이 만들어지기 시작한 것이다. 예컨대 남향의 교사동, 그 앞의 운동장, 담장, 차폐 식수(가림 나무 심기) 등으로 모두가 비슷하다. '학교표준설계도'에는 건물의 배치, 교실의 크기, 복도의 폭, 창문의 크기, 천장의 높이 등 학교 건축에 필요한 모든 사항들이 하나부터 열까지 규정되어 있다. 학교 부지와 학생 수만 정해지면 곧바로 건축이 가능할 정도로 세세하게 규정이 마련되어 있다.

그런데 아쉽게도 이 '학교표준설계도'에는 아이들을 수용하는 것 이상의 고민은 담겨 있지 않다. 단지 설계도를 바탕으로 마치 공장

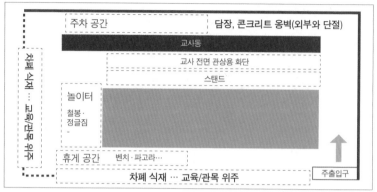

※자료: 서울특별시교육청, 2018

'학교표준설계도'가 적용된 학교(1962~91) 표준 모델

'학교표준설계도'는 아이들을 수용하는 것 이상의 고민을 담지 못했기 때문에 전국의 수많은 학교들이 마치 공장에서 제품을 찍어내듯 획일화된 모습으로 지어지게 되었다.

에서 기계적으로 제품을 찍어내듯 전국의 학교를 다 비슷한 모양으로 만들어낼 뿐이었다. '학교표준설계도'는 1992년 폐지되었지만, 이후로도 여전히 관행처럼 '학교표준설계도'에서 갓 튀어나온 것 같은 비슷비슷한 학교들이 계속해서 지어졌다.

공간혁신의 한계, '돈'이 기준이 되는 가격 입찰 방식

－

학교를 짓거나 학교 공간을 새롭게 바꿀 때는 일반적으로 그것을 책임지고 맡아줄 사업자를 구한다. 물론 양심껏 잘하는 업체라는 이유로 임의로 맡길 수는 없다. 비용이 일정 수준 이상 들어가는 경우 반드시 공개입찰을 해야 한다. 그리고 대부분의 학교가 설계 공모 방식보다는 가격 입찰 방식을 채택한다. 서울특별시교육청에서 작성한 〈서울교육공간플랜〉에는 다음과 같은 내용이 나온다.

> 중앙 부처의 경우 72.7%, 지자체 58.74%, 정부투자기관은 10.9%가 가격 입찰 방식으로 계약을 진행하였는 데 반해 교육청의 경우 90.5%가 가격 입찰 방식을 사용하고 있고, 설계 공모의 경우 7.8%에 불과하다.

지방자치단체(지자체)는 58.74퍼센트가 가격 입찰 방식으로 계약을 하지만, 교육청은 무려 90.5퍼센트가 가격 입찰 방식을 채택한 것이다. 가격 입찰 방식의 핵심은 더 낮은 가격을 적어낸 업체에게 공사를 맡기는 것이다. 공사를 따내고 싶다면 최대한 낮은 가격을 제시해야 한다. 그렇게 입찰을 받았다면 당연히 조금이라도 이익을 남기기 위해 값싼 자재로, 최대한 저렴하게 공사를 진행할 수밖에 없을 것이다. 아무리 원하는 공간이 있고, 원하는 자재가 있어도 예산에 맞추다 보면 선택의 여지는 거의 없는 것이나 마찬가지이다. 그 결과 전국의 학교 모습이 비슷비슷해진 것이다. 우리의 소중한 아이들이 생활하는 공간이 값싼 자재로, 공사비 절감을 위해 단순하고 획일적으로 지어질 수밖에 없는 구조적 문제가 있다는 것은 실로 안타까운 일이다.

이런 구조적인 문제를 해결하기 위해서는 설계 공모를 하고, 설계비 또한 현실에 맞게 융통성 있게 지원되어야 한다. 어떻게 설계하느냐에 따라 건축비는 천차만별이다. 다만 일순위 조건을 비용에 맞추는 것이 아니라 최소한 교사, 학생, 학부모, 지역사회의 의견을 듣고, 그 요구를 가장 잘 담아낸 설계를 바탕으로 시공될 수 있도록 시정되어야 한다. 아울러 재정 지원을 현실화해 아이들이 생활하는 공간이 최고 수준의 건축물이 될 수 있도록 해야 한다.

주요 공공시설물 중 학교 공사비는 얼마나 될까? 우리 아이들이 생활하는 중요한 공간의 건축비가 다른 공공청사나 체육시설에 비해 어느 정도나 될까? 아래 제시한 2018년도 조달청의 정보공개 자료만 보더라도 초·중·고등학교의 평방미터당 공사비가 가장 낮다는 것을 알 수 있다 .

예컨대 체육시설은 350만 원이 조금 넘고, 공공청사는 250만 원 선에 가까운 데 비해 학교는 평방미터당 200만 원에도 미치지 못한다. 이런 낮은 비용으로는 질적으로 우수한 공간을 구현하기가 거의 불가능에 가깝다. 앞으로도 오직 이 가격에만 맞추다 보면

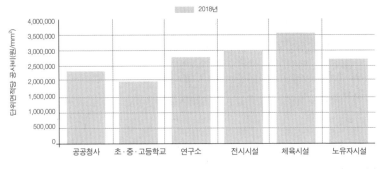

※자료: 조달청

2018년도 주요 시설 유형별 단위면적당 공사비[4]
주요 공공시설물 중 학교 공사비는 다른 공공청사나 체육시설에 비해 평방미터당 비용이 가장 낮음을 알 수 있다.

과거의 학교 공간에서 크게 벗어나지 못할 것이다. 가격 입찰 방식이 아닌 설계 공모 방식으로 처리하고, 그 설계와 디자인에 맞춘 합리적인 공사비가 지원되어야 한다.

오늘의 학교에 드리워진 일제강점기의 그림자

우리의 학교를 가만히 살펴보면 문득 떠오르는 공간이 있다. 바로 군인들이 생활하는 병영이다. 학교마다 똑같은 자리에 있는 커다란 운동장은 군대의 연병장과 다를 게 없다. 아이들을 위한 공간이라기보다는 아침 조회나 체육대회 같은 학교 행사에 전교생을 모아놓고 사열시키기 위한 공간적 의미가 짙다. 아이들의 다양한 활동이 이루어지기에는 너무 넓고 구조는 단순하다. 시설이래야 드넓은 운동장 양 끝에 덩그러니 놓인 축구 골대가 전부이다. 게다가 축구하는 몇몇 아이들이 운동장을 차지하고 나면 다른 아이들은 운동장에서 다른 활동을 하기도 힘들다. 요즘은 조회도 실내에서 하기 때문에 교육과정상 운동장에 전교생이 모여서 활동하는 경우는 1년에 고작 몇 차례뿐이다. 그렇게 넓은 공간을 차지하는 운동장을 좀 더 다양한 활동이 가능하도록 구성할 수 있다면 얼마나 좋을까?

---

4. http://pcae.g2b.go.kr:8044/pbs/psa/psa0110/popup3.do?_openerserialnumber=1565182353890&_isPopup=true

병영과 함께 또 하나 떠오르는 것이 있는데, 바로 일제강점기 학교의 모습이다. 일본제국주의 시대의 학교가 지금까지 그 모양 그대로 이어져 내려온 것이다. 비단 형태만 똑같은 것이 아니라 감시와 통제를 강조하는 것마저 여전하다. 민주시민 양성이 목표인 현재의 학교에도 여전히 말 잘 듣는 인간을 훈련시키겠다는 생각이 은연중 공간 구석구석에 짙게 배어 있는 것이다.

일제강점기의 학교는 지배자에 순종하고, 관리하기 쉬운 인간을 기르는 것이 목적이었다. 이는 공간 구조에도 고스란히 드러난다. 관리와 통제가 쉽도록 교장실은 건물 중앙에 있고, 교실은 교사가 아이들을 통제하기 쉽도록 모두 앞을 보고 일렬로 책상을 배치했다. 지금도 대부분의 학교는 건물 중앙에 교장실이 있고, 책상은 교탁을 향해 일렬로 놓여 있다. 광복 후 70년이 지나도록 학교의 구조는 그때 그대로인 것이다. 교실 옆으로 쭉 이어지는 복도 끝에서 보면 누가 교실에서 이탈했는지 훤히 보인다. 화장실 가는 학생, 물 마시러 가는 학생, 몰래 복도로 나온 학생, 시작종이 울렸는데도 여전히 복도에서 장난치는 학생을 한눈에 파악하고 관리할 수 있다. 이처럼 우리의 학교는 감시와 통제에 최적화된 공간이며, 세상에서 이런 공간 구조와 가장 비슷한 형태를 가진 곳은 다름 아닌 교도소이다.

18세기 철학자이자 법학자였던 영국의 제러미 벤담(Jeremy Bentham)은 1791년 판옵티콘(Panopticon)의 개념을 제안하였다. '판(pan)'은 '바라보다'라는 뜻이고, '옵티콘(opticon)'은 '전체'라는 뜻이다. 풀이하면 '전체를 바라보다', '모두를 보다'라는 뜻이 된다. 벤담은 공장의 관리자가 중앙에 서서 노동자들을 효율적으로 관리·감독하는 모습에서 판옵티콘의 아이디어를 얻었다고 한다. 설계 당시에는 사람들이 주목하지 않았으나 1975년 프랑스의 철학자 미셸 푸코(Michel Foucault)가 그의 책 《감시와 처벌》에서 "교도소에 수감된 죄수가 계속해서 감시를 당한다는 점에서 현대인의 삶과 비슷하기 때문에 판옵티콘의 디자인과 우리가 사는 사회구조가 유사하다"라고 주장하면서 유명해졌다.

　판옵티콘은 중앙의 감시탑에 감시자들이 있다. 감시탑에서는 수용자들이 훤히 보이지만 상대적으로 감시탑이 어둡기 때문에 수용자들에게는 감시자가 있는지 없는지 보이지 않는다. 수용자는 늘 감시당하는 상태로 생활하게 되는 것이다. 벤담은 이 설계

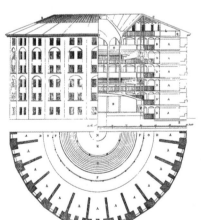

※자료: https://ko.wikipedia.org/wiki/%ED%8C%8C
%EB%86%89%ED%8B%B0%EC%BD%98

제러미 벤담이 제안한 판옵티콘
반원 모양의 양쪽 끝을 잡고 쭉 펴면 마치 학교의 긴 복도와 교실처럼 된다. 이처럼 우리 아이들은 판옵티콘과 같은 학교 공간에서 하루 종일 생활을 하는 것이다.

를 감옥, 공장, 병원, 학교에까지 적용할 수 있다고 하였다. 그림 (43쪽 참조)에서 반원 모양의 양쪽 끝을 쭉 펴면 일자형이 되는데, 학교의 복도와 교실이 바로 연상된다. 우리 학생들은 무려 12년이나 판옵티콘 형태의 감옥 같은 공간에서 생활하는 셈이다.

미래 사회에 어울리는 학교의 모습은?

'최대다수의 최대행복'을 강조한 벤담은 잘 알다시피 공리주의자이다. 그는 가장 효율적으로 다수의 행복을 얻는 것을 강조했다. 판옵티콘도 어찌 보면 다수의 행복을 위해 사회악인 죄수들을 효율적으로 다스리도록 설계된 것이다. 하지만 문제는 죄수가 아닌 학생들이 머무는 학교 공간이 이와 유사한 구조라는 점이다.

시대의 변화에 발맞추어 학교도 변해야 한다는 현장의 자각 속에 전국의 수많은 교사들이 학교 혁신에 온 힘을 기울이고 있다. 특히 '배움 중심 수업'이나 '회복적 생활교육'은 워낙 아이들의 교육과 직접적인 관련이 있기에 교사들은 좀 더 비중을 두고 열심히 노력하고 있고, 조금씩 변화·성장하는 모습을 보이고 있다. 그러나 가장 어렵고도 시간이 오래 걸리는 과제는 '민주적인 협의문화'의 실현이다. 민주적인 협의문화를 위해서는 많은 시간을 가지고, 모든 사람들의 다양한 의견을 들어야 한다. 다양한 의견 속에서 질 높은 의견이 창출되기 때문이다.

하지만 민주적 협의문화는 말처럼 쉽지 않다. 혁신학교에서조차 민주적인 협의문화를 위해 모든 사람의 의견을 듣는 것은 비효율적이고, 시간이 오래 걸리며, 서로 지친다는 이유로 배제되기 일쑤이다. 그래서 몇몇 사람의 의견만 듣고 결정하기도 하고, 아예 시간이 없다는 이유로 충분한 토의 없이 찬반투표로 후다닥 결정하기도 한다. 찬반투표를 하더라도 충분한 이유와 근거를 공유하는 과정은 꼭 거쳐야 하는데도 말이다. 애초 판옵티콘을 방불케 하는 학교 공간에서 민주적 협의문화를 만들어가는 것이 과연 가능한 일일까? 거듭 강조하지만, 공간은 인간의 의식에 알게 모르게 깊은 영향을 미친다. 학교가 관리와 통제 중심 공간에서 벗어나지 못한다면 학교 구성원의 의식 또한 제한되고 움츠러들 뿐이다.

진정한 민주주의를 위해서라도 더 많은 사람들이 자유롭게 의견을 내고, 그 의견들을 모아서 더 나은 의견을 도출해내야 한다. 이를 위해 소수의 의견도 들어가면서, 모든 사람들이 존중받는 협의문화를 이루어내야 한다. 그러나 감시와 관리 형태의 공간 속에서 수십 년을 살아온 우리들은 '효율적인 것은 좋은 것, 시간이 오래 걸리고 비효율적인 것은 나쁜 것'이라는 생각이 무의식에 잠재해 있다. 민주적인 협의를 통해 질 높은 의사결정을 이끌어낸 경험이 풍부한 교사가 교실에서도 아이들의 다양한 의견을 수용하고 존중하면서 민주적으로 이끌 수 있다. 이제부터 학교는 의식과 생각, 활동을 제약하는 공간에서 벗어나 다양한 생각, 다양한 활동이 존중되는 공간으로 거듭나야 한다.

마음을 살리는 공간이
교육의 질을 바꾼다

만날 때마다 뭔가 유쾌하고 기분 좋은 느낌을 주는 사람이 있는
반면에 왠지 모르게 서늘하고 쌀쌀맞은 느낌을 주는 사람도 있다.
이처럼 한 사람 한 사람이 내뿜는 기운이 저마다 다르듯이 공간마
다 발산하는 느낌 또한 제각각이다. 예컨대 성당이나 절에 가면
마음이 고요해지고 차분해지면서 스스로 엄숙하게 행동한다. 한
편 넓디넓은 바닷가에서는 환호성을 지르며 달려가 바다로 뛰어
들고 싶어진다. 공간에 따라 달라지는 우리의 모습을 통해 공간이
인간에게 미치는 영향력이 얼마나 막강한지 충분히 짐작할 수 있
을 것이다. 이처럼 공간은 늘 인간과 함께하며 인간의 마음과 행
동, 나아가 인생에 깊은 영향을 미치므로, 어떤 공간에 머물고 생
활하는가는 실로 중요한 문제이다.

공간이 인간의 심리에 미치는 영향

-

신경학자들의 연구에 따르면 사람은 자연과 함께할 때 특히 편안함과 행복감을 느낀다고 한다. **신경건축학**은 신경과학과 건축학을 합친 말로, 건축물이나 공간에 대해 뇌가 어떤 반응을 보이는지를 연구하고 분석하는 학문이다. 즉 공간에 대한 뇌의 반응을 보면서 사람이 더 행복할 수 있는 건축 공간을 만들어내고자 하는 것이다. 이는 단순히 공간을 아름답게 건축하는 데 그치지 않고, 인간의 복잡한 심리나 행동, 욕구 등을 건축물에 반영하고자 한다. 건축 공간은 그 속에서 사람이 머물고 생활할 때 비로소 완성된다. 왜냐하면 공간 건축의 목적은 그 속에 사는 사람의 마음을 헤아려 좀 더 편안하게, 좀 더 즐겁게, 좀 더 행복하게 생활할 수 있도록 하는 것이기 때문이다.

고령화 현상이 심화되면서 노인 인구가 크게 증가하고 있다. 사람은 누구나 아무런 고통 없이 평온한 상태에서 죽음을 맞이하고 싶을 것이다. 그러나 나이가 들면 몸이 여기저기 아플 뿐 아니라 마음도 아프다. 요즘에는 누군가의 도움 없이 홀로 생활할 수조차 없게 되면 요양원에 들어가 여생을 보내는 어르신이 많다. 그런데 이런 노인 요양원 구조도 어르신들의 상태를 그리 고려하지 않은 것 같다는 점에서 볼 때, 학교 구조와 비슷하다. 예컨대 알츠하이머 증세가 있는 어르신들은 공간지각능력이 확연히 떨어지기 때문에 학교처럼 똑같은 문들이 줄줄이 이어진 긴 복도형 시설에서는 자신이 머무는 방을 제대로 찾아가기가 힘들다. 노인 요양원이라는 건축물만 존재할 뿐, 거기에서 생활하는 사람들을 고려하지 않은 결과이다.

학교도 마찬가지이다. 아이들의 삶을 존중하고 배려하는 공간이 되어야 머무는 아이들의 삶이 풍요롭고 행복해질 수 있다. 공간은 아이들의 마음을 담아낼 수 있어야 한다. 공간이 마음에 미치는 영향은 여러 연구를 통해 속속 증명되고 있다. 예컨대 똑같은 병으로 입원했을 때, 병실 공간이 어떻게 구성되어 있느냐에 따라 회복 시간이 다르게 나타난다고 한다. 환경심리학자 로저 울리히(Roger Ulrich)의 연구를 들여다보자.

울리히는 1972년부터 1981년까지 미국 펜실베이니아주 교외에 있는 한 병원에서 담낭제거 수술을 받은 환자들의 기록을 관찰했다. 그러고 나서 입원기간 중 침대가 창가에 있던 여성 환자 30명, 남성 환자 16명을 선정했다. 환자 46명의 침대 중 23개는 창을 통해 작은 숲이 내다보였고, 나머지 23개는 벽돌담이 내다보였다.

울리히는 각 환자의 바이탈 사인 · 투약량 · 진통제의 종류, 입원기간 등 건강상태를 나타내는 여러 가지 지표들을 기록했다. 그리고 작은 숲이 내다보이는 침대에 입원해 있던 환자들이 벽돌담이 내다보이는 자리에 입원해 있던 환자들보다 24시간가량 먼저 퇴원했다는 사실을 알아냈다. 게다가 창밖으로 자연풍경이 내다보이는 곳에 입원해 있던 환자들이 진통제도 덜 복용했다.[5]

참으로 신기한 일이다. 단순히 창밖에 펼쳐진 풍경을 바라본 것뿐인데 실제로 건강을 회복하는 데 영향을 미친 것이다. 이를 통해 인간은 자연과 함께하기를 간절히 원하며 자연과 함께할 때 고통을 덜 느끼게 된다는 것을 알 수 있다. 이뿐만이 아니다. 다른 연구들에서도 비슷한 결과가 나타나고 있다. 미국을 대표하는 건축 평론가 세라 W. 골드헤이건은 《공간 혁명》이라는 자신의 책에서 다음과 같이 말한다.

> 병원 관리자들이 '힐링가든'이라고 부르는 장소에서 시간을 보낼 때 환자들의 심장박동은 느려지고 스트레스 호르몬인 코르티솔 분비와 스트레스 수치가 줄어든다는 사실도 밝혀졌다. 힐링가든이란 나무와 온갖 화초, 벤치 등을 두어 자연을 접할 수 있도록 꾸민 정원을 말한다. 자연이 미치는 영향력의 속도는 엄청 빨라서 자연 속에서 3분에서 5분만 있어도 환자들이 그 효과를 체감한다고 한다. 자연이 주는 유익한 생리적 효과는 20초 정도 있으면 측정할 수 있다는 내용이다. 단 20초만 자연 경관을 쳐다보기만 해도 스트레스 수치가 떨어진다는 것이다. 자연이 인간에게 주는 힘은 굉장히 크다. 학교 공간도 자연과 쉽게 접할 수 있도록 한다면 아이들의 스트레스 지수는 떨어지고, 좀 더 행복하게 생활할 수 있을 것이다.[6]

5. 에스더 M. 스턴버그, 《공간이 마음을 살린다》(서영조 옮김), 더퀘스트, 2013, 35쪽
6. 세라 W. 골드헤이건, 《공간 혁명》(윤제원 옮김), 다산사이언스, 2019, 224쪽 참조

공간이 달라지면 아이들의 생각과 행동이 달라진다

우리의 학교는 '편안함', '부드러움', '자유로움', '따뜻함'보다 '긴장', '딱딱함', '강압', '차가운' 느낌이 더 많이 드는 공간이다. 학창 시절을 돌이켜봐도 학교생활은 어쩐지 긴장의 연속이었던 것 같다. 또 학교와 관련해서는 늘 '네모난 상자', '감옥', '사각 동굴', '콘크리트 상자', '암기 공장' 등 부정적인 단어가 먼저 떠오른다. 왜 그럴까? 물론 경쟁 위주의 입시제도, 줄 세우기 교육, 학력을 중시하는 사회 풍조 등 여러 가지 이유를 들 수 있다. 그리고 우리는 지금까지 이런 것들에 대한 문제점과 해결 방안에 관한 고민을 계속해왔다. 그러나 앞서도 여러 번 언급했듯이 학교의 '공간'에 대한 고민은 조금 소홀하지 않았나 하는 생각이 든다.

"아름다운 공간은 아름다운 생각을 낳고, 아름다운 생각은 아름다운 행동을 낳는다." 학교 공간이 다양한 삶을 담아낼 수 있도록 아름답게 구조화될 때 아이들의 삶은 한층 풍요롭게 펼쳐질 것이다. 학교는 여러 아이들이 만나 서로 관계를 맺고, 공동체를 형성하고, 그 공동체 속에서 협력을 바탕으로 배움을 펼치는 공간이다. 학교가 어떤 공간으로 구성되느냐에 따라 아이들의 행동은 달라진다. 공간이 아이들의 행동 형태를 규정짓기 때문이다. 이는 학습도 예외가 아니다. 그렇다면 학교의 공간 디자인은 학습에 어떤 영향을 미칠까? 이에 관련하여 공간 디자인이 학습 진도에 미친 연구를 소개하면 다음과 같다.

영국의 34개 학교에서 학생 751명을 대상으로 디자인이 학습 진도에 미치는 영향을 연구한 결과 색상, 선택권, 복잡성, 유연성, 조명, 연결성 이라는 여섯 가지 변수가 학습에 커다란 영향을 주며 건축 환경 요인에 따라 학생들의 학습 진도가 무려 평균 25퍼센트나 차이를 보인다는 사실을 알아냈다.

또한 디자인이 가장 뛰어난 교실과 가장 엉망인 교실에서 공부한 학생의 학습 진도 차이는 일반적인 학생이 '한 학년 동안' 공부하는 양에 달했다. 머리 위에 직접조명이 있고, 차가운 바닥에 플라스틱이나 철제 의자가 있는 교실을 쓰는 학생은 커튼과 학습에 적합한 조명, 폭신한 가구가 있어 마치 집처럼 안락하고 차분하게 느껴지는 부드러운 교실을 쓰는 학생보다 수업 참여도가 낮고 학습량도 적었다는 내용이다.[7]

이러한 연구는 공간을 안락하고 부드럽게 바꾸면 정서적으로 안정되고, 교육의 효과 또한 커진다는 것을 보여준다. 이렇듯 공간이 학습에 미치는 영향은 크기 때문에 공간을 바꾸면 교육도 바꿀 수 있다. 학교 공간에서 햇살과 바람, 소리와 색깔이 아이들의 삶에 어떤 영향을 미치는지 살펴보자. 커다란 창으로 햇살이 쏟아지고, 부드러운 바람결이 나뭇잎 사이를 지나 커튼을 건드리며 머릿결을 살짝 스치고 지나가는 상상만으로도 우리의 마음은 벌써 평온해지고 행복해진다. 빛과 바람이 자유롭게 통과하는 공간에서

---

7. 세라 W. 골드헤이건, 《공간 혁명》(윤제원 옮김), 다산사이언스, 2019, 224쪽 참조

쾌적함을 느끼고, 심리적으로도 편안해지는 것은 당연하다.

실제로 교실이 어두침침하면 시력뿐 아니라 정서에도 큰 영향을 미친다고 한다. 밝은 교실, 특히 자연광을 받을 수 있는 환한 교실에서 생활하는 아이들의 출석률이 높고, 일탈행동은 덜 보였으며, 성적도 더 좋았다[8]고 한다. 자연의 빛은 사물을 밝힐 뿐 아니라 사람의 마음까지 따뜻하게 하는 힘이 있다. 이것은 생리학적으로도 근거가 있다. 햇빛을 보면 망막에 자극이 가해지는데, 시신경이 빛에너지를 뇌에 전달해 시상하부를 자극하면 세로토닌이 분비되기 때문이다.[9] 세로토닌은 마음을 행복하고 건강하게 하는 뇌신경 전달물질이다. 그래서 '행복 호르몬'이라고도 불린다. 산책할 때도 선글라스를 쓰지 않아야 햇볕을 더 잘 받을 수 있고, 자연스럽게 세로토닌의 분비가 늘어난다. 그래서 교실에 창문이 없으면, 또 있더라도 빛이 잘 안 드는 경우 아이들의 공격적 행동이 높아진다고 한다.

빛만큼 바람도 중요하다. 바람이 드나들지 않은 공간은 죽은 공간이다. 햇살이 잘 비추고 바람이 잘 통해서 환기가 잘되는 교실에서는 아이들끼리 서로 화합하고, 학습도 잘 이루어진다. 그런데 막상 교실에 들어가 보면 아이들은 습관적으로 블라인드를 내려 햇살을 차단한 채 앉아 있다. 그러면 어두컴컴한 교실을 밝히기

---

8. 세라 W. 골드헤이건, 《공간 혁명》(윤제원 옮김), 다산사이언스, 2019, 68쪽 참조
9. 이시형 · 김준성, 《의사가 권하고 건축가가 짓다》, 한빛라이프, 2015, 165쪽 참조

위해 형광등을 켜게 된다. 오늘부터라도 형광등 대신 블라인드를 활짝 올려보면 어떨까? 교실은 햇빛으로 한층 환해지고, 기분마저 좋아질 것이다. 햇살이 아이들의 시야를 가려 눈이 부시다면 어쩔 수 없지만, 한 번 내려온 블라인드는 여간해서 다시 올라가지 않는다. 이렇게 햇살을 차단한 채 하루 종일 보내는 아이들을 보면 안타깝다. 왜냐하면 스트레스를 낮추고 좀 더 행복한 학교생활을 할 수 있는 가장 쉬운 방법을 외면하는 것 같기 때문이다. 블라인드를 올려 햇볕을 쬐는 것만으로도 '행복 호르몬'인 세로토닌이 쑥쑥 분비될 텐데 말이다.

물론 블라인드를 올려둔다고 해도 1년 내내 교실에 햇살이 들어오는 것은 아니다. 날이 흐리거나 눈 또는 비가 와서 어두울 때는 조명을 밝혀야 한다. 햇빛을 대신하는 만큼 조명의 역할은 중요하다. 하지만 우리나라 학교의 조명은 기다란 형광등 일색이다. 세상에는 예쁜 모양의 조명들이 많은데, 왜 교실 조명의 모양은 이렇게 똑같을까? 어느 교실이나 천장에는 두 줄짜리 기다란 형광등이 힘겹게 싸늘하고 차가운 빛을 내뿜고 있을 뿐이다.

앞으로 학교에서는 개성 없이 다 똑같은 조명이 아니라 다양한 색깔, 다양한 모양의 조명을 달아보면 어떨까? 조명의 위치도 천장에만 고정하지 말고, 벽 곳곳에 아름다운 조명을 달아주는 것이다. 조명에서 흘러나오는 부드러운 불빛으로 아이들의 마음은 더 부드럽게 살아날 것이고, 부드러운 마음은 분명 부드러운 행동으로 연결될 것이다.

온갖 소음으로 지친 학교 공간을 치유하기 위한 방안

−

최근 다양한 ASMR 영상을 올리는 유튜버들이 인기를 끌고 있다. ASMR(autonomous sensory meridian response)이란 자율감각 쾌락반응으로 뇌를 자극하여 심리적 안정을 유도하는 것을 말한다. 예컨대 숲속에서 들리는 계곡물 소리, 새가 지저귀는 소리, 바람결에 나뭇잎 흔들리는 소리, 풀벌레 소리를 들으면 마음이 편안해지는 것도 이에 해당한다. 이와 반대로 소음이 가득한 공간에서는 머리가 아프고 짜증이 몰려온다. 학교들이 주로 도시에 많이 몰려 있다 보니 어쩔 수 없이 소음에 노출된다. 예컨대 지하철이 지나가면서 내는 소음이나 자동차 경적, 상가에서 크게 틀어놓은 음악 등 온갖 소리들이 섞여 우리 아이들의 뇌를 혹사시키는 것이다. 물론 주변 소음이 너무 큰 곳에 어쩔 수 없이 학교를 건축할 때는 담 주변으로 차음벽을 설치하기도 하지만 한계가 있다. 소음이 가득한 공간에서 계속 생활하는 아이들은 주변 환경을 통제할 수 없다는 무력감에 빠지고, 당연히 행복도도 떨어진다. 특히 소음에 지속적으로 노출되는 아이들은 학습 능력마저 감소한다고 한다.

소음에 시달린 뇌를 쉴 수 있게 하는 방법은 잠깐이라도 고요와 적막의 공간으로 초대하는 것이다. 만약 우리의 학교 안에 성당이나 절처럼 고요한 공간을 만들면 어떨까? 학교에도 혼자 사색하고, 내면을 들여다볼 수 있는 공간, 명상할 수 있는 공간이 있으면 좋겠다. 뇌도 잠시나마 조용히 쉴 수 있다면, 그동안 받은 스트레스가 스르륵 사라질 수 있을 것이다.

성당을 예로 들어보자. 성당처럼 내부가 넓고 층고가 높은 공간은 소리가 오래 머물면서 장엄한 분위기를 만들어낸다. 소리가 전달되는 데 걸리는 시간이 길기 때문이다. 이와 달리 좁고 층고가 낮은 공간에서는 소리가 곧바로 귀에 직접 전달되기 때문에 소음 스트레스를 쉽게 받게 된다. 아이들의 소리를 여유 있게 받아낼 수 있는 넓고, 층고가 높은 공간이 학교에 많이 있었으면 좋겠다.

또한 자연의 소리, 특히 계곡의 물소리를 학교 안으로 끌어들이면 어떨까? 교사(校舍) 밖에 잉어가 노니는 분수대를 설치하거나, 복도 한편이나 테라스에 작은 분수대를 설치하면 오가면서 물 흐르는 소리를 들을 수 있다. 자연의 소리는 아이들을 편안하게 해

※자료: 한현미

천안동성중학교 테라스의 작은 분수대
쉬는 시간이면 아이들이 옹기종기 테라스에 모여 졸졸 흐르는 물소리도 들을 수 있다.

준다. 마음의 여유를 갖게 해주는 것이다. 자연의 소리는 계속 들어도 질리지 않는다. 소리가 단조롭지 않고, 높고 낮음, 길고 짧음이 다양하면서 불규칙하게 펼쳐지기 때문이다.

다만 실내 정원을 꾸미고 물소리도 듣게 하려면 꾸준히 관리할 수 있는 여건이 되어야 한다. 정원에 있는 식물들은 살아 있기에 날마다 조금씩 자라고, 변한다. 늘 손이 가는 것이다. 따라서 관심과 애정을 갖고 손봐주는 사람이 꼭 필요하다. 이를 아이들과 함께 관리하면서 생태교육의 장으로 활용해도 좋지 않을까?

알록달록 색채가 공간에 부리는 마법

–

공간을 만들 때는 청각적 요소뿐 아니라 시각적 요소도 매우 중요하다. 특히 색깔은 우리의 감정과 행동에 중요한 영향을 미친다. 예컨대 우리 주변을 에워싼 온갖 벽의 색, 책상과 탁자, 칠판, 모니터의 색은 빛의 다양한 파장과 함께 우리의 감정에 영향을 끼친다. 즉 색이 인간의 감정을 움직이는 바탕이 되는 것이다. 색이 인간의 행동, 자신감, 기분, 집중력, 체력에 미치는 영향에 대해서는 이미 다양한 연구가 이루어지고 있다. 그중 몇몇 연구 결과를 소개하려 한다. 먼저 색깔과 IQ 테스트 결과에 대한 것이다.[10]

10. 장 가브리엘 코스, 《색의 놀라운 힘》(김희경 옮김), 이숲, 2016. 45쪽 참조

2007년 뉴욕 주 로체스터대학교에서는 빨간색이 IQ 테스트에 미치는 영향을 알아보는 실험을 했다. 먼저 한쪽 팀은 빨간색으로 크게 수험번호가 적힌 수험표를 받아보고 시험을 보게 하였고, 다른 한쪽 팀은 검은색으로 번호가 적힌 수험표를 받아보고 시험을 보게 한 것이다. 결과를 살펴보니 빨간색 수험번호가 적힌 학생들은 문제를 더 많이 풀었지만, 오답도 더 많았고, 점수가 낮은 학생이 반이나 됐다. 빨간색이 주는 스트레스가 무의식적으로 이성적 사고를 방해했고, 테스트에서 점수를 잃었던 것이다. 또한 IQ 테스트에서 여러 색 파일을 학생들에게 나눠주며 난이도를 선택하라고 했을 때 빨간색 파일을 받은 학생들이 난도가 가장 낮은 테스트를 선택하는 경향이 나타났다. 빨간색에 겁을 먹은 것이다.

놀랍게도 피험자들은 그저 빨간색을 몇 초만 바라보기만 했을 뿐인데도 훨씬 더 소심해졌다. 연구자들은 피험자들에게 어휘시험을 치른다고 이야기하고, 빨간색 파일과 초록색 파일을 보여준 다음 옆방에 가서 시험지를 가져오라고 했다. 피험자들이 옆방에 가서 문에 적혀 있는 "노크하고 들어오세요."라는 문구를 보았을 때, 빨간색 파일을 본 학생들은 초록색 파일을 본 학생들보다 더 작은 목소리로, 더 조심스럽게 노크를 했다.

연구자들은 피험자들의 뇌에서 어떤 일이 일어나는지 뇌전도로 살펴봤더니 실제로 빨간색에 노출된 사람들의 뇌에서는 감정활동, 특히 기피행동을 담당하는 부위인 우측 전두엽 피질이 더 활발하게 반응했음을 알 수 있었다. 따라서 지적인 활동을 할 때 빨간색은 도움이 되지 않는다는 것이다.

누구나 한 번쯤 학창 시절, 빨간색에 대한 다소 충격적인 경험이 있으리라 생각한다. 예컨대 초등학교 때 받아쓰기 시험을 보고 나서 빨간색 색연필로 사선이 죽죽 그어진 시험지를 보았을 때의 철렁한 느낌, 그 사선이 작대기가 되어 사정없이 마음을 때렸고, 빨간색에 대한 두려움으로 이어졌는지 모른다. 앞선 실험에서도 나타났지만, 빨간색은 많은 이들에게 두려움을 느끼게 한다. 시험지를 채점할 때 빨간색을 쓰는 것은 채점하는 교사의 입장에서는 시야에 확 들어와서 좋을지 몰라도, 채점이 끝난 시험지를 받아보는 아이들은 자신도 모르게 두려움을 느끼게 되고, 그 두려움이 점차 커지면서 배움의 즐거움마저 조금씩 갉아먹을 수 있다.

빨간펜 대신 초록색 펜을 사용하면 어떨까? 초록색은 '공격'의 느낌이 아니라 앞으로 더 잘하라는 '격려'의 느낌이 드는 색이다. 학교 칠판은 대부분 초록색이다. 여러 과학자들의 연구 결과에 따르면 차가운 색은 마음을 진정시킨다고 한다. 즉 혈압과 맥박을 낮추고 호흡을 안정시키는 것이다. 실제로 간질을 앓는 사람들에게 파란색 렌즈를 씌웠더니 77퍼센트에게서 발작 증상이 줄어들었다는 연구 결과도 있다.

또한 진하고 어두운 색에 비해 엷고 밝은 연한 색은 인지력이나 운동능력을 섬세하게 해주고 긴장을 풀어준다고 한다. 이런 효과를 내는 색으로는 담록색, 청록색, 복숭아색 등이 있다. 분홍색처럼 따뜻한 색도 긴장을 풀어준다. 생태사회학자로 미국 생물사회학연구소 소장인 알렉산더 G.샤우스(Alexander G. Schauss)는 1979

년 시애틀 소재 미국 해병대 경범자들이 수감된 유치장 벽을 분홍색으로 칠하였다. 5개월 뒤 해군이 제출한 보고서에 따르면, 수감자들이 15분만 분홍색에 노출돼도 공격성이 현저히 낮아져 교도관들의 업무가 한층 수월해졌다고 한다. 이후 정신치료에서 분홍색 심리안정실을 사용하는 예가 늘어났다. 이처럼 분홍색은 심장 박동수와 맥박수를 줄이고 혈압을 낮추며 공격성을 줄여 마음을 진정시키는 색으로 분류된다.

또 우리는 흑백사진과 컬러사진 중 컬러사진을 더욱 선명하게 기억한다. 이는 색이 기억력에도 영향을 끼치기 때문인데 색에 따라 학습 능률이 60~70퍼센트 정도 향상된다는 연구 결과도 있다. 색이 대상을 이해하는 데 도움을 주고 이해하는 능력 또한 월등히 향상시킨 것이다. 예컨대 공부하다가 중요한 곳을 표시할 때 다양한 색깔의 형광펜을 쓴다거나, 발표 자료를 만들 때 색을 적절히 활용하는 것 또한 유용하다. 유치원에서도 색을 활용하면 아이들이 숫자를 더 쉽게 익힐 수 있다고 한다. 이처럼 색은 학습에 탁월한 효과가 있으므로 배움이 이루어지는 공간인 학교 건물에 칠하는 색은 한층 신중하게 선택할 필요가 있다.

우리나라 학교의 벽은 대부분 마치 창고나 구치소처럼 칙칙한 무채색이 대부분이다. 흰색 벽을 기본으로 하여 아래쪽 걸레받이 부분은 때가 타도 눈에 잘 띄지 않는 회색이나 검정색을 많이 사용한다. 하지만 흰색은 아이들에게 특별한 작용을 일으키는 색이 아니다. 즉 집중력이나 창의력을 키우거나 긴장을 푸는 데 도움이 되지 않는 색이다. 반면에 녹황색, 오렌지색, 하늘색은 학습에 유익할 뿐 아니라, 아이들이 이러한 색을 훨씬 더 좋아한다는 것이 통계적으로도 밝혀졌다.

특히 유치원에서는 분홍색이 학습에 좋은 효과를 냈다고 한다. 오렌지색은 학습 효과는 물론 문제행동의 개선 및 사회적 기술을 향상시키는 효과가 있다고 한다. 또 파란색은 아이들을 상상의 세계로 이끌어 창의력, 상상력을 요구하는 글짓기 시간에 도움을 줄 수 있다. 만약 교과교실제를 운영하는 학교라면 아이들이 이동하는 교실마다 다른 느낌의 색을 접할 수 있도록 하면 어떨까? 모든 교실의 색이 똑같다면 아이들은 쉽게 지루함을 느낀다. 교과교실마다 고유의 색을 내뿜을 때, 아이들은 다양한 느낌을 받으며 다채로운 생각과 행동을 하게 될 것이다.

과유불급, 복잡한 색 구성보다는 포인트 색을 적절히 활용

학교 공간마다 다른 색을 사용하는 것은 좋다. 그렇지만 한 공간에 너무 여러 가지 색을 쓰는 것은 부적절하다. 한 공간에 너무 많은 색이 알록달록 칠해져 있다고 상상해보자. 저마다 자신의 색을 내야 할 아이들이 알록달록한 색깔에 묻히고 만다. 우리가 잊지 말아야 할 것은, 학교 공간의 주인은 아이들이라는 점이다. 따라서 공간의 색을 결정할 때는 아이들이 그 안에서 자신의 색깔을 내며 활동하는 모습을 전제로 해야 한다. 공간의 기본색은 은은하게 하되, 강조색을 적절하게 활용하는 것은 어떨까? 얼핏 단조롭다고 느낄 수도 있지만, 아이들이 들어오는 순간 그들이 발산하는 다채로운 색으로 공간이 조화롭게 채워질 수 있다.

※자료: 한현미

주황색으로 포인트를 준 천안동성중학교 실내 공간
전체적으로 은은한 색을 사용했지만, 강조색인 주황색을 넣어 포인트를 주었다. 만약 이 공간에서 주황색이 빠진다면 단조롭고 별다른 느낌을 주지 않는 밋밋한 공간이 될 것이다.

색채 디자인을 활용한 공간혁신 실천 사례: 서울반포고등학교

–

서울반포고등학교는 학생들의 의견을 적극 반영하여 학교 공간의 색을 바꾸었다. 아래쪽 사진들은 기존의 학교 내부를 찍은 모습이다. 아마도 우리에게 익숙한 모습과 크게 다르지 않을 것이다. 먼

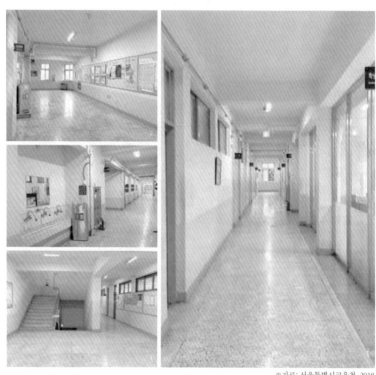

※자료: 서울특별시교육청, 2018

시공 전 복도와 계단실
시공 전 모습을 살펴보면 복도와 계단실 모두 여느 학교와 크게 다르지 않은 차분하면서 다소 단조로운 베이지색과 흰색의 조합으로 이루어졌다.

저 사진 속 벽면을 보면 하단은 베이지색, 상단은 흰색으로 칠해져 있다. 4층까지 동일한 형태이다. 교내 모든 공간을 아주 연한 베이지색과 흰색으로 배색하였다. 톤을 맞춰 차분하고 정돈된 느낌을 주기는 하지만, 강조색이 없어 단조롭고 밋밋해 보인다. 앞서 학교 공간혁신을 위해서는 공간 사용자인 학생들과 교사들의 의견에 적극적으로 귀를 기울이는 것이 중요하다고 누차 강조하였다. 반포고등학교의 경우 학생들과 함께 색에 대한 교육과 워크숍 형식의 수업을 진행하였다. 색에 대한 수업은 다음과 같은 단계로 진행되었다.

- 1단계 - 색상환을 만들어보고 학교에 어울리는 색 찾아보기
- 2단계 - 색의 상징을 이용한 자화상 그려보기
- 3단계 - 우리 학교의 지도를 그리며 공간을 이해하기
- 4단계 - 학교 주변의 인공물과 자연물의 색채를 찾아 그리기
- 5단계 - 내가 꿈꾸고, 다니고 싶은 우리 학교 그리기

이러한 일련의 과정을 통해 학생들의 공간에 대한 생각과 어떤 공간에 머물고 싶은지 등에 관한 의견을 충분히 수렴했다. 이후 색채 전문가가 아이들이 편안해하면서도 미래의 꿈을 향해 도약하고 풍부한 감성을 지닐 수 있도록 내부의 색을 디자인하였다. 색채 전문가가 각 층별로 어떻게 색을 구상하였는지 살펴보자(64쪽 그림 참조).

1F 편안한 꿈	0,3Y8,8/0,6	2,5Y7,0/1,3	7,7YR4,9/1,2	3,2GY7,4/4,4	2,4GY6,1/5,9

2F 이성적인 꿈	0,3Y8,8/0,6	2,5Y7,0/1,3	7,7YR4,9/1,2	2,3PB7,3/4,7	9,7B5,4/5,2

3F 감성적인 꿈	0,3Y8,8/0,6	2,5Y7,0/1,3	7,7YR4,9/1,2	2,1P7,4/5,1	2,0P5,2/7,0

4F 사랑스런 꿈	0,3Y8,8/0,6	2,5Y7,0/1,3	7,7YR4,9/1,2	2,6R7,8/4,1	6,9RP5,1/6,9

서울반포고등학교의 층별로 차별화된 색채 디자인 예시

우리 학교에 어울리는 색에 관한 학생들의 의견을 충분히 수렴하여 층별 주제를 정하고, 색채 전문가의 도움을 받아 각 층별로 주제에 부합하는 색을 차별화하여 구성하였다. 베이지색이나 흰색 등 단조로운 색채에서 벗어나 학생들이 학교 공간의 다양한 색채를 통해 감성지수를 높이며 미래의 꿈을 향해 날아오르도록 색채 전문가의 도움을 받은 것이다.

- 1층은 '편안한 꿈'으로 주제를 잡고 연두색과 노란색을 사용하였다.
- 2층은 '이성적인 꿈'이라는 주제로 파란색 중심으로 차분하게 구상하였다.
- 3층은 '감성적인 꿈'을 주제로 보라색 위주로 사용하였다
- 4층은 '사랑스러운 꿈'을 주제로 붉은빛이 도는 보라색을 사용하였다.

우리 학교도 여러 차례 공간혁신 사업을 진행하였다. 개인적으로 공간을 재구조화하면서 제일 어려웠던 것이 색깔 선택이었다. 반포고등학교처럼 색채 전문가의 지원을 받을 수 있었다면 공간을 바꿀 때 많은 도움이 되었을 것이다. 물리적인 공간은 아이들의

의견과 선생님들의 의견을 들으면 어느 정도 전체적인 구조가 그려진다. 하지만 색깔은 보는 시각에 따라 느낌이 전혀 달라지기도 하므로 선택하는 데 어려움이 많았다. 또한 막상 색을 정하더라도, 동일한 색깔 안에서도 채도와 명도에 따라 워낙 다양한 색상이 존재하기 때문에 결정하기가 더더욱 쉽지 않았다. 예컨대 '연두색' 하나만 보아도 수십, 수백 개의 색깔 톤이 있으니 말이다. 그만큼 공간에 꼭 맞는 최적의 색을 찾아내서 시공하는 것은 어려운 일이다. 색깔 선택은 무조건 여러 사람의 의견을 듣는 것 못지 않게 전문가에게 조언을 구하는 것이 매우 중요하다는 생각을 했다. 따라서 공간의 전체적인 설계나 색깔 선택 등 전 과정에 전문가가 옆에서 늘 지원해줄 수 있는 체계를 만드는 것이 매우 중요하다.

디자인

배움을 넘어 삶을 다시 디자인하는 공간혁신 방안

학교는 하나의 살아 있는 공동체이다. 하지만 길고 무료하게 늘어진 복도에 칸칸이 달라붙은 교실, 연병장 같은 운동장에서 과연 공동체를 함께 성장시키려는 마음이 생겨날까? 어림없는 바람이다. 앞으로의 학교 공간은 그 속에 사는 아이들이 주인공이 되어야 한다. 아이들의 움직임, 활동 방향과 형태를 살피고, 관심과 호기심을 자극할 수 있는 공간이 되도록 만들어야 한다. 학교는 아이들이 경쟁보다 협력을, 효율보다 다양성을 배울 수 있는 공간이 되어야 한다. 학생들을 관리, 통제하는 방식에서 벗어나 협력과 다양성이 존중되는 새로운 학교 공간이 필요하다. 아이들의 배움이 살아나고, 아이들의 삶을 풍요롭게 하는 새로운 학교는 어떤 방향으로 디자인해야 할까? 아이들이 늘 가고 싶어 하는 학교, 늘 머무르고 싶어 하는 학교 공간을 만들기 위해서는 어떻게 해야 할까? 다음에서 몇 가지로 나누어 살펴보고자 한다.

첫째, 자연과 더 가까이할 수 있는 방법을 고민한다

'채나눔'이란 건물을 높게 한 채만 짓는 것이 아니라, 단층 건물을 여러 채 짓는 것을 말한다. 예로부터 우리 조상들은 집을 지을 때 안채, 사랑채, 행랑채로 나누어 구성했다. 학교 건물도 하나의 건물로 높게 짓는 것보다 이처럼 여러 채로 나누어서 짓는 것이 여러모로 좋다. 무엇보다 학교 건물이 2층, 3층, 4층으로 높이 올라갈수록 높은 층에서 생활하는 아이들은 자연과 멀어질 수밖에 없기 때문이다. 1층에 있는 아이들은 그나마 쉬는 시간에 잠깐 밖에 나와 친구들과 이야기를 할 수도 있고, 장난도 칠 수 있다. 하지만 높은 층에 있는 아이들이 짧은 쉬는 시간에 운동장까지 내려와서 놀다가 종이 치기 전 다시 올라간다는 것은 현실적으로 불가능한 일이다. 또 요즘 아이들은 그렇게까지 무리를 하면서 굳이 밖에서 놀려고 하지 않는다. 따라서 아이들이 자연스럽게 밖으로 나갈 수 있게 학교 공간을 구조적으로 변화시켜야 한다.

　일반적인 학교 구조를 보면 1층이라도 밖으로 나가는 출입구는 중앙과 양옆에 하나씩, 총 3개 정도이다. 각각의 교실이 바깥과 바로 연결된 구조가 아니라 기나긴 복도를 통해 교실들이 나란히 이어져 있다. 밖으로 나가려면 반드시 복도와 현관을 거쳐야 하므로, 바깥으로 출입하는 것이 다소 번거로운 구조이다. 채나눔은 이러한 구조적 문제를 해결하는 가장 좋은 방안이다. 만약 채나눔을 통해 각각의 교실이 독립되어 교실 문을 열자마자 바깥 공간과 연결되어 있다면 밖으로 쉽게 나갈 수 있으니, 아이들은 자연과 좀 더 자주 접할 수 있을 것이다.

우리나라의 대표적인 채나눔 사례로는 경기도 강화의 산마을고등학교를 꼽을 수 있다. 이 학교는 교실과 교실이 마치 독립된 하나의 집처럼 구성되어 있다. 즉 교실 간 이동을 하려면 일단 교실에서 나와 골목을 통해 다른 교실로 이동하는 구조이다. 어떤 교실로 이동하건 간에 무조건 바깥으로 나갈 수밖에 없는 구조라 일상적으로 자연을 접하게 된다.

※자료: 한국교원연수원 영상 캡처

위에서 내려다본 산마을고등학교
교실과 교실이 중정을 사이에 두고 독립된 각각의 집처럼 구성된 모습이 이색적이다.

물론 공간적 여유가 없는 도시에서 무조건 단층으로만 학교 건물을 짓기는 현실적으로 어렵다. 그래도 무조건 건물을 층층이 올리기보다 되도록 낮은 층의 건물 몇 채로 설계한다면, 아이들이 머무는 교실과 밖의 공간 연결이 훨씬 수월해진다.

채나눔을 하여 학교 건물을 짓는다면 아이들은 자연스레 자연과 접하고, 자연과 소통할 수 있다. 또한 채나눔을 하면 아이들이 활동할 수 있는 아기자기한 공간이 많이 늘어나는 것도 장점이다. 예컨대 채와 채를 잇는 골목도 생기고, 채와 채 사이에 작은 정원을 만들어 아이들의 다양한 활동을 담아낼 수 있다. 다만 이러한 방식이 유효하려면 대지면적에서 건물이 차지하는 면적을 기존 학교 건물에 비해 훨씬 더 많이 확보해야 한다. 예컨대 운동장의 면적을 좀 더 줄이거나, 주변에 공원이 있다면 공원 내에 운동장을 설치하는 방법도 생각해볼 수 있을 것이다. 하지만 대지면적이 확보된다고 해도 여전히 복잡한 도시에서 채나눔을 제대로 구현하기에는 이런저런 제약이 많다.

채나눔이 현실적으로 어렵다면 다른 방법도 고려해볼 수 있다. 예컨대 전북 완주에 있는 삼우초등학교는 테라스를 활용해 자연친화적 공간을 구성했다. 이 학교는 집처럼 포근한 분위기의 교실을 위해 교실마다 조그만 현관과 테라스를 두었다. 우리가 익히 아는 길게 직선으로 뻗은 복도가 아니라 각 교실 출입구를 둥글게 감싸는 복도를 낀, 건물 중앙에 도서관이 자리 잡은 특이한 구조이다. 즉 어떤 교실에서든 나오면 곧바로 도서관과 연결되도록 만든 것이다.

또한 교실마다 딸린 문을 통하면 바로 밖으로 나갈 수 있다. 건물 바깥쪽 현관과 테라스를 통해 자연과 접할 수 있고, 안쪽 복도 방향으로 나가면 도서관과 연결되도록 지은 것이다. "지식은 책에서 배우고, 지혜는 자연에서 배워라."라는 말이 있다. 삼우초등학교는 자연을 통해 지혜를 배우고, 도서관을 통해 각종 새로운 지식을 자연스럽게 접하고 배울 수 있도록 공간을 구성하였다.

※자료: https://www.hani.co.kr/PRINT/518024.html

삼우초등학교 전경
전경을 통해 알 수 있듯이 이 학교는 네모난 구조가 아닌 전체적으로 원형의 공간 구조를 채택하였다. 교실 바깥 출입구는 자연과 바로 이어지도록 설계했으며, 안쪽은 복도를 통해 도서관으로 곧장 진입할 수 있는 구조이다.

둘째, 교실 천장의 높이와 모양을 다양하게 한다

–

우리나라 학교의 대부분은 모든 교실의 천장 높이가 똑같이 설계되어 있다. 대체로 공간 활용도 및 비용의 효율성, 안전성 등을 고려한 것으로, 아쉽게도 아이들에 대한 고려는 담겨 있지 않다. 하지만 층고만 높여도 아이들의 창의력은 한층 살아날 수 있다. 교실마다 천장고를 다르게 하고 천장 모양도 다르게 하는 것만으로도 아이들은 한층 다양한 경험을 하게 된다.

먼저 층고와 천장고의 개념부터 명확하게 짚고 넘어갈 필요가 있다. 층고는 무엇이고 천장고는 무엇일까? 층고란 건물의 층과 층 사이의 높이를 말하고, 천장고는 방바닥에서 천장까지의 높이를 일컫는다. 예컨대 아래 그림에서 층고는 1층 바닥에서 2층 바닥까지의 높이를 말한다. 천장고는 1층의 장판, 또는 마루가 깔린 부분부터 천장 마감(반자)이 끝난 부분까지의 높이이다.

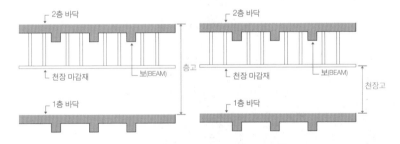

층고와 천장고
아래층 바닥에서 위층 바닥까지의 높이를 층고라 하고, 마루나 장판이 깔린 바닥에서 윗면 마감이 이루어진 천장까지 실제 사용하는 높이를 천장고라 한다.

지붕의 형태를 어떻게 하느냐에 따라 천장고의 높이는 달라질 수 있다. 즉 아래층은 기존의 높이와 비슷하게 하고, 가장 위층은 박공지붕 형태로 하여 천장이 경사지도록 할 수도 있고, 천장고를 기존보다 높게 4~5미터로 할 수도 있다. '박공지붕'이란 우리가 '집' 하면 제일 먼저 떠오르는 뾰족한 지붕 모양을 말한다. 하지만 우리나라 학교에서 가장 많이 사용하는 것은 평평한 형태의 평지붕이다.

앞서 층고만 높여도 아이들의 창의성이 살아날 수 있다고 했는데, 천장고는 아이들에게 어떤 영향을 미칠까? 층고가 높은 대표적 건축물인 교회나 성당을 예로 들어보자. 교회나 성당의 천장은

※자료: https://ko.wikipedia.org/wiki/%EC%BE%B0%EB%A5%B8_%EB%8C%80%EC%84%B1%EB%8B%B9

층고 높은 독일의 퀼른 대성당
높은 층고의 건물 안으로 들어가면 왠지 모를 엄숙한 분위기와 함께 경외심마저 들게 된다.

높은데, 이런 공간에 들어가면 굉장히 엄숙한 분위기에 경외심마저 든다. 좁디좁은 엘리베이터를 탈 때의 느낌과 비교하면 완전히 다른 느낌이다. 그런데 이 느낌의 차이가 단지 기분의 차이일까? 여기 하나의 실험이 있다.

> 2007년에 미국 라이스 대학교 학생 100명을 대상으로 창조적 통찰의 필수 요소인 추상적 사고에 관한 실험이 이루어졌다. 참가자의 절반은 천장이 약 3미터인 방에서 시험을 보았다. 나머지 절반은 다른 조건은 모두 동일하되 천장 높이만 약 2.4미터인 방에서 시험을 보았다. 연구자들은 참가자가 천장 높이를 알아차리도록 하기 위해 천장에 장식용 등을 몇 개 달아놓았다. 그리고 천장 높이에 대한 언급을 하지 않은 채 임의적으로 방에 배치했다. 결과는 놀라웠다. 천장이 더 높은 방에서 시험을 치른 학생들이 더 낮은 방에서 시험을 치른 학생들보다 서로 관련 없어 보이는 물체 간의 연결고리를 찾는 데 뛰어났다. 높은 천장이 생각을 넓게 고무시킨 것이다.[11]

이 실험에서 천장고 차이는 60센티미터에 불과했지만 학생들의 창의력에 영향을 미쳤다. 굳이 이 실험이 아니라도 천장이 높은 곳에 가면 좀 더 자유로움을 느끼고, 환경을 좀 더 개방적으로 받아들이는 경향이 있다. 참가자들 또한 천장이 높은 공간에서 무엇에 얽매

---

11. 론 프리드먼, 《공간의 재발견》(정지현 옮김), 토네이도, 2015, 56~57쪽 참조

이지 않고 창의력을 발휘할 수 있었던 게 아닐까. 학교 공간도 천장의 높이를 높게, 또 다양하게 해야 한다. 좀 더 유연한 생각을 할 수 있고, 좀 더 여유로운 마음을 갖게 하기 위해서다. 여유로운 마음은 친구를 배려하는 행동으로 이어진다. 다시 말해 이러한 공간의 변화만으로도 서로를 존중하고 배려하는 문화가 자연스럽게 형성될 수 있다는 뜻이다.

셋째, 다양한 모양의 창문을 만든다

자, 이제 학교 창문 쪽으로 시선을 돌려보자. 우리나라 교실의 창문은 마치 서로 약속이라도 한 것처럼 모양과 위치가 똑같다. 오랜 시간 서열화와 경쟁에 의지하여 표준화된 인재 양성에 골몰해온, 획일화된 학교 교육의 모습을 대변하는 것 같아 씁쓸하기만 하다. 창문만 바꿔도 꽤 많은 것이 달라진다. 다양한 창문 모양은 은연중에 다양한 생각을 하게 해주기 때문이다.

창문은 안팎을 이어주고, 햇살과 바람을 들이며, 심리적 편안함을 주는 등 생각보다 꽤 다양한 역할을 한다. 또 창문의 위치를 어디로 하느냐에 따라 빛을 받아들이는 정도나 공간에서의 분위기는 확 달라진다. 창문은 설치하는 위치에 따라 이름도 다르다. 바닥 면에 붙어 있는 창을 '소제창'이라고 하는데, 그중 사람이 드나들 수도 있을 만큼 큰 창은 '대형 소제창'이라고 한다.

  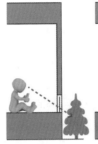 

대형 소제창
창으로 출입도 가능한 큰 창문

중창
어른의 허리 위치 높이에 다는 창문

소형 소제창
바닥에 닿는 창문. 사생활이 보호됨

고창
주요 목적은 채광이며, 천장 가까이에 설치하는 창문. 방범 기능도 한다.

※자료: https://ko.wikipedia.org/wiki/%EC%BE%B0%EB%A5%B8_%EB%8C%80%EC%84%B1%EB%8B%B9

설치 위치에 따른 창문의 명칭
그림에서와 같이 창문은 어디에, 어떻게 설치하느냐에 따라 이름이 달라진다.

얼핏 이미지가 잘 떠오르지 않는다면 요즈음 커피숍이나 거실에서 베란다로 나가는 곳에 많이 설치하는 폴딩도어를 연상하면 된다. 대형 소제창은 창이 커서 열었을 때 빛과 바람이 많이 들어온다. 바닥에 붙어 있으면서 허리 아래에 있는 창은 '소형 소제창'이다. 작아서 빛과 바람이 적게 들어온다. 2층에 소형 소제창을 설치했을 경우, 벽면의 아래에서 바깥 경치를 바라볼 수 있다. 어른의 허리 위치에 다는 창문은 '중창'이고, 천장 가까이 높게 설치하는 창은 '고창'이다.

창문의 형태와 개폐 방법에 따라서도 이름이 다양하다. 양여닫이창, 양미닫이창, 외측 외여닫이창, 내측 외여닫이창, 횡축 회전창, 세로 외여닫이창, 오르내리창, 붙박이창 등이 있다(75쪽 표 참조).

형태와 개폐 방법에 따른 창의 구분

	양여닫이창	양미닫이창	외측 여닫이창	내측 외여닫이창
형태				
특징	회전해서 개폐하는 창. 창 밖에 열고 닫을 수 있는 공간이 필요하고, 활짝 열면 기분이 상쾌하다.	좌우 두 장의 유리문을 옆으로 이동시켜서 여닫는 창문이다. 어느 방향으로도 열 수 있어 환기나 채광에 유리하다.	바깥쪽으로 창문을 밀어서 여는 창. 밖으로 창이 튀어나가기 때문에 지나가는 사람이 머리를 부딪치지 않도록 높이에 주의해야 한다.	외측 여닫이창과 반대 방향인 실내로 창이 열린다. 고창으로 채광과 통풍에 좋다.
	횡축 회전창	세로 외여닫이창	오르내리창	붙박이창
형태				
특징	열었을 때 차양과 비슷한 모양이 되므로 비가 많이 오지 않을 때는 열어 놓고 환기를 시켜도 비가 들이치지 않는다.	위와 아래에 설치된 창틀레일을 따라서 창이 바깥쪽으로 미끄러지게 하여 개방한다. 개구 면적을 최대한 개방할 수 있는 장점이 있다.	두 개의 창문을 위아래로 움직여서 여닫는 구조이다. 위로 실내 공기가 빠져나가고 아래로는 외부 공기가 유입된다.	개방되지 않고 고정된 창. 실내에서는 바깥쪽을 청소할 수 없는 문제가 있다.

이렇게 많고 많은 창문 중에서 학교에서 볼 수 있는 것은 대부분 양미닫이창이다. 만약 공간에 따라 적절하게 다양한 창을 배치한다면 아이들은 창문을 통해 더 다양한 경험을 하게 될 것이다. 예컨대 고창으로는 파란 하늘과 흘러가는 구름을 볼 수 있고, 소형 소제창을 통해 풀꽃과 나무들을 보면서 계절을 느낄 수 있다. 천장에 내는 천창도 있다. 지붕을 뚫고 내는 창으로 밤하늘의 별도 볼 수 있다. 늦은 시간까지 공부하는 수험생들은 천창으로 밤하늘을 보면서 조금이나마 마음의 여유를 가질 수 있지 않을까?

우리는 오랫동안 보아온 네모난 창문에 익숙해져 있다. 그러다

※자료: 한현미

파란 하늘이 보이는 천창
학교 천장에 이렇게 창문이 달려 있다면 학생들이 고개를 들고 하늘을 바라보면서 스트레칭도 하고 공부에 지친 심신을 잠시나마 달랠 수 있을 것이다.

보니 네모난 창문의 모양을 굳이 왜 바꿔야 하는지 필요성조차 느끼지 못하는 경우가 많다. 하지만 창문의 모양과 형태만 바꾸어도 공간에 대한 느낌과 분위기가 크게 달라진다. 우리나라의 학교도 좀 더 다양한 모양의 창문을 다양한 위치에 시공했으면 좋겠다. 인천의 강화군 양도면에 있는 산마을고등학교는 일반 학교와는 사뭇 다르게 마름모꼴, 사다리꼴 등의 다채로운 창문이 설치되어 있다. 이런 창문을 보는 것만으로도 고정관념에서 벗어나 다양성을 인정하고, 나와 다른 생각도 존중하는 마음이 자연스럽게 형성될 수 있지 않을까?

※자료: 한국교원연수원 영상 캡처

산마을고등학교의 교실 창문
일반 학교의 창문은 대부분 모양과 크기가 규격화되어 있는데 산마을고등학교의 창문은 큰 사각형, 작은 사각형, 마름모꼴, 사다리꼴 등 다양하다.

넷째, 공간을 다채롭게 한다

우리에게 익숙한 학교 공간은 네모반듯한 모양이다. 크기는 교실 한 칸 크기를 중심으로 조금 크면 한 칸 반, 조금 작으면 반 칸으로 한정적이다. 학교마다 전교생이 모일 수 있는 공간인 대강당이 있고, 한 학년 정도가 들어갈 만한 소강당 또는 세미나실이 갖춰져 있다. 솔직히 너무나 밋밋하고, 재미라곤 도통 찾아볼 수 없는 따분한 공간이다. 따분하기로 말하자면 교실 공간도 빼놓을 수 없다. 네모난 교실에 네모난 책상과 걸상, 칠판, 게시판이 전부다. 아이들은 딱딱하고 각진 책상을 앞에 두고, 역시 딱딱하고 각진 의자에 앉아서 하루 종일 생활한다. 이런 아이들의 모습을 보면 '얼마나 힘들까?' 하는 안쓰러운 마음과 함께 이런저런 생각들이 솟구친다.

- 아이들도 최소한 쉬는 시간에는 편하게 벌러덩 드러눕고 싶지 않을까?
- 교실 한편에 누울 수 있는 공간을 마련하면 어떨까?
- 한두 명이 쏙 들어가서 쉬거나 이야기하거나 공부할 수 있는 공간, 즉 알코브는 어떨까?
- 조그만 마루를 두어 옹기종기 둘러앉아 놀기도 하고, 발표 수업도 하고, 서너 명이 모둠 활동도 할 수 있는 공간을 만들면 어떨까?

이처럼 생각하기에 따라서 지금 당장이라도 얼마든지 교실 안에 다양한 공간을 만들어낼 수 있다. 실제 사례를 살펴보자.

교실 공간 구성	다락 올라가는 계단
 1 수업 공간 2 동굴방 3 선생님 방 4 다목적실 5 공부방 6 독서 벤치 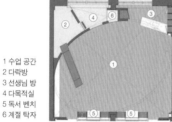 1 수업 공간 2 다락방 3 선생님 방 4 다목적실 5 독서 벤치 6 계절 탁자	

공부하는 작은 공간: 노란색

※자료: 서울특별시교육청, 2018

상원초등학교의 다양한 공간 구성 사례

기존 네모난 교실 공간이 가진 고정관념을 깨고, 형태는 물론, 다양한 작은 공간들을 마련하여 창의성이 넘치는 공간으로 구성하였다.

왼쪽 사진에서 살펴본 바와 같이 서울 상원초등학교는 교실 내에 다양한 공간이 있다. 또한 각 공간은 우리가 기존에 알고 있던 학교 공간에 관한 고정관념을 과감하게 무너뜨린다. 특히 교실에 다락과 같은 공간으로 이동할 수 있는 계단을 만든 것이나 포인트 색상을 통해 공간에 생기를 불어넣은 점 등이 눈에 띈다. 교실 안에서 생활하는 아이들 또한 고정관념에 얽매이지 않고 자유롭게 배움을 추구하는 융통성을 발휘할 수 있도록 공간을 구성한 것이다.

학교 안에도 한 학급이 모일 수 있는 크기의 공간뿐만 아니라 홀로 사색을 하고 성찰할 수 있는 공간, 서너 명이 어울릴 수 있는 공간, 열 명 정도가 활동할 수 있는 공간 등을 곳곳에 마련해보면 어떨까? 단을 좀 높여 다락을 만들면 다락방에서도 이런저런 활동이 이루어지고, 그 아래 공간에서도 여러 가지 창의적인 활동이 가능할 것이다. 다양한 공간에서 다양한 행동이 나오고 다양한 생각이 나올수록 삶은 다채로워진다. 이처럼 기존의 네모난 틀 자체는 바꾸지 않더라도 교실 내부에 재미있는 공간을 마련함으로써 교실은 단조로움에서 벗어날 수 있고, 아이들은 더욱더 흥미롭게 배움을 추구할 수 있다.

물론 새롭게 학교를 건축할 기회가 주어진다면 한층 더 과감하게 도전해볼 것을 추천한다. 네모난 모양의 틀을 깨고, 다양한 설계 방안을 검토해보는 것이다. 백지 상태에서 무엇을 창조해내는 것은 그 자체로 예술 행위이다. 전북 남원시 덕과면에 있는 덕과초등학교는 원광대학교 박기우 교수가 학교 공간을 디자인하였

운동장에서 바라본 전경	옥상 전망대 및 야외 교실
	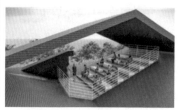
도서관	공연장

주변 자연환경을 학교 공간으로 흡수한 덕과초등학교

전경부터 기존에 우리에게 익숙한 학교와는 거리가 있다. 내부를 들여다봐도 창의성이 넘치는 다채로운 공간 구성이 눈에 띈다. 상당히 독특한 구성임에도 정서적으로 편안하고 자연스러운 느낌이 든다.

다. 외관부터 학교의 고정관념을 과감하게 탈피하였다. 학교 건물 자체도 예술작품처럼 아름답지만, 무엇보다 자연환경과의 조화가 돋보인다. 건물의 외관은 학교 주변을 둘러싼 산과 자연스럽게 어우러진다. 게다가 학교 어느 곳에서도 바깥과 연결되어 자연을 느낄 수 있는 특징이 있다. 특히 공간별로 뚜렷하게 경계를 구분짓지 않고 적당히 경계를 두되 서로 연결된 공간으로 구성하였다. 이러한 연결성 덕분에 아이들은 지나가다가 자연스럽게 도서관을 만나면 잠깐 멈춰서, 읽고 싶은 책을 골라 그 자리에서 읽을 수 있다. 도서관 왼쪽 끝은 공연장이며, 객석은 도서관 삼각 천장 위에 넓은 계단의 형태로 만들고, 객석 벽면은 통유리를 설치하여 계절에 따라 변화하는 자연의 아름다움을 느끼며 생활할 수 있다.

그 외에도 아이디어가 돋보이는 아름다운 공간들이 학교 내부 곳곳에 마련되어 있었다. 특히 이 학교의 교실은 사각형 콘크리트 벽체로 꽉 막지 않고, 밖으로 편안하게 연결된 입체적인 구조이다. 먼저 각 교실 출입구에는 회전축이 있는 커다란 책장을 놓았다. 이 책장을 반듯하게 두면 넓은 복도와 경계가 생기고, 책장을 돌려서 열어놓으면 복도와 연결된 열린 공간이 된다. 교실 문만 열면 바로 밖의 공간과 연결되고, 놀이터로 연결되도록 설계되었다. 또한 교실 층고를 높이면서 높이 1.5미터, 폭 2미터 정도의 아늑한 다락방을 넣어 아이들이 소곤소곤 이야기하고, 소꿉놀이를 하고, 책도 읽는 공간을 마련하였다. 이러한 교실이라면 아이들은 언제든지 자연을 접하면서 뛰놀 수도 있고, 교실에 마련된 아기자기한 공간에서 온갖 행동을 하면서 친구와 관계를 맺고, 다양한 삶의 방법을 배워나갈 것이다.

이 학교를 보니 우리에게 익숙한 학교 공간보다 훨씬 편안하고 자연스러운 공간이라는 생각이 절로 들었다. 설계를 맡은 박기우 교수의 말처럼, 이 학교는 "세계 최고의 학교"가 될 것이다. 나아가 모든 아이들이 행복하게 성장하는 세계에서 가장 아름다운 학교가 될 것이다.

"누가, 어떻게 공간을 혁신할 것인가?"

과거 우리나라에서는 학교 공간혁신은 잘 이루어지지도 않았지만, 공간에 관한 개선이 이루어진다고 해도 행위의 주체는 학생과 교사 등의 사용자가 아니었다. 그 공간의 사용자가 아닌 건축가, 행정가 등이 주체가 되어 이루어지다 보니 오직 '경제성'이나 '효율성'에만 초점을 맞춘 공간 개선이 이루어졌다. 하지만 사용자의 의지가 반영되지 않은 혁신은 공염불에 불과하다. 이제라도 '누구를 위한, 무엇을 위한 혁신'인지를 곰곰이 생각해보며, 어떻게 하면 사용자의 의견을 다양하게 담아낼 것인지를 고민할 때다. 이번 장에서는 공간혁신에서 각각의 주체와 그 주체들의 역할에 대해 좀 더 구체적으로 살펴보려고 한다.

PART

02

공간혁신의
주체

01

리더촉진자, 기술촉진자, 교육촉진자

공간혁신의 추진 동력을
높여주는 촉진자들

학교 공간혁신을 간단히 정의하면 "사용자인 교사, 학생, 지역 주민이 다 함께 참여하여, 그 공간에서 무엇을 할 것인지, 어떤 공간을 원하는지에 대한 의견을 모으고, 건축 전문가의 도움을 받아 함께 배우는 공간을 창조해내는 모든 과정"을 말한다. 현재 우리는 모두 변화의 소용돌이 속에 있으며, 과거 그 어느 때보다 급속한 변화를 실감하고 있다. 사회가 바뀌고, 아이들이 바뀌고, 수업이 바뀌고 있다. 과거와 같이 단순히 지식을 전달하는 수업을 넘어 아이들 스스로 생각하고 창의력을 발휘하도록 자극하고, 서로 협력하여 새로운 것을 만들어내는 힘을 기르는 수업으로 바뀌고 있는 것이다. 학교 공간 또한 이러한 변화를 수용하고 아우를 수 있는 공간으로 진화할 필요가 있다.

공간혁신은 곧 배움의 혁신이다

우리나라 학교 공간은 어떠한가? 모두가 인정하겠지만, 새로운 수업을 담아내기에는 아직 너무나 융통성 없는 모습을 고수하고 있다. 수업이 제대로 바뀌려면 공간도 이러한 수업을 담아낼 만큼 충분한 융통성과 개방성을 갖출 필요가 있다. 기존과 같은 고정관념의 틀에 갇힌 공간에서 수업을 바꾸는 데는 한계가 있다. 어떤 공간에서 수업을 진행하느냐는 수업의 질을 바꿀 만큼 중요한 요인이다. 특히 아이들은 공간의 영향을 민감하게 받아들인다. 따라서 학교는 아이들의 다양한 활동을 담아낼 수 있는 다양한 공간이 있는 교실, 미래 사회에 대비한 최첨단 기기를 갖춘 공간으로 바뀌어야 한다. 그러한 공간 안에서 아이들의 행동은 달라지고, 수업의 질 또한 높아질 것이다. 공간이 아이들의 행동을 바꾸고, 아이들의 행동이 수업의 질을 결정한다.

공간혁신은 크게 두 개의 축으로 진행된다. 바로 영역 단위와 학교 단위이다. **영역 단위**는 학교의 일부 영역만 재구조화하는 사업이다. 예를 들어 도서관과 그 주변 교실을 '복합문화공간'으로 조성한다든지, 과학실과 기술실 등을 합쳐서 '상상이룸공작실'로 새롭게 만든다든지, 드넓은 땅만 있는 학교 운동장을 아이들이 편안하게 쉬거나 함께 놀고 함께 배울 수 있는 놀이 공간, 배움의 공간으로 바꾸는 것 등을 말한다.

한편 **학교 단위** 공간혁신은 오래되어 낡은 학교를 부수고 처음부터 다시 짓는 사업이다. 점진적 변화가 아니라, 건물을 모두 철거하고 새로 짓는 파괴적 혁신인 것이다. 아예 기존 공간을 부수고 시작하는 것이기에 공간의 역할에 한계가 없다. 처음부터 공간을 창조해내는 작업인 만큼 무한 상상력을 발휘한다면 아이들의 삶과 배움을 담아낼 수 있는 공간을 충분히 만들 수 있다.

앞서 설명한 영역 단위 혁신 사업은 기존 공간의 틀에서 또 다른 공간을 창조해내는 작업이다 보니 어느 정도는 제약이 있을 수밖에 없다. 하지만 최소한 고정관념만 버려도 상상하는 것 이상의 다양한 공간을 창출해낼 수 있다.

공간혁신의 중심을 잡아주는 촉진자들

-

학교의 공간을 바꾸기로 했다고 하자. 그런데 이것이 특정 교사 한 명의 노력으로 이루어질 리 만무하다. 아무리 관심을 기울이고 열심히 노력해도 한계가 있다. 사용자 참여수업(공간수업)까지는 어떻게 진행한다고 해도 아이들과 교사들의 의견을 충분히 반영하여 어떻게 디자인할 것인가는 막막하고, 답답하고, 막연할 뿐이다. 쏟아지는 수많은 의견들을 수렴하려다 보면 때론 현실감 없이 뜬구름만 잡는 것은 아닌가 하는 의구심이 들기도 한다. 그럴 때 필요한 것이 **촉진자**이다. 촉진자란 말 그대로 공간을 바꿀 수 있도록 도움을 주는 사람, 즉 조력자이다.

촉진자의 역할을 좀 더 구체적으로 설명하면 전체적인 디자인 방향을 정하고, 공간수업 및 워크숍을 진행한다. 그리고 설계 방향을 협의하며 기획에서 사후 평가까지 담당한다. 일반적으로 공간혁신에서 촉진자의 역할은 건축사, 건축학 교수, 공간 디자이너, 조경 설계사 등 공간 관련 전문가들이 담당한다. 만약 건축사가 촉진자 역할을 하는 경우 실시설계[1]를 함께 맡으면 한층 부드럽게 일이 진행될 수 있다. 그러나 안타깝게도 실제 현장에서는 촉진자가 실시설계를 하고 싶어도 제도상 불가능한 경우가 발생하는데, 그 이유는 대체로 다음과 같다.

첫째, 공사 금액 대비 설계 용역비가 2,000만 원을 초과하는 경우에는 설계 용역에 대해서 공개입찰을 해야 하기 때문이다. 보통 **최저가 입찰 방식**이기 때문에 공간혁신 촉진자가 낙찰을 받는다는 보장이 없다. 둘째, 촉진자의 사무실이 해당 학교와 다른 지역에 있는 경우에는 아예 입찰에 응할 수조차 없다. 특히 설계 용역비가 2,000만 원 초과, 5,000만 원 이하인 경우는 시(군) 지역 내에 있는 설계사무소만 입찰할 수 있도록 제한을 두고 있다. 5,000만 원을 초과한 금액에 대해서는 시(도) 단위로 입찰 제한이 조금 확장될 뿐이다. 지자체에 따라 제한 금액은 다소 차이가 있지만 제한 규정은 거의 비슷하다.

---

1. 실시설계란 공사를 계획하는 단계에서 기초적인 구획, 디자인, 큰 틀을 짜는 설계인 기본설계를 실제로 구현하는 데 필요한 설계이다. 예컨대 벽 두께, 내장재의 종류, 마감재 두께, 구조물 설치 등을 위한 자세한 설계를 진행하는 것을 의미한다.

공간 디자인을 담당하는 촉진자가 사용자의 의견을 경청한 후에, 이를 반영하여 설계 방향을 정하고 직접 실시설계를 담당하면 사용자의 요구가 공간혁신에 제대로 반영될 수 있을 것이다. 만약 촉진자가 실시설계를 직접 담당하지 못하는 경우에는 촉진자와 실시설계자 간의 긴밀한 소통이 필요하다. 사용자의 요구와 그것을 반영한 디자인, 그리고 그 디자인을 확실히 담아낼 수 있는 실시설계가 필요하다.

한편 학교는 **학교공간혁신추진협의회**와 같은 협의회를 구성하여 디자인 협의 및 설계 내용을 검토할 수 있다. 간단한 의사결정은 추진협의회에서 할 수 있지만, 전체 교직원이 함께 참여할 수 있는 '공간 워크숍'을 마련하여 학교 공간혁신의 방향, 방법 등을 공유하는 것이 좋다. 즉 다음과 같은 과정에 대한 학교 구성원 간의 긴밀한 합의가 필요하다.

- 우리 학교 공간을 왜 바꾸는가?
- 앞으로 어떻게 바꿀 것인가?
- 새로운 공간에서 어떤 교육활동을 펼칠 것인가?

이와 같은 내용에 대해 전 구성원 간의 논의와 협의, 공유는 궁극적으로 공간혁신의 성공을 위해 매우 중요하다. 또한 이러한 과정을 거치는 것이야말로 진정한 민주학교로 나아가는 기본이 될 것이다. 또한 실제 공간을 바꾸는 공사로 인해 학업에 지장을 주지 않도록 가능한 한 방학 동안 공사를 마치도록 계획을 잡아야 한다. 그러나 계획했던 것과 달리 공사 일정에 차질을 빚는 경우는 비일비재하다. 따라서 학사일정 등에 적절한 융통성을 발휘할 필요가 있다. 예컨대 여름방학 내 공사를 끝마치기가 빠듯할 경우 여름방학을 며칠 늘리는 대신 겨울방학 기간을 그만큼 줄이는 방법도 고려해볼 수 있다.

만약 도저히 방학 기간에 딱 맞춰 끝낼 수 없는 공사라면, 공사는 그대로 진행하되 대체 교실을 미리 확보해둔다거나, 공사에 방해받지 않고 수업이 원활하게 진행될 수 있도록 미리 깨끗한 수업 교실을 준비하는 것이 중요하다.

촉진자들의 역할 분담을 통한 효율적 진행

–

공간혁신 전체를 기획하고, 이를 추진하기 위한 공간수업을 진행하며, 기본계획을 세운 후 결과까지 정리하는 일은 도저히 혼자 감당할 수 없을뿐더러, 설사 어느 한 사람이 희생정신을 발휘해 떠맡는다고 해도 제대로 진행될 리 없다. 충청남도교육청은 촉진자의 역할을 분업화하는 방안을 제안했다. 즉 교육촉진자, 기술촉진자, 리더촉진자 세 영역으로 분리시킨 것이다. 업무를 이렇게 분업화하면 전체 과정을 더 효율적으로 진행할 수 있어 공간혁신은 더 탄력을 받을 수 있다. 나아가 좀 더 세밀하고 깊이 있게 진행될 수 있다. 그러나 공간 사용자와 촉진자 간의 원만한 소통이 이루어지지 않을 경우 오히려 일이 더 복잡하게 진행될 수 있다는 점을 염두에 두고 항상 소통 채널에 신경을 써야 할 것이다. 그렇다면 교육촉진자와 기술촉진자, 리더촉진자의 역할은 각각 어떻게 나누어질까?

우선 **교육촉진자**는 공간에 관심이 많은 교사가 맡는 것이 적절하다. 교육 현장을 누구보다도 잘 파악하고 있고, '공간'이라는 주제를 수업에 잘 녹여낼 수 있는 사람이 바로 교사이다. 비록 기술촉진자가 전문지식이 풍부하지만, 수업은 또 다른 영역이기 때문이다. 물론 때로는 기술촉진자가 공간수업을 진행하기도 하지만, 수업 전문가인 교사가 '공간'이라는 주제로 수업을 진행한다면 좀 더 부드럽고 자연스럽게 사용자의 요구를 이끌어낼 수 있을 것이다. 아울러 교육촉진자는 수업계획서를 작성하고 공간수업을 진행한다. 이때 공간수업 프로그램을 운영하고, 공간 워크숍 등을 통해 아이들의 의견, 아이디어를 이끌어내는 역할을 한다. 또한 기술촉진자와 디자인 워크숍을 함께 진행하며 자문 및 조언을 한다. 공간수업은 적게는 1회 진행할 수도 있고, 많게는 5회 진행할 수도 있다. 최소한 2~3회 정도는 진행해야 사용자의 의견을 충분히 수렴할 수 있다. 무엇보다 리더촉진자 및 기술촉진자와 긴밀히 소통하며 협의하는 중요한 역할을 수행한다.

다음으로 **기술촉진자**는 기술 분야에 관해 전문적 조언과 함께 실제로 사용자의 요구가 구현 가능한 것인지에 대해서도 조언한다.

교육촉진자와 함께 공간수업에도 참여한다. 공간수업의 결과를 바탕으로 구성원들의 의견을 충분히 수렴한 후 기본계획을 세우고 사용자를 대상으로 워크숍을 진행한다. 디자인 워크숍은 한 번 할 수도 있고, 두 번 할 수도 있다. 각 학교의 상황에 따라 구성원들의 합의하에 진행하면 된다. 아무리 좋은 것도 합의가 없는 상태로 일방적으로 이루어지면 부정의 기운이 싹트게 마련이다. 따라서 학교 사정에 맞게 구성원들이 필요하다고 인식하고 합의한 만큼 진행하는 것이 좋다. 또한 기술촉진자는 기본계획을 설계자에게 전달하고, 제대로 실시설계가 될 수 있도록 조언하는 역할도 한다.

영역 단위 공간혁신을 하는 학교가 점점 많아짐에 따라 한 명의 리더가 총괄해서 관리하기도 힘들어졌다. 2020년 충청남도교육청에서 영역 단위 공간혁신을 추진하는 학교만 해도 34개나 되어 지역별로 대여섯 개 학교를 하나의 모둠으로 만들고, 그 모둠을 총괄하는 촉진자, 즉 **리더촉진자**를 두었다. 리더촉진자는 교육촉진자, 기술촉진자 및 사용자들을 대상으로 사전 워크숍을 진행한다. 각 학교의 상황을 파악하는 한편, 각각의 공간을 사용하는 주체의 요구를 조율하고, 과업 수행 계획서를 수립하며, 설계·시공 및 사용 후 평가에 이르기까지 사업 전반을 관리하는 역할을 한다.

이상으로 촉진자들의 역할을 간단히 알아봤지만, 그래도 아직은 공간혁신의 전 과정을 머릿속에 그리기에는 좀 막막할 것이다. 그래서 단계적으로 나누어 좀 더 구체적으로 살펴보려고 한다.

공간수업을 통한 공동체 의견 수렴과
공간혁신의 밑그림 그리기

공간혁신을 시작할 때 제일 먼저 맞이하는 난관은 다름 아닌 사용자 참여수업, 즉 **공간수업**[2]이다. '도대체 뭘 어떻게 하라는 거지?'라는 생각과 함께 답답하기만 하다. 그래서 공간수업을 도와주는 교육촉진자가 꼭 필요한 것이다. 우리 학교도 공간혁신 사업을 체계적으로 시작하기 전에는, 공간 재구조화와 관련한 공문이 내려오면 그저 관심 있는 몇몇 교사가 모여 계획서를 세워 공모하고, 지원금이 내려오면 교사 몇 명, 학생 몇 명의 의견만 대략 들은 후 머리를 굴리고 굴려 공간을 구성하고 계획을 세우는 식이었다. 하지만 막상 진행을 하면서도 '이렇게 하면 될까?', '결과는 어떻게 나올까?' 하는 막연한 불안감과 고민에 사로잡혔다.

  만약 이럴 때 공간수업을 이끌어줄 교육촉진자가 있다면 구체적으로 공간에 대해 차분히 생각해보고, 상상도 해볼 기회를 가질 수 있다. 또한 원하는 공간에 대해 서로 이야기도 나누고, 이를 바탕으로 그림도 그리고, 입체적으로 표현해볼 수도 있다. 교육촉진자는 직접 교사와 아이들을 상대로 '공간'을 주제로 한 사용자 참여수업을 진행한다. 그래서 사용자 참여수업을 **공간수업**이라고 말하기도 한다. 공간수업이야말로 민주적인 학교 공간혁신의 기반

---

2. 공간 사용자들의 의견을 공간혁신에 담아낼 수 있도록 진행하는 것이 사용자 참여수업으로 공간수업의 과정에 대해서는 3부에서 좀 더 자세히 다루기로 한다.

이 되는 중요한 과정이라고 할 수 있다.

　교육촉진자가 있으면 공간혁신을 하면서 공간수업에 대한 고민을 한결 덜 수 있다. 우리 학교는 내가 교육촉진자 역할을 했다. 실제 교육촉진자 역할을 하면서 체감한 장점은 내가 우리 학교에 대해 너무 잘 알고 있다는 것이었다. 그 공간에서 계속 생활해온 교사가 공간수업을 진행하면 사용자의 눈높이에서 그들이 원하는 것이 무엇인지 누구보다 정확하게 파악할 수 있다. 일정 맞추기가 수월했던 점도 장점이었다. 항상 학교에 출근하니까 따로 시간을 내지 않아도 학교 일정에 따라 융통성 있게 공간수업 날짜를 잡고 진행할 수 있었기 때문이다. 학교에서 함께 생활하는 선생님들과 함께 공간수업을 한다는 것 또한 긍정적인 요소였다. 평소 공간에 대해 관심이 많고, 이에 관한 고민도 많았지만 막상 학교 구성원들을 대상으로 공간수업을 준비하고 진행하는 것은 별개의 문제였다. 여러 가지 긴장도 되고, 걱정도 되었다. 다행히 우리 학교 선생님들은 학교 공간에 대한 관심이 많았고, 모둠 구성원들과 다양한 이야기를 나누며 수업에도 적극적으로 참여하였다.

　이렇듯 교육촉진자의 주요 역할은 공간혁신에 대한 다양한 자료를 준비하여 공간 사용자인 학교 공동체 구성원들을 대상으로 공간수업을 진행하는 것이다. 그리고 여기서 나온 다양한 의견, 결과물을 정리하여 기술촉진자에게 전달해주면 된다. 물론 공간수업할 때 시간이 된다면 기술촉진자도 함께하면 더 좋다. 공간 설계를 담당하는 기술촉진자가 함께하면 사용자들이 어떤 생각을 가지고 어떤 공간을 원하는지 현장에서 직접 듣고, 이를 설계에 잘 반영할 수 있기 때문이다.

다만 이 공간수업을 누가 진행하는 것이 좋은지는 여러 의견이 존재한다. 교사보다 공간 전문가인 건축사나 건축 디자이너가 진행하는 것이 더 좋다고 말하는 사람도 있다. 교사는 건축공간에 대한 전문가도 아니고, 수업 같은 본연의 업무에 바빠서 공간수업을 진행할 여력이 없다는 것이다. 하지만 전혀 다른 의견도 있다. '수업을 진행하는 일'은 전문적인 영역이다. 건축 지식이 많다고 하여 수업을 성공적으로 이끌어내는 것은 아니니, 수업 전문가인 교사가 공간수업을 진행하는 것이 더 좋다는 것이다.

나 역시 '수업을 진행하는 일'은 전문 영역이며, 아무리 건축 지식이 풍부하다고 해도 공간수업을 성공적으로 이끌어내는 것은 아니라고 본다. 그래서 나는 교사가 공간수업을 진행해야 한다는 의견에 동의한다. 좀 더 장점이 있다고 생각하기 때문이다. 교사는 기본적으로 아이들의 소리를 잘 듣고, 아이들의 마음을 잘 파악하면서 수업을 진행하는 것이 몸에 밴 사람들이다. 공간수업은 아이들과 교사가 원하는 것이 무엇인지, 그 공간에서 어떤 교육활동을 할 것인지, 어떤 공간 구성을 바라는지를 서로 나누고, 그것을 글과 그림을 이용해 입체적으로 표현해보는 과정이다. 교육촉진자는 이러한 과정 속에서 핵심을 파악하고, 그것이 설계에 반영될 수 있도록 중간자 역할을 해야 한다. 따라서 이러한 과정을 능숙하게 수행하려면 역시 교사가 공간수업을 진행하는 것이 좀 더 자연스럽다는 생각이 든다. 아무튼 공간수업은 교사, 건축사 때로는 디자이너가 진행할 수도 있지만, 누가 진행하건 간에 사람의 역량에 따른 차이도 배제할 수 없다.

　기술촉진자는 학생, 교사, 지역 주민의 의견을 반영하여 공간을 실제로 디자인해주는 건축 전문가를 말한다. 예컨대 비전문가인 우리는 "따뜻하고 아늑한 공간을 원해요."라는 의견을 낼 수는 있지만, 그런 공간을 어떻게 구현해야 하는지는 막막하기만 하다. 우리 학교의 경우, 기술촉진자가 구성원들의 수많은 의견을 반영하여 디자인을 처음 가져왔을 때 '역시 전문가는 다르구나!'라는 생각이 절로 들었다. 막연하게 머릿속에만 맴돌던 공간을 멋지게 시각화해주었기 때문이다. 이 밖에도 기술촉진자는 디자인 워크숍도 진행한다. 사용자의 의견을 충분히 반영하여 디자인한 것을 가지고 와서 직접 교사, 학생들에게 설명하고, 또 추가 의견을 듣는다. 그러면서 우리가 상상했던 공간이 점점 더 구체적으로 디자인에 표현된다. 막연한 것을 구현 가능한 것으로 만들어주는 측면에서 기술촉진자의 역할은 참으로 중요하다.

　리더촉진자는 교육촉진자, 기술촉진자와 학교 관계자를 모아놓고 사전 워크숍을 진행한다. 이때는 공간을 어떻게 사용할 것이며, 어떤 교육과정을 운영할 것인가에 대한 대략적인 방향을 공유하고, 공간을 바꿀 때 어디까지는 가능하고, 또 어떤 것은 불가능한지 이론적·구조적인 큰 틀에서 판단하여 어느 정도 윤곽을 제시해준다. 리더촉진자는 공간수업에 참여하기도 하고, 디자인 워크숍에 참여하여 다양한 조언을 해준다. 리더촉진자는 보통 건축 전문가, 또는 대학의 건축 분야 교수로 구성된다. 우리 학교의 경우에도 리더촉진자의 조언이 공간혁신의 방향을 잡는 데 많은 도움이 되었다.

충청남도교육청이 제안한 것처럼 교육촉진자, 기술촉진자, 리더촉진자가 공간혁신의 역할을 분담하고 각자의 역할을 제대로 하면서 소통이 원활하다면 더없이 좋은 제도가 된다. 하지만 촉진자들끼리 불협화음이 발생하면 오히려 일의 진행이 더 어려워질 가능성도 배제하기 어렵다. 예컨대 학생과 교사의 의견이 촉진자에게 제대로 전달되지 않아 원하던 방향과 맞지 않는 디자인이 나온 사례도 있었다. 또 이것을 수정하는 과정에서 촉진자의 의견이 너무 강할 경우 사용자들의 요구가 제대로 반영되지 않을 수도 있다. 반대로 전체적인 방향에서 촉진자의 의견이 훨씬 합리적인데도 사용자들의 고집 때문에 엉뚱한 방향의 디자인이 나올 수도 있다. 이런 상황을 극복하기 위한 관건은 결국 **소통**이다. 서로 다른 의견을 듣고, 상대방이 충분히 이해할 수 있도록 서로 토의하고 합의하는 과정을 거치면서 민주적인 절차의 중요성도 깨닫고, 공간에 대한 애착도 더 강해지게 된다.

물론 공간 사용자 개개인의 의견이 빠짐없이 반영될 수는 없다. 그러나 사용자들이 궁극적으로 원하는 공간이 무엇인지 큰 방향성을 정확히 이해하고, 원하는 교육활동을 위해 필요한 공간은 어떤 모습이어야 하는지 파악하고 구현해내는 것은 촉진자들의 중요한 역할이다. 따라서 어떤 디자인을 빼거나 넣을 때는 촉진자 임의로 처리하지 말고 공간 사용자가 이해할 수 있도록 충분한 설명이 필요하다. 또한 단편적인 의견 하나하나에 얽매이기보다는 전체적인 공간의 사용 방향, 디자인의 일관성을 생각하면서 사용자들의 의견을 반영해야 한다. 너무 단편적인 의견까지 거르지 않고 넣다 보면 자칫 조화롭지 못한 공간이 연출될 수 있다.

각 분야의 역할 분담과 소통이 순조롭게 이루어지면서 공간혁신이 진행된다면 촉진자는 최상의 제도이다. 그러나 제도는 결코 사람의 역량을 뛰어넘지 못한다. 아무리 좋은 제도라도 구성원들이 어떻게 일을 펼쳐나가느냐에 따라 오히려 제도에 얽매여 일이 늦어질 수도 있음을 기억해야 한다. 공간수업에서 이루어진 내용 등에 대해서는 3부에서 실제 사례를 통해 좀 더 구체적으로 설명할 것이다.

02

구심점

사용자가 직접 참여하는
공간혁신 설계

처음 '공간혁신'이라는 말을 들으면 사실 꽤 막막하고 당황스럽기만 하다. 공간을 바꿀 절호의 기회를 잡았는데, 막상 그 방법을 모른다면 답답할 수밖에 없다. 공간혁신 담당 교사라고 해도 대체 무엇을 먼저 시작해야 하는지 처음에는 감을 잡지 못할 수 있다.

공간을 바꿀 때 가장 중요한 것은, 공간 안에서 생활하는 아이들과 교사가 함께 참여하고 고민하여 의견이 충분히 반영될 수 있도록 하는 것, 즉 **사용자 참여 설계**이다. 쉽게 말해 학교를 주로 사용하는 아이들과 교사들이 의견을 내고, 이것이 실제 설계에 반영될 수 있도록 참여하는 활동을 말한다. 아이들과 교사가 주체가 되어 학교에서의 생활을 관찰하고, 공간에 대해 이해하고, 원하는 공간에 대해 함께 학습하는 것이다.

각각의 목적에 따른 공간 구성의 필요성

—

제일 먼저 생각해볼 것은 다음과 같은 고민들일 것이다.

- 이 공간에서 무엇을 할 것인가?
- 어떤 배움이 일어나기를 바라는가?
- 어떤 교육활동을 할 것인가?

이러한 고민이 필요한 이유는, 어떤 목적을 가지고 있는지에 따라 공간은 달라질 수밖에 없기 때문이다. 목적에 맞게 공간이 구성되어야 그 안에서 사용자 또한 서로 소통하고, 긍정적 상호작용을 일으키며, 행복하게 배울 수 있다.

학교급별에 따라서도 아이들의 삶을 담아내는 공간은 조금씩 다르게 구성되어야 한다. 예컨대 유치원은 방금 부모의 품을 떠나온 아이들이 머무는 공간이다. 따라서 마치 엄마 품처럼 부드럽고, 따뜻한 공간으로 구성되어야 할 것이다. 집처럼 현관이 따로 있고, 바닥 전체가 온돌로 되어 있어 따뜻한 거실과 방이 이어진다는 느낌이 드는 공간이면 좋을 것이다.

인지발달 수준도 고려해야 한다. 초등학교 저학년은 학습과 놀이를 함께할 수 있는 공간이 필요하고, 초등학교 고학년인 경우는 좀 더 사고를 자극할 수 있는 공간, 자율적이면서도 성장을 가져올 수 있는 공간이 요구된다.

중학교의 경우 변화하는 교육과정을 제대로 운영할 수 있는 유연한 공간이어야 할 것이다. 자유학년제의 다양한 주제와 활동을 표현할 수 있는 공간, 교과교실제를 시행하는 학교라면 교과교실마다 특성이 배어나는 공간이 필요하다.

특히 고등학교는 **고교학점제**와 연계해 교과교실의 필요성이 더욱 강조된다. 그러면 **홈베이스**를 중심에 두고, 학습 공간으로 이동이 쉽도록 구성할 필요가 있다.

그리고 특수학교는 일반 학교와 달리 신체, 지능에 장애가 있는 아이들을 위한 공간이다. 따라서 아이들이 편안함을 느끼며 치유, 공감을 통해 성장하고 배울 수 있는 공간이 요구된다.

이처럼 사용자가 누구이고, 어떤 배움과 활동이 이루어지냐에 따라 공간구성은 달라져야 한다. 그만큼 공간 사용자의 참여는 성공적인 공간혁신을 이끄는 밑거름이 된다.

이제부터는 사용자가 직접 참여하는 학교 공간혁신의 절차에 관해 구체적인 사례들을 중심으로 살펴보려고 한다. 다만 여기에서 소개하는 것들은 정답이 아닌 그저 하나의 예시일 뿐이다. 예시는 참고해볼 만한 제안일 뿐이며, 각 학교가 처한 사정이나 상황, 여건에 따라 모두 다르게 진행될 수밖에 없다. 때때로 어떤 절차는 생략할 수 있고, 좀 더 구체적인 다른 방법을 추가하여 진행할 수도 있다. 학교의 사정에 맞게, 구성원들의 합의에 따라 자율적으로 진행하는 것이 중요하다.

사용자들이 참여하는 학교 공간혁신의 절차

—

여기에서 제시하는 방법은 공간 사용자 중 아이들을 중심으로 설명한 것이다. 하지만 비슷한 방법으로 교사나 지역사회 주민들도 참여할 수 있게 얼마든지 응용할 수 있다. 교사의 의견 수렴 방법, 지역사회 주민들의 의견 수렴 방법도 아이들에게 하는 것처럼 설문조사를 하거나 공간 체험활동, 원하는 공간 상상하여 표현하기 등의 활동을 하면 된다. 그러면 자연스럽게 교사와 지역 주민들의 의견을 수렴할 수 있다.

하나, 설문 조사하기

공간 사용자를 대상으로 공간에 대해 어떤 느낌이 드는지, 어떤 생각을 하고 있는지 등에 관해 설문을 한다. 아이들이 현재 사용하는 공간에 대해 어떻게 느끼고, 어떻게 생각하고 있는지 조사하는 것은 중요하다. 공간에 대한 아이들의 감정, 느낌의 정도를 미리 파악해보면 그것을 바탕으로 공간혁신의 방향을 잡을 수 있다. 학교급별 아이들 눈높이에 맞게 단어를 약간씩 바꾸어 설문조사를 하면 아이들이 공간에 대해 어떻게 느끼는지 알 수 있다. 학교의 특성에 따라 공간에 대한 다양한 질문을 한다면 아이들이 학교 공간을 어떻게 생각하는지 파악할 수 있는 것이다. 이 설문은 아이들이 전반적으로 학교 공간에 대해 어떤 느낌과 생각을 갖고 있는지 파악할 때 사용하면 좋다.

공간	사용자 참여수업 - 학교 공간에 대한 느낌

1. 우리 학교 공간이 나에게 주는 느낌은?

순	느낌	나의 느낌
1	짓누르는 -2 -1 0 1 2 해방감을 주는	
2	제한적인 -2 -1 0 1 2 확장적인	
3	딱딱한 -2 -1 0 1 2 부드러운	
4	단조로운 -2 -1 0 1 2 변화무쌍한	
5	적대적인 -2 -1 0 1 2 친절한	
6	우울한 -2 -1 0 1 2 명랑한	
7	추한 -2 -1 0 1 2 아름다운	
8	차가운 -2 -1 0 1 2 따뜻한	
9	지루한 -2 -1 0 1 2 활기찬	
10	거부적인 -2 -1 0 1 2 마음을 끄는	
합계		

크리스티안 리텔마이어, 《느낌이 있는 학교 건축》(송순재·권순주 옮김), 내일을여는책, 2005, 54쪽 응용

※ [2번~5번] 질문에 해당하는 공간을 선택하고 그 이유를 기록해주세요.

2. 학교 공간 중 가장 중요하다고 생각하는 곳은?

3. 학교 공간 중 가장 자주 가는 곳은?

4. 학교 공간 중 가장 바꾸고 싶은 곳은?

5. 학교에서 새롭게 생겼으면 하는 공간은?

둘, 공간 관찰하기

여기서 관찰하기란 공간을 바꾸기 위해 아이들이 생활하는 학교 공간을 구석구석 돌아보고, 그 공간에서 어떤 말과 행동을 하는지 자세히 관찰하여 기록하는 것이다. 예컨대 쉬는 시간 아이들의 모습을 관찰한다면, 복도 바닥에 모여 앉아 이야기를 나누기도 하고 교실 뒤 사물함 위에 올라가 위험한 장난을 치기도 할 것이다. 아예 교실 바닥에 드러눕는 아이도 있다. 심지어 계단 난간을 타고 아슬아슬하게 미끄러져 내려오는 아이를 보면 차라리 계단에 안전한 미끄럼틀을 마련해주는 것은 어떨까 하는 생각마저 든다.

이렇듯 아이들이 머무는 공간을 있는 그대로 들여다보고, 공간 속에서 실제로 활동하는 모습을 지켜보면서 불편한 사항은 무엇인지, 자주 가는 공간은 어디인지 등을 기록하는 것이다. 공간 사용자의 말과 행동, 동선, 작은 동작을 세세히 관찰하다 보면 아이들의 삶에 어떤 공간이 필요한지를 알게 된다. 즉 아이들이 공간의 주인임을 인식하고, 그 아이들의 삶이 어떤지 차근히 들여다보는 것이다. 자세히 보면 느낄 수 있고, 알 수 있고, 사랑할 수 있고, 새로운 공간을 만들어낼 수 있다.

이러한 활동 관찰은 어떤 특정 교과 시간과 연계하여 할 수도 있고, 창체 시간을 이용할 수도 있다. 만약 학생 수가 많은 학교라면 학생회 임원 아이들을 중심으로 자율적으로 진행해볼 수도 있다. 아니면 건축 동아리를 구성하여 운영하는 방법도 있다. '관찰하기' 활동을 할 때 초등학교 고학년은 글로 표현할 수 있도록 하

<예시 자료2>

공간	사용자 참여수업 - 학교 공간 관찰하여 기록하기 (저학년용)

학교 안 우리 이야기를 표현합니다. ( )학년 ( )반 이름( ) ※학교나 교실에서 아이들의 행동을 구체적으로 기록하거나 그림으로 표현해보세요		
〈도서관〉 *도서관에서의 행동을 그림으로 표현	〈음악실〉 그림으로 표현	〈계단〉 그림으로 표현
*도서관에서의 행동을 글로 표현	*글로 표현	*글로 표현

면 되지만, 저학년인 경우 글로 자신의 생각이나 느낌을 표현하는 데 한계가 있을 수 있다. 그런 경우 관찰한 내용을 그림으로 표현할 수 있도록 하면 된다. 또한 공간을 관찰하면서 들었던 생각도 자유롭게 기록하고 표현하도록 유도한다. 예컨대 '아이들이 앉아 있는 모습이 불편해 보였다', '편안한 벤치가 있었으면 좋겠다.', '그네가 있었으면 좋겠다.' 등 아이들은 공간에 대한 자신의 다양한 생각을 기록할 것이다.

셋, 바꾸고 싶은 공간 결정하기

물론 어디를 바꿀 것인지, 이미 결정된 경우도 있을 것이다. 그럴 때는 이 과정을 생략하면 된다. 학교 공간 중에 어디를 바꾸는 것이 좋을지 정해지지 않았다면 이 과정을 실행한다. 관찰한 내용을 서로 이야기하고 바꾸고 싶은 공간을 선정한다. 공간 선정은 중앙 현관에 장소에 대한 설명과 사진을 게시하고 스티커를 붙이는 방법도 있고, 설문지를 이용하는 방법도 있다. 학생 수가 적은 경우 함께 빙 둘러앉아 모두의 이야기를 듣는 식의 서클 회의처럼 진행하여 결정하는 방법도 좋다.

예컨대 조회대를 놀이터로 바꾸자는 의견도 나올 수 있고, 유휴 교실을 아이들을 위한 쉼터로 바꾸자는 의견도 나올 수 있다. 또 복도를 미니 독서 공간이나 놀이 공간으로 바꾸자는 의견도 나올 수 있다. 중요한 것은 아이들과 선생님들의 의견을 충분히 모아서 바꿀 필요성이 높은 공간을 정하는 데 있다.

공간	사용자 참여수업 - 학교 공간 관찰하여 기록하기 (고학년용)	

학교 안 우리 이야기를 표현합니다.
( )학년 ( )반 이름( )
※학교나 교실에서 아이들의 행동을 구체적으로 기록해보세요

날짜	공간(장소)	※ 누가, 언제, 무엇을, 어떻게 했는지 구체적으로 기록. 그때 든 생각 기록
3월 20일	교실 뒤	예시) 소영이와 승관이가 교실 뒤에 서서 손뼉 치며 노래를 부르고 있다. - 편하게 앉아 놀 수 있는 벤치가 있으면 좋겠다.
3월 22일	교실 앞 (칠판 아래)	민영이는 지수랑 칠판 아래에 쭈그리고 앉아서 공기놀이를 하고 있다. -편하게 앉아서 놀 수 있는 마루가 있었으면 좋겠다.

관찰하기- 기록 예시
장소: 중정
뛰기, 공 주고 받기, 술래잡기, 텃밭을 가꾼다. 벌레를 찾는다. 선생님들은 커피를 마신다.
공간이 넓고 햇빛이 많이 들어온다. 다양한 놀이를 할 수 있다
유리가 깨질 수 있어 야구를 못한다.
의자 때문에 놀기 불편하다.
바닥이 놀기 불편하다.
수돗가에서 물장난으로 물을 막 쓴다. 아이들이 잘 사용하지 않는다.
파라솔, 해먹, 미끄럼틀 등이 있었으면 좋겠다.
※광주백운초등학교 자료 참고

넷, 공간 체험하기

다양한 자료를 활용하여 공간을 체험할 수 있게 한다. 예컨대 학교에 바꾸고자 하는 공간이 정해졌으면 다음으로 아이들에게 이와 관련해 다양한 자료를 제공하는 것이다. 즉 참고할 만한 놀이 공간, 독서 공간, 휴식 공간, 배움 공간 등에 대한 사진 및 동영상을 함께 보다 보면 어떠한 공간으로 만들어야 할지 조금씩 생각의 씨앗이 싹을 틔우게 된다. 물론 사진이나 영상을 활용한 간접 체험도 좋지만, 가장 좋은 방법은 아이들과 함께 현장을 방문하는 직접 체험이다. 일찍이 공간을 재구조화한 학교를 방문하는 것뿐만 아니라, 근처의 아름다운 카페, 도서관, 예술 공간, 체육관, 극장 등을 방문하면 아이들은 공간에 대해 무한 상상의 나래를 펼치게 된다. 교사와 학생들이 공간 체험을 할 때는 전문가와 함께하면 더욱 좋다. 다양한 시각에서 공간에 대한 설명을 들을 수 있기 때문이다. 공간 체험은 창체 시간을 활용하여 교육과정에 녹여낼 수도 있고, 방학 기간을 이용할 수도 있다.

다섯, 상상하고 표현하기

공간을 어떻게 바꿀 것인지 좀 더 구체화할 수 있도록 상상하고 직접 표현해본다. 바꾸고 싶은 공간에 대한 명확한 청사진을 바로 떠올릴 수는 없는 법이다. 아이들도 처음에는 바꾸고 싶은 공간에 대해 막연하게 생각한다. 그러다가 다양한 자료를 접하고, 직접 현장을 찾아가 보고, 듣고, 만지고, 느끼는 등의 생생한 경험을 거

<예시 자료4>

공간	사용자 참여수업 - 상상하여 표현하기1 (해당 공간에 대한 느낌)

※ 다음 공간이 나에게 주는 느낌을 숫자로 기입해주세요.
　(합계도 기록해주세요.)

도서실과 주변 공간(바꾸고자 하는 공간)

순	느낌	나의 느낌
1	짓누르는 -2 -1 0 1 2 해방감을 주는	
2	제한적인 -2 -1 0 1 2 확장적인	
3	딱딱한 -2 -1 0 1 2 부드러운	
4	단조로운 -2 -1 0 1 2 변화무쌍한	
5	적대적인 -2 -1 0 1 2 친절한	
6	우울한 -2 -1 0 1 2 명랑한	
7	추한 -2 -1 0 1 2 아름다운	
8	차가운 -2 -1 0 1 2 따뜻한	
9	지루한 -2 -1 0 1 2 활기찬	
10	거부적인 -2 -1 0 1 2 마음을 끄는	
합계		

※크리스티안 리텔마이어, 《느낌이 있는 학교 건축》(송순재·권순주 옮김), 내일을여는책, 2005, 54쪽 응용

치고 나면 비로소 상상한 것들을 점차 구체적으로 표현할 수 있게 된다. 아이들은 자신이 생활하는 공간이기에 기대와 희망을 안고 좀 더 적극적으로 수많은 이야기들을 쏟아내면서 공간을 구상해 간다. 특히 "이 공간을 어떻게 바꾸고 싶은가요?", "여기서 무엇을 하고 싶은가요?", "어떤 느낌의 공간이었으면 좋겠나요?" 등 다양한 질문을 던지는 것도 아이들의 상상력을 자극하는 데 도움이 된다. 글과 그림으로 표현하는 방법을 뛰어넘어 종이나 스티로폼을 가지고 그 공간을 직접 만들어보는 것도 좋다. 입체적으로 만들어보면 어떤 것이 문제이고, 어떻게 만드는 것이 더 나을지 등에 관해 한층 더 구체적으로 느끼고 생각하게 된다.

상상하여 표현하기를 진행하기 전에 먼저 그 공간에 대하여 아이들은 어떤 느낌을 갖는지 등에 관해 조사한다. 왼쪽의 〈예시 자료4〉는 〈예시 자료1〉과(104쪽 참조) 비슷한 질문이지만 구체적인 공간, 바꿔야 할 공간을 제시하고 해당 공간에 대하여 아이들이 어떻게 느끼는지를 알아보는 점에서 뚜렷한 차이가 있다. 상상하여 표현하기 수업은 개인별로 진행해도 되고 모둠별로 진행해도 되는데, 모둠별 수업으로 진행하는 경우에는 친구들과 충분한 대화를 나누고 여러 의견을 경청하면서 자신의 생각이 움틀 뿐만 아니라 한결 명료하게 정리된다는 장점이 있다. 또한 미처 생각하지 못했던 부분까지도 상상하며 공간에 대한 다양한 의견을 제시할 수 있다. 이러한 공간수업을 통해 공간 사용자는 한층 더 주체적으로 공간혁신에 참여하게 된다.

<예시 자료5>

공간	사용자 참여수업 - 상상하여 표현하기2 (우리가 꿈꾸는 공간) (저학년용)

※ 우리가 꿈꾸는 공간
- 모둠원들이 의논하여 상상하고 싶은 공간 선택 (해당 공간을 제시해주기도 함)
- 사절지 가운데에 공간 사진을 놓고, 사진 주변에 맘껏 상상한 것을 펼침(글·그림)
- 1학년의 경우 어떤 공간을 말하는지 어려워할 수 있으므로 구체적인 사진을 제 시해주고 의견을 나눌 수 있도록 함
  (중앙현관, 놀이터, 운동장, 계단, 강당 등을 찍은 사진을 제공)

*사진을 보고 아이들이 자유롭게 어떤 공간을 원하는지 말풍선에 기록할 수 있도 록 한다. 물론 그림으로 표현해도 좋다.

상상하여 표현하기 수업을 하기 위해 교육촉진자는 공간수업 활동지를 만든다. 〈예시 자료6〉에서는 아이들이 공간혁신과 관련해 생각해볼 만한 몇 가지 질문을 넣었다(114쪽 참조). 아이들은 막연하게 생각해보라고 할 때보다 질문을 받으면 좀 더 또렷하게 초점을 맞춰 구체적으로 생각하게 되고, 답도 구체적으로 찾게 된다. 따라서 막연하게 "공간에 대해 상상하여 표현해보세요."라고 하는 것보다는 "공간을 사용하면서 좋았던 점은 무엇인가요?", "가장 좋았던 공간은 어느 곳이며, 그 이유는 무엇인가요?", "공간을 사용하면서 불편했던 점은 무엇인가요?", "바꾸고 싶었던 부분은 어떤 것인가요?", "어떤 공간에서 무엇을 하고 싶은가요?" 등과 같은 구체적인 질문을 던지면 아이들의 뇌는 빠르게 회전하며, 그에 관한 다양한 의견들을 내놓는다.

또한 "어떤 공간을 원하나요?"라는 질문을 받으면 아이들은 어떻게 대답해야 할지 선뜻 떠오르지 않아서 주저하면서 고민할 수도 있다. 이럴 때는 간단히 예시를 들어주는 것도 좋다. 예컨대 '따뜻한 공간', '엄마 품 같은 공간' 같은 추상적인 답도 좋고, '미끄럼틀이 있는 공간', '그네가 있는 공간'처럼 구체적인 답도 좋다. 예시는 많을수록 좋은데, 아이들이 다양하게 생각할 수 있는 자양분이 되기 때문이다. 물론 예시문으로 인해 생각의 틀이 제한될 수 있다고 여길지도 모른다. 하지만 "모든 창조는 모방에서 시작된다."는 말이 있듯이 예시문을 보고 얼마든지 생각을 발전시키며 창의력도 발휘할 수 있다.

<예시 자료6>

| 공간 | 사용자 참여수업 - 상상하여 표현하기3 (우리가 원하는 공간) (고학년용) |

※ 도서관과 그 주변을 복합문화공간으로 바꾸려고 합니다. 어떻게 바꾸고 싶은가요? 다음 질문과 다양한 의견 예시를 보면서 의견을 기록해주세요.

※ 생각을 위한 질문들
• 사용하면서 좋았던 점, 혹은 좋았던 공간은 어느 곳이며 그 이유는 무엇인가요?
• 불편했던 점, 바꾸고 싶었던 부분은 무엇인가요?
• 어떤 공간에서 무엇을 하고 싶은가요?

※ 다양한 의견 예시들
• 쾌적한 공간, 다양한 의자와 소파를 두고, 조명이 밝은 공간
• 햇살이 가득 들어오는 공간, 혼자 사색할 수 있는 공간
• 기존의 공간 조명이 어둡고 쾌적하지 못함-밝고 예쁘고 다양한 모양의 조명
• 아이들과의 대화 공간
• 교실 한쪽에 좌식 공간 마련(토론 장소, 책 읽기 공간 등으로 활용)
• 휴식 공간 및 놀이 공간 마련
• 주제에 맞는 자료나 작품을 전시할 수 있는 다양한 벽면 구성 등

※내가(우리가) 꿈꾸는 공간 상상하여 표현하기(글과 그림으로 표현)

내가(우리가) 꿈꾸는 복합문화공간은?

여섯, 설계 및 시공하기

이 단계에서는 아이들이 상상하여 표현한 자료를 바탕으로 공간 전문가의 구체적인 설계가 시작된다. 본격적인 설계가 진행되는 과정에서도 공간의 주인인 교사와 아이들의 의견이 제대로 반영되었는지 수시로 소통할 필요가 있다. 왜냐하면 본인은 아무리 잘 설명했다고 여겨도 정작 그것을 받아들이는 사람은 전혀 다르게 이해하여 엉뚱한 공간을 구성하는 경우도 종종 있기 때문이다. 따라서 시공 과정 내내 적절하게 의사소통을 하면서 진행해야 한다.

학교 구성원들이 각자 공간에 대해 가진 서로의 생각을 자유롭게 나누는 의사소통이 배제된 채 공간 전문가에게 전 과정을 맡겨버린다면 어느 순간 엉뚱한 방향으로 공사가 진행되는 경우도 발생한다. 예컨대 수업과 다른 업무들 때문에 바빠서 공사 현장을 한동안 들여다보지 못하고 있다가, 이미 엉뚱한 방향으로 공사가 진행된 것을 뒤늦게 확인하고 당황하는 경우도 얼마든지 생길 수 있다. 심지어 이미 시공한 벽면 시트지를 뜯어내야 할 수도 있고, 이미 칠한 페인트 색이 원했던 것과 달라서 다시 칠할 수도 있다. 그렇기 때문에 아주 작은 것 하나라도 구체적으로 표현하고 설명하고 충분히 소통한 후 그것을 실시설계에 반영하는 것이 중요하다. 하지만 교사들은 본래의 업무인 수업, 상담활동 등으로 워낙 바쁘다 보니 계속 현장만 지키고 있을 수는 없다. 따라서 이런 것들을 모두 책임지고 관리해줄 수 있는 전문가가 항상 옆에서 지원해주는 제도적 장치가 꼭 필요한 것이다.

일곱, 이름 짓기와 규칙 만들기

마지막으로 새롭게 탄생한 공간의 이름을 짓고, 사용 규칙을 만든다. 공사가 진행되는 동안은 기대와 설렘을 안고 공사가 끝나기를 기다린다. 드디어 공간이 새롭게 태어나면 다양한 평가가 엇갈린다. 예컨대 원하던 모습 그대로 구현되어 크나큰 기쁨으로 충만한 경우도 있고, 조금 아쉬움이 남는 공간도 있다. 우리 학교에서 마음에 들게 구현된 공간 중에 '꿈꾸는 다락방'이 있다. 아이들과 함께 지은 이름이다.

새롭게 완성된 공간을 그냥 '몇호실'이라고 말하면 딱딱하고 공간에 대한 애착도 반감되기 쉽다. 사람도 자신의 이름으로 불릴 때 좀 더 존재 가치가 부각되는 것처럼 공간도 마찬가지이다. 공간에 어울리는 고유한 이름을 붙여주고, 너도나도 그 이름을 불러줄 때 더욱 빛나게 된다. 우리 학교의 경우 학생들과 교사들을 대상으로 이름을 공모하였다. 해당 공간에 '이름 공모함'을 두고 아이들이 직접 기록하여 공모함에 넣을 수 있도록 하였다. 그중에 '꿈꾸는 다락방', '놀숲', '책놀터'라는 이름 세 개가 1차로 선정되었다. 2층 중앙현관에 이 세 개의 이름을 게시하고, 스티커를 붙여 의견을 표현하도록 하였다. 투표 결과 '꿈꾸는 다락방'으로 이름이 결정되자마자 예쁜 모양의 간판을 주문해서 걸었다.

겉으로는 완벽해 보이는 공간이라도 막상 사용하다 보면 생각지 못한 이런저런 문제점이 발생한다. '꿈꾸는 다락방'의 경우도 사용 과정에서 소소한 문제들이 있었다. 예컨대 다락방에 마련된 쿠

선을 던지거나 솜을 빼놓는 아이가 있는가 하면, 만화책을 보다가 정리하지 않고 어지럽게 흩어놓고 그냥 가는 아이도 있었다. 이런 문제가 발생할 때 중요한 것은 교사의 잔소리나 지시보다 아이들 스스로 규칙을 정하도록 하는 것이다. 예컨대 학생회에서 회의를 거쳐 규칙을 합의한 후 그 공간에 붙여놓고 아이들이 자율적으로 지킬 수 있도록 하면, 좀 더 행복하게 공간을 이용할 수 있다.

※자료: 한현미

공모를 통해 이름이 정해진 천안동성중학교의 '꿈꾸는 다락방'
새로운 공간은 단순히 '몇호실'로 부를 수도 있지만, 함께 이름을 정하는 과정 역시 공간에 대한 애착을 높이는 좋은 방안일 뿐 아니라, 그 자체로도 민주적인 의사결정 과정을 체험할 수 있다. 함께 결정한 이름을 붙이고 나니 한층 더 특별한 공간으로 빛나게 되었다.

"모두의 행복을 담은 학교로 만드는 공간혁신의 요체"

공간을 바꿀 때는 공간 사용자들이 함께 참여하는 것이 매우 중요하다. 하지만 현실적으로 공간 사용자인 아이들과 교사들의 의견을 일일이 수용하는 것은 결코 쉬운 일이 아니다. 때론 건물의 구조적인 문제가 걸림돌이 될 수도 있고, 디자인적인 측면에서 조화롭지 못하다는 이유로 배제될 수도 있다. 하지만 공간을 바꾸는 과정에 공간 사용의 주체인 아이들과 교사들이 직접 참여했다는 것은 그 자체로 충분히 의미 있는 과정이다. 스스로 어떤 일에 대해 적극적으로 의견을 내고, 다른 사람의 의견에 귀를 기울이며, 그 공간에서 어떤 삶을 살 것인가를 생각하면서 공간을 그려보고 상상해보는 것, 그 자체만으로도 삶은 더 풍요로워진다. 나아가 좀 더 적극적인 자세로 자기 삶의 주체가 될 수 있다. 그래서 이 장에서는 공간혁신에 사용자 모두의 참여를 이끌어내는 대표적인 방안인 '공간수업'에 관해 실제 사례를 중심으로 좀 더 자세히 이야기해보고자 한다.

PART

03

함께 참여하는
공간수업

01

백운초등학교

네 가지 철학을 바탕으로 한
사용자 중심 공간혁신

요즘 부쩍 집안 인테리어에 관심을 기울이는 사람들이 늘고 있다. 비록 집을 짓는 데 직접 관여하기는 어렵더라도 내부 공간만큼은 자신이 원하는 대로 꾸미고 싶은 바람, 즉 **공간주권**을 조금이나마 회복하고 싶은 마음의 표현이 아닐까?

학교에서 오랜 시간 생활하는 우리는 너무나 오랫동안 공간주권을 포기한 채 살아왔다. 그동안 학교를 짓는 일이나 학교 공간을 바꾸는 일 모두 설계업자와 행정실, 관리자들의 주도로 신속하게 진행되곤 했다. 정작 학교 공간에서 가장 오래 생활하는 아이들과 교사들 대부분은 왜 그렇게 꾸며졌는지 이유도 모른 채 그저 만들어진 공간에 맞춰 생활해온 것이다. 이제부터라도 우리의 공간주권을 회복해야 하지 않을까? 공간을 사용하는 당사자인 아이들과 교사가 공간을 바꾸는 주체가 되어야 한다. 아이들과 교사의 삶이 펼쳐지는 공간인 학교! 그 학교 공간을 주체적으로 바꿀 수 있는 기회를 갖는 것은 그 자체로 뿌듯하고, 의미 있는 과정이 된다. 좀 더 구체적인 이해를 돕기 위해 여기에서는 구성원들이 공간혁신에 주체적으로 참여한 학교의 사례를 살펴보려 한다.

공간에 대한 구성원들의 폭넓은 인식 전환 도모

—

먼저 소개할 것은 광주백운초등학교의 사례이다. 공간혁신을 위해 이 학교는 다음과 같은 기본적인 철학 네 가지를 제시하였다.

- 학생들이 중심이 되는 학교 공간 재구성
- 학교 공간에 대한 학생들의 사고 전환
- 건축 교육을 통해 공간 주도적 사고력 키우기
- 결과물에 치중한 공간 사업이 아닌 학생과 교직원이 학교 공간에 대한 인식 전환의 과정 중시

이 학교는 아이들이 그동안 가지고 있던 공간에 대한 고정관념을 깨고 아이들 중심으로 학교 공간을 재구성하자는 것과 결과물에 치중하지 않고, 아이들과 교사가 함께 공간혁신에 참여하는 과정을 중요하게 여겼다. 학교에서 어떤 교육 사업에 공모하여 그 사업을 진행

하다 보면 때로는 교육활동보다 결과 보고서를 쓰는 데만 온 에너지를 소비해버리는 안타까운 상황이 연출되기도 한다. 결과에만 신경 쓰다 보면 정작 중요한 교육활동이나 과정에는 소홀해지기 쉽다. 공간혁신의 진행 과정에서 공간을 함께 사용하는 교사들과 학생들의 참여는 그 자체로 중요하다. 즉 그 공간의 주인인 구성원들이 공간을 바꾸는 데 중추적 역할을 하는 것이 중요하며, 결과물이 얼마나 근사한지 또는 얼마나 보기 좋은지는 그리 중요하지 않다는 뜻이다. 결과물을 통해 아이들과 교사의 의견이 얼마나 반영되었는지, 원하는 교육활동을 펼치기에 정말 유용한지, 아이들의 다양한 삶을 풍요롭게 담아낼 수 있는지 정도를 따져볼 뿐이다.

광주백운초등학교의 공간혁신을 위한 교직원 활동을 살펴보면, 먼저 건축 공간과 관련한 주제에 맞게 강사를 초빙하여 두 차례 연수를 진행하였다. 첫 번째 강의 주제는 '공간을 바라보는 철학과 예술적 접근 사례'로, 이 연수를 통해 예술적 감수성을 확장할 수 있었으며, 공간에 대한 고정관념을 깨고 공간 재구성의 필요성을 공유하게 되었다. 두 번째 강의 주제는 '교실 안에서 어떻게 아이들의 생각을 끌어낼 수 있는지 수업 사례 및 공간 재구성 구현 방법 안내'였으며, 이 연수에서는 글, 그림, 종이박스, 스티로폼 등 다양한 재료를 이용해 공간에 대한 생각을 구체적으로 구현하는 방법을 배웠다. 또한 다양한 공간수업 사례를 보면서 공간에 대한 생각이 어떻게 구체적인 공간으로 구현되었는지를 배워갔다.

공간을 바꾸고자 할 때는 먼저 학교 구성원의 인식 전환이 중요하다. 공간에 대한 고정관념에 사로잡힌 채 접근한다면 이전의 학교 공간에서 크게 벗어나기 어렵다. 결국 별다른 변화를 느낄 수 없는 고만고만한 공간으로 재탄생할 뿐이다. 이런 문제를 해결하려면 일단 전문가를 초빙하여 강의를 함께 들으면서 공간에 대한 다양한 사례를 접하는 것이 좋다. 그러면 조금씩 공간을 새로운 눈으로 바라보는 힘이 생긴다. 공간에 대해 새로운 시각으로 접근할 준비가 되었다면 참고할 만한 공간을 직접 견학하는 것도 좋다. 예컨대 실제 공간혁신을 이룬 학교 공간을 방문하는 것도 좋고, 꼭 학교가 아니라도 아름다운 도서관, 카페, 상업 공간 등 다양한 공간을 보고, 듣고, 느끼다 보면 다양한 생각이 싹트게 된다.

광주백운초등학교 교직원들은 광명 이케아 매장과 광주광역시 청소년 삶디자인센터를 직접 찾았다. 그리고 다양한 공간, 가구, 소품 등을 보면서 이를 학교 공간에 어떻게 적용하면 좋을지 이야기를 나눴다. 많이 보고 배울수록 아이디어도 많이 떠오른다. 사진이나 영상을 통해 경험하는 것도 좋지만 직접 찾아가서 보고, 듣고, 만지고, 느끼면 공간에 대한 창의적인 생각이 샘솟게 된다.

또한 교직원 TF팀을 구성하고 회의를 진행했다. 1차 회의에서는 학생 중심의 공간 재구성 사업에 대한 설명과 공간수업을 어떻게 진행할 것인가에 대해 의견을 나눴다. 2차 회의에서는 학생 중심 공간 재구성이 갖는 의미, 준비하면서 어려웠던 점을 다른 학교 선생님들과 이야기도 나누었으며, 이미 진행된 학년별 공간수업 사례를 공유하였다. 3차 회의는 설계 초안을 검토하고 보완 의견을 개진하였다.

전 학년의 참여를 이끌어낸 공간수업

–

공간수업은 학년별로 아이들의 수준에 맞게 약간씩 다르게 진행
하였다. 학년 수준에 맞춰 진행한 건축 수업을 통해 아이들은 그
동안 무심코 지나쳤던 학교 공간에 새삼 관심을 기울이는 계기가
되었다. 공간수업의 흐름은 '일상 들여다보기 - 공간 들여다보기 -
공간 상상하기 - 공간 만들어보기'로 이어졌으며, 좀 더 구체적인
내용은 다음의 표를 보면 알 수 있다.

학년별 공간수업 과정

회차	시간	주제	내용
1회	2	일상 들여다보기	· 일상 이야기 · 일상의 불편함 찾기
2회	2	공간 들여다보기	· 우리들의 놀이 공간 둘러보기 · 숨어 있는 보물 공간 찾아보기 · 한계와 가능성 찾기
3회	2	공간 상상해보기	· 갖고 싶은 학교 공간 이야기 · 학교에 놓고 싶은 것들 이야기 · 기능, 디자인, 위치
4회	2	공간 만들어보기	· 그림으로 설명하기 · 종이, 블록, 스티로폼 등 다양한 재료로 공간 만들 어보기

※자료: 광주광역시교육청, 2018

동아리활동과 연계한 공간수업

–

공간수업은 학년별로도 이루어졌지만, 공간 동아리활동도 추가로
이루어졌다. 5·6학년 중 희망 학생을 뽑아 10명으로 구성하여 대
략 열 번의 활동으로 진행하였다(아래 표 참조). 학년별 공간수업
은 교사가 직접 진행하였으나, 공간 동아리 아이들의 수업은 공간
전문가가 진행하였다. 아이들은 건축 동아리활동 과정에서 주도
적으로 참여하였으며, 아울러 공간에 대한 주인의식을 갖게 되었
다. 자신들이 생각한 대로 공간이 실제로 바뀌어가는 모습을 지켜
보며 자부심을 느끼기도 했다. 아이들이 필요로 하는 공간을 스스
로 찾아보는 것, 스스로 디자인해보는 것 등의 모든 활동 과정은
아이들을 자율적이고 주체적으로 만든다.

건축 동아리 공간수업 과정

회차	내용	과정 살펴보기
1회	동아리 조직	
2-3회	생각 나누기 –학교 살펴보기	관찰하기
4회	인사이트 투어 –삶디센터	공간 체험하기
5-6회	공간 재구성 아이디어 모으기	상상하여 표현하기
7-8회	재구성 공간 설계 작업 참여	전문가의 설계 및 상호작용
9-10회	재구성된 공간 꾸미기	공간 활용 및 규칙 정하기
11회	동아리활동 마무리	

*건축 교육 퍼실리테이터 초청 수업:
학교 공간을 새롭게 보고 바꾸고 싶은 내용을 탐색하는 활동을 함.
다양한 재료를 통해 만들어보고 싶은 학교 공간을 만들고, 설명

*특별활동(주말, 방학 이용) -순천 기적의 놀이터, 광명 이케아 공간 견학

※자료: 광주광역시교육청, 2018

다양한 방식으로 이루어진 공간수업과 의사결정

–

공간수업의 유형에는 수업결합형, 자율동아리형, 워크숍형 등이 있다. 광주백운초등학교는 정규 수업과 결합하여 운영하거나 동아리를 구성하여 진행하였다. 중학교라면 자유학년제 주제 선택이나 동아리활동 등을 활용할 수도 있다. 예컨대 기술 교과 시간에 '건축 공간'에 대한 프로젝트 수업을 진행할 수도 있고, 창의적 체험활동 시간을 활용할 수도 있다. 고등학교의 경우 본격적인 고교학점제 시행에 앞서 고교학점제 연구학교 및 선도학교가 운영되고 있다. 이때 선택교과에 공간, 건축 관련 교과를 편성하면 좋다. 초·중·고등학교 12년 동안 학교에서 건축 수업, 공간 수업을 받아본 경험은 드물다. 만약 학생들에게 교과에서 선택할 수 있는 기회를 준다면 공간에 대해 한층 깊이 생각해보고, 직접 공간을 바꾸는 경험도 가질 수 있다. 이는 나아가 진로 선택에도 도움이 될 것이다.

워크숍 형태의 공간수업은 참여 규모를 다양하게 진행할 수 있다. 학급 단위로 모여서 할 수도 있고, 학년 단위나 혹은 전교생이 모여서 할 수도 있다. 예컨대 건축 관련 전문가를 초청하여 전교생을 대상으로 건축 공간에 대한 강의를 진행할 수도 있고, 또 관심이 남다른 아이들을 모아 따로 동아리를 구성하고 별도의 워크숍을 진행할 수도 있다.

공간수업을 통해 어떤 공간을 바꿀 것인가를 결정하는 것도 중요하다.[1] 광주백운초등학교는 아이들의 다양한 의견을 들어서 재구성할 공간 여섯 곳을 1차로 선정하였다. 1층 신발장 안쪽 입구, 3·4층 복도 끝 공간, 1층 중앙현관, 방과후 교실 쪽 복도, 2층 강당 앞 공간, 이렇게 여섯 곳이다. 전교생 및 전 교직원이 투표를 하여 2층 강당 앞 공간을 바꿀 공간으로 정하고, 앞에서 설명한 것처럼 공간수업을 진행하여 교사와 아이들의 삶을 행복하게 담아낼 공간으로 재탄생하게 되었다.

※자료: 광주광역시교육청, 2018

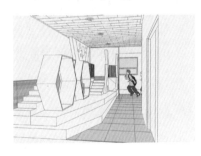

※자료: 광주백운초등학교 홈페이지

광주백운초등학교의 공간혁신
공간 수업을 통해 전체 구성원의 의견을 수렴하여 앞으로 변경할 공간을 설정하고, 어떻게 바꿀 것인지를 함께 논의한 끝에 새롭게 구현된 공간의 모습

---

1. 학교에 따라 이미 바꿔야 할 공간이 정해진 후 사용자 참여 설계가 진행되는 경우도 있고, 그렇지 않은 경우도 있다.

02

천안동성중학교

서로 지지하며 성장하는
학교문화 속 공간혁신

두 번째 공간수업의 사례로 천안동성중학교 사용자 참여 설계 과정을 살펴보겠다. 이곳은 내가 20년 넘게 근무하고 있는 학교이기도 하다.

천안동성중학교는 몇 년 전부터 공간혁신사업과 관련한 공모가 있을 때마다 참여하였고, 덕분에 몇 군데 작은 공간을 바꿀 수 있었다. 하지만 그때만 해도 공간을 바꿀 때 아이들과 교사가 주체적으로 참여해야 한다는 생각은 미처 하지 못했다. 그저 몇몇 아이들의 의견을 지나가듯이 듣고, 몇몇 교사의 의견만 수렴해 작은 공간들을 바꾸는 식이었다. 그런데 공간혁신에 교육공동체가 함께 적극적으로 참여하여 진행할 수 있는 기회가 찾아왔다. 2020학년도에 공간혁신사업 중 영역 단위에 공모하여 지원을 받게 된 것이다.

공간혁신 공모 준비 과정

–

2020학년도 공간혁신사업 공모를 위하여 2019학년도부터 행정실 선생님과 관심 있는 교사들이 모여 교육활동에 필요한 공간에 대해 협의하면서 차근차근 준비하는 시간을 수차례 가졌다. 공모는 예산과 관련이 있고, 예산을 집행하는 곳은 행정실이다. 그러므로 공모하기 전부터 예산을 집행할 때까지 행정실과 긴밀히 협조하여 소통해야 전 과정이 부드럽게 진행될 수 있다. 천안동성중학교는 사립학교이기 때문에 영역 단위 공간혁신사업 예산이 교육청에서 학교로 배부된다.[2]

사실 행정실의 입장에서 볼 때, 공모에 당선되어 지원금을 받는다는 것은 그만큼 해야 할 일이 더 늘어나는 것이다. 그래도 천안동성중학교 행정실은 교사들과 소통하면서 모든 교육 사업에 긍정적인 마음으로 적극적인 지원을 아끼지 않는 문화이다. 조직이 성장하는 데는 조직문화도 그만큼 중요하다. 서로 지지하고 응원하면서 성장하는 문화인지, 부정적인 기운이 맴도는 문화인지에 따라 구성원의 삶의 질이 결정되기 때문이다.

천안동성중학교 교사들은 2016년 1월 전문적 학습공동체 '산책'에서 김경인의 《공간이 아이를 바꾼다》라는 책을 읽고 독서모임을 가졌다. 우리는 그동안 무심코 생활해온 학교 공간이 얼마나

---

2. 영역 단위 공간혁신 예산을 교육청에서 직접 집행하는 국공립학교와 달리 사립학교(충남)는 이 예산을 행정실에서 집행한다.

삭막한지, 흡사 병영, 심지어 감옥과도 닮았다는 것을 새삼스레 깨달으며, 함께 공간을 바라보는 눈을 조금씩 키워나갔다. 그렇게 차근차근 공간에 관심을 기울이면서 학교 공간을 조금씩 바꿔나간 것이다. 공간혁신사업에 공모하기 직전인 2019학년도에는 《학교 공간 어떻게 바꿀 수 있을까》를 함께 읽으면서 '아이들의 삶을 담아낼 수 있는 교육활동을 펼치기 위해 필요한 공간'에 대해 구체적이고 깊이 있게 생각해보는 시간을 가졌다.

천안동성중학교가 바꾸기를 원하는 공간은 첫째, 도서관 주변이었다. 도서관 주변 교실들을 정리하여 도서관과 유기적으로 연결하여 독서, 수업, 공연, 동아리활동, 전시회 등을 모두 할 수 있는 '복합문화공간'을 조성하자는 의견이었다. 둘째는 1층 서편 끝에 있어 아이들의 발길이 잘 닿지 않는 체육실과 그 옆 과학실, 과학준비실 공간을 연결하여 과학 수업은 물론 목공 등 다양한 공작 활동이 가능한 '상상이룸공작실'로 만들자는 의견이었다.

부푼 기대 속에 준비한 공모였건만, 아쉽게도 우리는 1차에 보기 좋게 탈락하였다. 기대가 컸던 만큼 상실감도 컸지만, 공간에 대해 좀 더 공부하고 준비한 다음에 공간혁신을 하는 것도 괜찮다는 생각을 동시에 하며 아쉬움을 달랬다.

그런데 운 좋게 바로 2차 공모 기회가 주어졌다. 2차 공모 진행 전에 1차 공모 심사에 참여했던 교수님, 교육청 담당자를 모시고 컨설팅을 받으며 문제점을 점검하였다. 가장 큰 문제로 지적된 부분은 공모계획서 자체는 무엇을 어떻게 할 것인지 알겠는데 전체적인 공간혁신의 방향, 즉 전체적인 **비전**이 잘 드러나지 않는다는 지적이었다. 우리는 제일 먼저 학교 전체 공간에 대해 다시 한번 살펴보고, 공간에 대한 비전을 다음과 같이 세웠다.

- 개개인의 자율성이 존중되는 공간!
- 다양한 활동을 담아내는 창의·융합 공간!
- 지역 주민과 함께 성장하는 공간!

이러한 비전을 바탕으로 중장기 계획을 세웠다. 그런 다음에 전체적으로 어떻게 공간을 구성할 것인지, 학교에서 가장 먼저 공간혁신이 필요한 곳, 그리고 어떤 교육활동을 펼칠 것인지, 지역사회와는 어떻게 연결할 것인지에 대해 구체적으로 협의하고 이를 계획서에 기록하였다.

학교 공간혁신에서 중요한 것은 단지 아름다운 공간을 만드는 데 있지 않다. 학교라는 공간 속에서 어떤 교육활동을 펼칠 것이고, 또 아이들의 삶을 어떻게 담아낼 것인지 고민한 후 여기에 부합하는 공간으로 바꾸는 것이 훨씬 더 중요하다. 이미 만들어진 공간에서 어떤 교육활동을 펼칠 것인가를 협의하는 것이 아니라, '먼저 어떤 교육활동을 할 것인가를 고민하고 나서 그에 맞는 공간을 만드는 것'이 핵심이다.

만약 계획서를 혼자서 다시 써야 했다면 참으로 버거운 일이었을 것이다. 그러나 각 분야별로 나누어서 조금씩 작업을 하다 보니 막막했던 계획서가 어느새 완성되었다. 협업의 중요성을 새삼 깨달을 수 있었다. 우리 학교는 평소에도 협업이 잘 이루어지는 것이 강점이다. 각자 흩어져서 맡은 일을 하다가도 학교에 중대한 일이 생기면 너도나도 자발적으로 도움을 주고받으며 일을 진행하는 것이 자연스럽다. 그래서 학교에서 어떤 과제나 문제를 맞이해도 크게 걱정하지 않는다. 그냥 다른 선생님들께 여쭤보고, 다양한 의견에 귀를 기울이면 거기에 해답이 있기 때문이다.

모두가 조금씩 힘을 합쳐 완성한 공모 계획서를 제출하고, 결과를 기다린 끝에 드디어 공간혁신 지원금을 받게 되었다. 기존처럼 소소한 변화가 아니라 학교 공간을 체계적으로 바꿔볼 기회를 얻은 것이다. 소중한 기회가 주어진 데 대한 기쁨도 있었지만, 한편으로는 '이제부터 어떻게 해야 하나?'라는 막연한 두려움과 걱정이 함께 밀려들어왔다.

공간혁신 워크숍과 촉진자 미팅

—

충청남도교육청에서 2020학년도 영역 단위 공간혁신사업을 진행하는 학교는 총 34개였다. 이에 34개 학교 담당자가 모두 참여하는 사전 워크숍이 한국교육녹색환경교육원의 주재로 이루어졌다. 먼저 34개 학교를 지역별로 나누어 모둠을 만들었고, 학교별로 교육촉진자, 기술촉진자, 리더촉진자를 연결시켜주었다. 학교별로 연결된 촉진자와 만남의 시간을 갖고, 앞으로의 일정을 협의하기로 했다.

우리 학교는 2모둠(B번들-한국교육녹색환경연구원 표현)으로, 교육촉진자는 내가 맡았고, 기술촉진자는 건축사무소 본시의 오지환 대표, 리더촉진자는 공주대학교 건축과 오형석 교수가 배정되었다.

4월 29일 오전, 우리 학교에서 촉진자와 담당 교사 및 행정실 담당자가 함께 참여하여 사전 모임을 가졌다. 우리 학교의 영역 단위 공간혁신사업 대상은 도서관을 중심으로 주변에 있는 교실들을 모아 다양한 교육활동을 담아낼 수 있는 '복합문화공간'을 만드는 것과 과학실, 과학준비실, 체육실을 유기적으로 연결한 '상상이룸공작실'로 만드는 것이었다. 우리 학교는 영역별 공간혁신사업 외에도 예술공간혁신사업, 행복공간혁신사업이 동시에 진행되고 있었기 때문에 기술촉진자와 리더촉진자가 현장에 방문했을 때, 학교 공간 전체를 돌아보면서 이 공간에 대한 조언도 들었다.

이날 우리는 공간에 대한 지나친 욕심을 버리고, 선택과 집중을 통해 각 영역별 작업의 범위 및 설계 방향을 설정하였다. 공간을 재구성하는 데 따른 문제점 및 한계점도 함께 이야기하였고, 사용자 참여 설계 일정도 잡았다.

1차 공간수업 "학교 공간에 대한 느낌과 생각"

–

4월 29일 오후에는 교직원을 대상으로 **1차 공간수업**을 진행하였다. 오전에 있었던 사전협의회 내용을 공유하고, 학교 공간에 대한 전반적인 인식을 알아보는 설문조사와 함께 해당 공간에 대한 구체적인 인식을 알아보기 위한 설문도 진행하였다.

우리 학교는 영역 단위 공간혁신사업인 '복합문화공간'과 '상상이룸공작실' 이외에도 '예술공간', '행복공간'에 대한 공간 재구조화가 함께 이루어지고 있었기 때문에 이에 관한 공간수업도 동시에 진행하였다.

학교 공간 전체에 대한 느낌을 물을 때 주어진 척도는, 부정의 느낌과 긍정의 느낌(예: 짓누르는 -2 -1 0 1 2 해방감을 주는)에 대한 10가지 목록을 바탕으로 하였다(136~137쪽 참조). 모든 항목에 대해 최하의 부정의 느낌을 주면 –20점이 되고, 모든 항목에 최고 긍정의 느낌을 표현하면 20점 만점이 된다. 0은 긍정도 부정도 아닌 중간 정도의 느낌이다.

주어진 총 4개의 공간 영역에 대한 설문을 진행해본 결과, 교직원의 학교 공간에 대한 전반적인 느낌은 평균 11.25였다. 교직원들은 학교 공간에 대해 비교적 긍정적인 느낌을 갖고 있음을 알 수 있었다. 교직원들이 학교 공간 중 가장 중요하다고 생각하는 곳은 교실(18명), 도서관(8명), 학생 쉼터(6명) 등으로 나왔다.

또한 학교 공간 중 가장 자주 가는 곳은 교무실(15명), 교실(14

명), 화장실(6명), 도서관(5명) 순으로 조사되었다. 그리고 교사가 편안하고 따뜻한 공간에서 생활하면서 아이들과 소통할 수 있는 작은 공간들을 원하는 의견이 많이 나왔는데, 특히 각 교실이 쉼터, 놀이터, 학습터를 아우르는 공간이 되기를 바랐다. 학교에서 새롭게 생겼으면 하는 공간은 교직원 휴식 공간(16명), 상담실(6명) 순이었고, 학생들을 위한 쉼터만큼이나 교사들을 위한 쉼터가 필요하다는 의견이 있었다.

'복합문화공간', '상상이룸공작실', '예술공간', '행복공간'의 총 4개 공간에 대한 설문도, 앞서 설명한 것과 마찬가지로 공간에 대한 느낌에 대한 척도를 부정의 느낌과 긍정의 느낌(예: 짓누르는 -2 -1 0 1 2 해방감을 주는)에 대한 10가지 목록을 바탕으로 조사하였다(138~141쪽 참조). 각 공간별로 결과를 살펴보면 도서관 주변 공간(⇒복합문화공간)은 12.25, 과학실 및 체육실(유도실)(⇒상상이룸공작실)은 5.4, 음악실(⇒예술공간)은 7.9, 일반교실(⇒행복공간)은 7.4의 통계 수치가 나왔다.

이러한 결과를 토대로 볼 때, 도서관 및 그 주변 공간에 대해 학교 구성원들은 다른 공간보다 더 따뜻한 공간으로 느끼고 있을 뿐만 아니라, 한층 더 긍정의 감정을 갖고 있는 것을 알 수 있다. 도서관 중앙홀은 최근에 구성원들의 의견을 수렴하여 재구조화 작업을 한 곳이다. 그렇기에 새롭고, 포근한 느낌이 들고, 더 긍정의 마음을 가지고 있는 듯하다.

1. 우리 학교 공간이 나에게 주는 느낌은?

순	느낌	나의 느낌
1	짓누르는 -2 -1 0 1 2 해방감을 주는	
2	제한적인 -2 -1 0 1 2 확장적인	
3	딱딱한 -2 -1 0 1 2 부드러운	
4	단조로운 -2 -1 0 1 2 변화무쌍한	
5	적대적인 -2 -1 0 1 2 친절한	
6	우울한 -2 -1 0 1 2 명랑한	
7	추한 -2 -1 0 1 2 아름다운	
8	차가운 -2 -1 0 1 2 따뜻한	
9	지루한 -2 -1 0 1 2 활기찬	
10	거부적인 -2 -1 0 1 2 마음을 끄는	
	합계(평균)	360(11.25)

▶ 【2번~5번】 공간을 선택하고 그 이유를 기록해주세요.

2. 학교 공간 중 가장 중요하다고 생각하는 곳은?

- 교실(18): 아이들이 늘 머물고, 배우는 공간이기 때문에
- 도서관(8): 현재는 그렇지 않은데, 이번 기회에 학생들이 스스로 도서관에 가고 싶고 머물고 싶은 공간이 되었으면 한다.
- 학생 쉼터(6) -체육관(3) -운동장(2) -교무실(1) -교사 휴게실(1)

3. 학교 공간 중 가장 자주 가는 곳은?

- 교무실(15) -교실(14) -화장실(6) -도서관(5)
- 배움의 숲 (2): 외부적인 환경이 좀 더 자연친화적이고 아름다워졌으면.
- 꿈다락(1) -보건실(1) -운동장(1)

4. 학교 공간 중 가장 바꾸고 싶은 곳은?

- 교무실(5): 교사가 편안하고 따뜻한 공간에서 생활할 수 있도록. 아이들과 소통할 수 있는 작은 공간이 교무실에 있었으면 합니다.
- 교실(3): 각 교실이 쉼터, 놀이터, 학습터 공간으로 거듭나면 좋겠다.
- 꿈사미 복도(2): 여전히 허전한 느낌이 든다.
- 운동장 트랙(3) -화장실(3) -강당(3) -과학실(2) -음악실(2)
- 중앙현관(1): 다른 곳들은 열린 공간으로 변하는데 들어서자마자 그런 느낌을 받지 못하는 것 같다.
- 탈의실(1): 학생들이 편안하고 안전하게 옷을 갈아입을 수 있는 공간이 되었으면.
- 3층 계단(1) -북카페(1) -도서관(1)-복도(1)
- 교사 휴게실(1)-회의실(1)-방송실(1)-운동장 음수대(1) -예술공간(1)

5. 학교에서 새롭게 생겼으면 하는 공간은?

- 교직원 휴식 공간(16): 학생들을 위한 쉼터만큼이나 교사들을 위한 쉼터가 있었으면 좋겠다.
- 상담실(6): 일대일 또는 소수 학생의 상담 공간이 부족합니다.
- 소극장(1): 영상, 음향 시설을 갖춘다면 영화 감상, 연극 수업, 작은 발표회 등을 할 수 있다.
- 3층 휴식 공간(1): 3층에는 거의 교실만 있어서 삭막하고 여유가 없습니다.
- 기구운동실(1): 헬스장 같은 근력운동 기구들을 두면 미세먼지로 인하여 운동장에 나가지 못하는 학생들도 자주 이용할 거 같다.
- 과학실 안 작은 도서관(1) -풋살장(1) -정원(1) -여교사 휴식 공간(1)
- 동아리방(1) -학생 지도실(1) -교사용 화장실(1)

사용자 참여수업(공간수업) 결과 - 해당 공간에 대한 느낌과 생각

천안동성중학교

내가 꿈꾸는 공간

1. 다음 공간이 나에게 주는 느낌을 숫자로 기입해주세요(합계도 기록해주세요).

공간(가): 도서실과 주변 공간(201, 교수학습지원실, 203, 협의실)⇒ 복합문화공간:
공간(나): 과학실, 과학준비실, 유도실⇒ 상상이룸공작실
공간(다): 음악실 ⇒ 예술공간
공간(라): 일반 교실 ⇒ 행복공간

번호	느낌	공간 (가)	공간 (나)	공간 (다)	공간 (라)
1	짓누르는 -2 -1 0 1 2 해방감을 주는				
2	제한적인 -2 -1 0 1 2 확장적인				
3	딱딱한 -2 -1 0 1 2 부드러운				
4	단조로운 -2 -1 0 1 2 변화무쌍한				
5	적대적인 -2 -1 0 1 2 친절한				
6	우울한 -2 -1 0 1 2 명랑한				
7	추한 -2 -1 0 1 2 아름다운				
8	차가운 -2 -1 0 1 2 따뜻한				
9	지루한 -2 -1 0 1 2 활기찬				
10	거부적인 -2 -1 0 1 2 마음을 끄는				
	합계(평균)	392 (12,25)	173 (5,40)	253 (7,90)	237 (7,40)

내가 꿈꾸는 공간

2. 복합문화공간, 상상이룸공작실, 예술공간(음악실), 행복공간을 어떻게 바꾸고 싶은가요? 다음 질문과 다양한 의견 예시를 보면서 선생님의 의견을 기록해주세요(공간 이름, 의견, 이유를 함께 적어주세요).

> ▸ 생각을 위한 질문들
> - 사용하면서 좋았던 점, 혹은 좋았던 공간은 어느 곳이며 그 이유는 무엇인가요?
> - 불편했던 점, 바꾸고 싶었던 부분은 무엇인가요?
> - 어떤 공간에서 무엇을 하고 싶은가요?
> ▸ 다양한 의견 예시들
> - 쾌적한 공간, 다양한 의자와 소파를 두고, 조명이 밝은 공간
> - 햇살이 가득 들어오는 공간, 혼자 사색할 수 있는 공간
> - 기존의 공간 조명이 어둡고 쾌적하지 못함-밝고 예쁘고 다양한 모양의 조명
> - 아이들과의 상담 공간, 교사의 휴식 공간
> - 교실 한쪽에 좌식 공간 마련(토론 장소, 책 읽기 공간 등으로 활용)
> - 아이들의 휴식 공간 및 놀이 공간 마련
> - 주제에 맞는 자료나 아이들의 작품을 전시할 수 있는 다양한 벽면 구성 등등

가. 복합문화공간
 - 1인용 소파가 있었으면 좋겠습니다. 창가에 다양한 모양의 의자에 앉아서 편하게 책을 볼 수 있는 장소가 있으면 좋겠습니다.
 - 환하고 여유롭고 따사로운 머물고 싶은 곳으로 만들었으면 좋겠다.
 - 창밖을 보며 책을 읽을 수 있는 1인 독서대가 있었으면 합니다.
 - 벽의 경계가 자유로워서 교실의 크기를 조정할 수 있으면 좋겠다(세미나실처럼).
 - 개별실의 욕심을 조금 비워서 독립적인 공간(201호든 203호든)만을 구성하고 나머진 개방된 공간으로 했으면 합니다.
 - 동아리활동, 자치활동 ,휴식, 토의 등 다양한 아이들의 활동을 담아낼 수 있는 공간이었으면 좋겠다.
 - 프랜차이즈 커피 전문점에서 학습과 자유로운 발상이 가능한 이유는 공간 구성적 장점이 큰 부분을 차지한다고 생각합니다. 크고 작은 책상과 적당한 의자, 창을 바라보고 집중할 수 있는 공간이 되었으면 한다.

나. 상상이룸공작실
 - 과학준비실은 과학 선생님들만의 공간이 확장되었다는 점은 좋으나, 기구들이 있어 쾌적한 공간은 아니다. 기구는 과학실에 있고 업무를 볼 수 있는 최소한의 기자재만 있으면 좋겠다.
 - 창의력을 키울 수 있는, 끼를 살릴 수 있는, 동아리가 활성화되는 곳으로 만들면 좋겠다.
 - 깔끔한 공간이었으면 좋겠다.
 - 기술실 중심으로 구성했으면 합니다.
 - 너무 차갑지 않고, 따뜻하게 공간을 재배치했으면 좋겠다.
 - 목공실-목공 활동을 할 수 있는 공간. 아이들이 실생활 속에서 벤치, 옷장, 의자를 만들어 사용할 수 있도록 고장 난 것을 고쳐서 쓸 수 있는 역량 키우기 이러한 것들이 이뤄지려면 공간 분리, 공기 청정 장치 등이 필요하다고 봅니다.

다. 예술공간
- 합창할 때 접이식 계단이 좋았다. 음악실이 소강당 쪽으로 이동하여 확장하는 것도 좋을 것 같다.
- 혼자 쉴 수 있는 공간, 혼자 있어도 외롭지 않은 공간, 특정 학생들이 아닌 모두 사용하고 누릴 수 있는 공간, 밝고 따뜻한 공간이 되었으면 좋겠다.
- 아이들의 가창 또는 악기 연습을 할 수 있는 공간이 있었으면 좋겠다.
- 빛이 많이 들어오는 공간이 있으면 한다. 현재는 너무 어둡고 춥다.
- 쾌적하고, 편안한 의자를 두고 다양한 악기를 연주할 수 있으면 좋겠다.
- 자유스런 분위기, 수업이 연주회 같은 분위기의 공간이 되었으면 합니다.
- 음악실은 큰 거울이 있었으면 좋겠다.
- 작은 방들을 만들어 악기를 넣어두고, 방음장치를 하여 아이들이 취미 활동을 할 수 있게 하기를 원함(기타실, 드럼실).
- 무대를 놓고 여러 가지 악기를 체험해볼 수 있는 공간이 마련되었으면 좋겠다. 누구나 쉽게 들러서 즐길 수 있는 공간이 되었으면 함.

라. 행복공간
- 교실 뒤에 딱딱한 의자 대신 편안한 느낌의 의자가 있으면 좋겠다. 뒷 칠판에 수학실처럼 반은 화이트보드가 있고, 반은 학생들 작품을 전시할 수 있는 넓은 게시판이 있으면 좋겠다.
- 쉼이 있는 곳, 언제나 갈 수 있는 곳, 안식처, 활력소가 되는 곳이 되었으면 합니다.
- 조명이 따뜻한 공간이었으면 합니다.
- 아이들을 위한 공간의 여유 확보 필요(상황에 따라서는 소그룹 동아리활동도 가능하게)
- 편리하고 깔끔한 게시물 또는 학생 작품 게시 공간, 바닥 먼지 해결 방안 필요, 바닥재를 바꾸면 좋을 듯, 벽면의 수납 기능 최대화 또는 칠판이나 게시판으로 자유롭게 변경 사용 가능한 재질, 자석 보드 등등, 오래되고 불편한 책걸상 교체 필요

마. 기타
- 도서관 중앙에서 도서관 활용 수업을 할 때가 좋았다. 도서관은 전반적으로 따뜻(난방 시), 시원(냉방 시)하다.
- 교수학습지원실은 변화와 혁신이 필요한 공간이다. 이유는 좁고, 춥고, 죽어 있는 공간 같은 느낌이 든다. 책꽂이가 오래되어 냄새가 나고, 냉난방 시설이 노후되어 효과상 떨어진다.
- 201호 공간의 활용성이 높아지면 좋겠다.
- 도서관, 꿈다락의 원목이 주는 편안함과 따뜻한 느낌이 좋습니다. 하지만 의자와 테이블 사이에 공간이 너무 없어서 좁고 갑갑한 느낌이 다소 있는 듯합니다. '여백의 미'가 있으면 좋겠습니다.
- 아이들의 사물함이 모두 복도에 있는데 교실 한 개 두 개를 비워 전교생의 사물함을 모두 넣어뒀으면 한다.
- 꿈다락이 나무를 사용한 인테리어가 따뜻함을 느낄 수 있으므로 새로 만들어지는 공간들도 나무를 사용하였으면 함
- 공간 구성 시 문을 내지 않고 트이게 해서 예쁜 가리개 사용을 원함

- 203호는 협의 공간이 딱딱하고, 교사에 대한 배려가 부족한 협의실이란 생각이 든다. 책상, 의자 등이 폼나는 협의실을 사용하고 싶다.
- 우리 학교 건물(인테리어)의 가장 큰 장점은 색채라고 생각한다.
- 밝은 느낌을 건물 곳곳에서 느낄 수 있어서 좋습니다. 하지만 조금 더 세련된 디자인, 색의 절제가 더해진다면 더욱 좋을 것 같습니다.
- 차분하게 학생들과 이야기를 나눌 수 있는 따뜻한 분위기의 작은 상담 전용 공간이 있으면 좋겠다. 몇몇 학생이 모여 소그룹 단위 토의가 가능한 다수 공간(반개방형)
- 풋살 대회, 연습 경기가 가능한 공간(비 오는 날에도 스포츠가 가능하도록) -파라솔이 있는 쉼터(야외)
- 학생들이 좋아하는 것은 '운동'임에도 불구하고 운동장이 단조롭다. 보조 운동장, 운동기구가 추가될 필요가 있다.
- 1층에 가능한 공간이 있다면, 2층 중앙처럼 폴딩도어를 설치해 외부와 열린 공간을 만들어도 좋을 것 같다.
- 복도가 사물함이 있어서 좁다. 사물함은 다른 곳으로 이동하고, 이동식 서가가 있으면 좋겠다.
- 건물 내 미니 실내 정원(쾌적한 공기, 먼지 흡수 등)이 설치되었으면 좋겠다.
- 교사들의 휴식 공간이 있었으면 좋겠다. 또는 교사 동아리실이 마련되었으면 한다.
- 교실 벽면을 깨끗하게 페인트칠을 했으면 한다.
- 교사와 아이들이 함께할 수 있는 다양한 설비 및 시설을 갖춘 동아리실 마련
- 3층에도 아이들의 휴식 공간 마련
- 실험만 하는 과학실보다는 과학실 안에 작은 도서관이 있었으면 합니다.

2차 공간수업 "우리가 꿈꾸는 공간 표현하기"

–

2차 공간수업은 '우리가 꿈꾸는 공간 표현하기'라는 주제로 5월 12일에 진행하였다. 그동안 다른 학교의 사례를 모아 자료집으로 제본하여 교무실 중앙에 비치해두고, 선생님들이 자유롭게 돌려볼 수 있도록 했다. 자료집을 살펴보면서 선생님들은 다른 학교와 해외 사례들을 보며 놀라워하고, 한편으론 부러워하면서 우리 학교 공간을 어떻게 바꿨으면 좋겠다는 이야기로 자연스럽게 이어졌다.

다양한 자료를 접할수록 앞으로 학교 공간을 어떻게 구성하고 싶은지에 관한 이런저런 생각이 싹트고, 구체적인 의견들이 나오게 된다. 그래서 내가 공간에 대한 원격 연수(한국교원연수원)를 위해 작성한 원고 중 우리 학교가 바꾸고자 하는 공간과 관련이 있는 도서관 차시 '성공 습관을 길러주는 복합문화공간'과 특별실 차시 '특별실! 정말 특별한 공간인가?'에 대한 원고를 복사하여 참고하실 수 있게 나누어드렸다.

공간수업에서 우리는 한국교원연수원 원격 연수용 원고에 있는 서울봉원중학교 '지혜의 숲', 경남 사천의 용남중학교 '지혜 샘' 등 다양한 도서관 사례와 해외 도서관으로 네덜란드 델프트공과대학교 도서관을 함께 살펴보았다. 특별실 관련 원고에서 사례로 든 인천예송초등학교 창의융합과학실, 산마을고등학교와 지평선고

※자료: 김효정

2차 공간수업 장면 '우리가 꿈꾸는 공간 표현하기'
그동안 자료를 통해 다양한 공간혁신 사례들을 접해왔기 때문에 우리 공간을 어떻게 바꾸면 좋을지에 대한 선생님들의 다양한 의견을 들을 수 있었다.

등학교의 컴퓨터실, 세종예술고등학교의 미술실과 음악실, 광주 선운중학교와 경남용남중학교 목공실을 보면서 어떻게 공간을 구성하면 좋을지 모둠별로 이야기를 나누었다. 개인별로 공간에 대해 생각한 후 설문지로 작성한 1차 공간수업보다 모둠별로 진행한 2차 공간수업은 좀 더 풍성하게 진행되었다. 대여섯 명이 모여서 이야기를 나누며, 직접 모눈종이에 생각을 그려보고 입체적으로 표현하니 좀 더 의견이 구체화되었다. 모둠별로 다양한 의견이 나왔고, 아름다운 공간을 꿈꾸며 많은 대화가 오가는 동안 선생님들의 밝은 웃음소리가 여기저기서 흘러나왔다.

하나, '복합문화공간'에 대한 이야기

기존 도서관 도면을 함께 보면서 이야기를 나누니 좀 더 현실적이고 구체적인 대안들이 나왔다. 기존 도면을 보면 도서관 중앙홀을 중심으로 여러 개 '실(室)'들로 나뉘어 있고, 각각의 실이 막혀 있음을 알 수 있다. 천안동성중학교는 이미 꽤 넓은 공간으로 소강당과 대강당이 있기는 하지만, 하루에 한 학년 단위로 모여 동시에 교육활동을 진행하려면 넓은 공간이 한 군데 더 필요했다. 그래서 기존의 도서관과 그 주변 교실을 합하여 한 학년이 함께 교육활동을 펼칠 수 있는 넓은 공간으로 구성하기로 하였다. 앞으로 이 공간에서 학년 단위 교육활동, 학급 단위 교육활동, 또는 동아리활동 및 각종 전시회와 발표회까지 모두 가능한 복합문화공간으로 탄생할 수 있기를 바랐다.

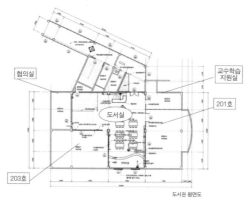

도서관 평면도

천안동성중학교 도서실과 주변 교실 기존 도면
기존 도면을 함께 살펴보면서 대화를 나누니 한층 현실적이고 구체적인 대안들을 이끌어낼 수 있었다.

공간수업에서 나온 선생님들의 구체적인 의견 몇 가지를 정리하면 다음과 같다.

- 창가에는 벤치 겸 책꽂이를 두어 아이들이 바깥 경치를 보면서 책을 볼 수 있었으면 좋겠다.
- 계단 공간 및 현재 서고 책꽂이를 높게 하고 벽면에 끝까지 붙박이 책꽂이를 설치, 회의실과 서고의 벽면에는 상하로 긴 창을 설치해 회의실에 빛을 들이면 개방감이 들 것이다.
- 도서관의 출입문을 없애고, 복도 공간으로 쭉 내어서 문을 설치하면 도서관이 훨씬 넓어 보일 것이다.
- 필요에 따라 때론 한 학급만 수업하고, 또 때로는 학년별 교육활동도 이루어질 수 있는 가변형 공간을 원한다.

- 201호 교실은 지금 칠판이 있는 동쪽 벽면에 원래 창문이 있었다. 동쪽 배 과수원 쪽으로 큰 창을 설치하여, 봄에는 배꽃이 피고 여름에는 뙤약볕 아래 짙푸른 배나무에서 열매가 익어가는 모습을, 가을에는 탐스러운 배를 수확하는 모습을 보면서 계절을 느꼈으면 좋겠다.
- 203호는 동쪽으로는 긴 창문을 내고, 카페 같은 분위기, 작은 공간들을 만들어 아이들이 아늑한 분위기에서 책을 보거나 사색에 잠겼으면 좋겠다. 남쪽 협의실과 도서실 사이의 벽이 내력벽으로 완전 제거가 힘들기 때문에 다양한 모양으로 출입구를 두어 아이들이 드나들면서 편하게 활동할 수 있는 공간이었으면 좋겠다.

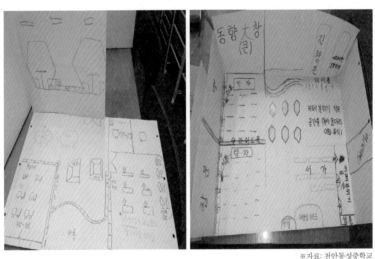

우리가 꿈꾸는 공간표현: '복합문화공간'에 대한 교사들의 생각을 표현한 작품
1차 공간수업이 개인별로 자료를 본 후 설문조사 방식으로 이루어졌다면, 2차 공간수업에서는 기존 도면을 함께 살펴보면서 모둠을 구성하여 자유로운 토론과 함께 공간에 대한 생각을 그리거나 입체적으로 표현하는 시간을 가졌다. 그 결과 한층 현실적이고 구체적인 의견들이 많이 나왔다.

편의상 선생님들의 의견을 다 담지 못한 점은 아쉽다. 참으로 다양하고, 창의적인 이야기들이 많이 나왔는데, 선생님들은 아이들의 배움과 활동을 염두에 두고 이야기를 나누는 모습이었다. 공간을 바꿀 때는 늘 아이들이 이 공간에서 어떤 활동을 할 것인지, 어떤 행동을 하기를 바라는지, 또 교사는 어떤 교육활동을 펼치기를 원하는지 고민하면서 공간을 상상해보는 것이 중요하다. 그 순간만큼 마음이 행복해질 것이고, 공간이 바뀌면 더더욱 즐겁고 행복한 학교생활이 가능할 것이다.

둘, '상상이룸공작실'에 대한 이야기

과학실, 과학준비실, 교사(校舍) 1층 서쪽 맨 끝에 위치한 체육실을 재구성할 예정이다. 아래 그림에서 110호실부터 113호실까지가 공간혁신사업 대상이다.

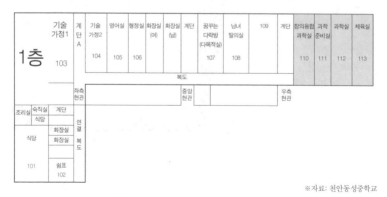

※자료: 천안동성중학교

천안동성중학교 과학실, 과학준비실 및 체육실 배치도
공간혁신사업 대상 구역은 배치도상의 1층 서쪽 끝에 위치한 110호실부터 113호실까지이다.

그런데 막상 공간을 구성하려고 보니 과거에 공작실을 접해본 경험이 없어서 어떻게 해야 할지 어려움이 있었다. 다만 다음과 같은 내용은 반드시 고려되어야 한다는 의견이 나왔다.

- 안전한 공작실, 작업 공간과 작업 기구를 분리했으면 좋겠다.
- 아이들이 상상했던 것을 다양한 도구, 즉 목공, 3D 프린터, 레이저 조각기, 재봉틀 등을 이용하여 직접 만들어볼 수 있는 공간, 자유학년제 각종 동아리활동이 가능한 공간이 되었으면 좋겠다.
- 과학 준비실 및 위험한 교구는 따로 보관할 수 있는 공간
- 강의 공간과 실습 공간이 분리되고, 집진 시설을 설치하면 보다 쾌적한 환경에서 작업할 수 있을 것이다.

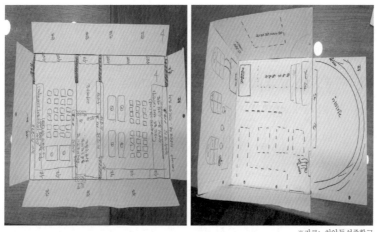

※자료: 천안동성중학교

우리가 꿈꾸는 공간표현: '상상이룸공작실'에 대한 교사들의 생각을 표현한 작품
상상이룸공작실의 경우 과거에 공작실을 접해본 경험이 없어 공간 구성에 다소 어려움을 겪기도 했지만, 공간에서 이루어질 활동을 중심으로 차근차근 의견을 모아나갔다.

셋, '예술공간'에 대한 이야기

예술공간은 기존 음악실을 아이들이 다양하게 음악활동을 할 수 있도록 재구조화하기로 했다. 천안동성중학교는 성환읍에 소재하여 다양한 예술문화 체험 기회가 다소 부족한 편이다. 따라서 이 공간에서 다양한 음악활동을 하면서 삶과 예술을 연결할 수 있도록 공간을 바꾸기로 하였다.

천안동성중학교의 음악실은 상시 개방되어 있다. 아침에 학교를 한 바퀴 돌다 보면 음악실에서 피아노 소리, 기타 소리가 흘러나오곤 한다. 가만히 다가가면 아이들은 연주를 멈춘다. "선생님이 네 연주 소리를 듣고 싶은데 방금 연주한 것은 곡명이 뭐야?" 하면서 다가간다. "다시 한번 연주해볼래?" 하면 쑥스러워하면서도 피아노를 쳐주는 아이가 고맙다. 명주라는 아이는 아침마다 피아노를 쳤다. 어떤 날은 피아노 치는 아이, 기타 치는 아이와도 얘기를 하지만, 어떤 날은 문 앞에서 조용히 듣고 지나간다. 연주에 열중하는 아이들을 방해하고 싶지 않은 마음에서이다. 명주의 피아노 소리가 저번보다 훨씬 자연스럽고 편안하게 느껴졌다.

그런데 평소 음악실을 열쇠로 굳게 잠가놓은 학교도 종종 있다. 아이들이 함부로 피아노를 만지면 고장이 나기도 하고, 다시 조율을 받아야 한다는 이유 때문이다. 하지만 우리 학교 음악 선생님은 이렇게 말씀하시면서 아이들에게 항상 음악실을 개방한다.

"피아노가 고장 나면 고치면 되고요, 조율은 정기적으로 받으면 돼요."

음악실에서는 음악 소리가 울려 퍼지고, 체육관에서는 아이들이 운동하며 뛰노는 소리가 들려야 자연스럽지 않을까? 그래야 아이들도 건강하고 아름답게 자랄 수 있다. 평소 음악실과 같은 특별실을 잠가두면 관리하기는 훨씬 편하다. 아이들이 수시로 들락날락하면 교사는 마음이 쓰이고, 걱정되면서 여러모로 번거롭기 때문이다. 하지만 우리는 판단할 수 있다. 어떤 학교에서 자란 아이들이 더 행복하고, 더 건강한 삶을 꾸려나갈 수 있는지를.

강당도 마찬가지이다. 많은 학교에서 강당에 피아노를 두고 있지만, 고장의 위험이 있다는 이유로 학생들이 자유롭게 접근할 수 없게 한다. 예전에 딸아이가 고등학생 때 강당에 있는 피아노를 치고 싶었는데 선생님께서 허락을 안 해주셨다고 했다. 그 얘기를 듣고 교사의 입장도 충분히 이해되었지만, 아쉬운 마음이 더 컸다. 학생들이 학교 강당이나 음악실에 있는 악기로 언제든지 자연스럽게, 편안하게 연주할 수 있는 분위기에서 생활할 때 예술적

※자료: 오공근

천안동성중학교 음악실의 공사 전 모습
평소 학생들에게 음악실 공간을 개방하기는 했지만, 노후화되어 낡고 어두운 느낌이었다. 또한 수납공간이 제대로 마련되지 않아 전체적으로 어수선했다.

우리가 꿈꾸는 공간표현: '예술공간'에 대한 교사들의 생각을 표현한 작품
노후화된 공간인 만큼 수납공간이나 조명 등의 시설을 개선하여 한층 밝고 실용적인 공간으로
만들고 싶어 하는 의견이 많았다.

감수성도 풍성하게 기를 수 있다. 그것이 악기 수리에 들어가는
예산을 절감하는 것보다 훨씬 가치 있는 투자가 아닐까? 아이들에
게 기꺼이 음악실을 개방하고, 학교에 있는 악기를 마음대로 연주
해볼 수 있는 기회를 주자. 당연히 그에 따른 예산도 충분히 지원
되어야 한다. 예산이 뒷받침되지 않으면 아무리 음악실을 개방하
고 싶어도 선뜻 실행하기는 힘들기 때문이다.

우리 학교의 기존 음악실은 공간이 협소하고 바닥도 노후화되어
망가져 있으며, 벽면의 흡음판도 손상된 부분이 눈에 더러 띄었다.
수납공간도 부족하여 각종 악기들을 겹겹이 쌓아둘 수밖에 없었기
에 이러한 문제점을 공유한 후 음악실 공간에 대한 다양한 의견을
내면서 공간을 구성해보았다. "벽면 걸이형 의자나 교실 내 계단형

조립식 의자를 설치하면 어떨까?"라는 의견부터 "둥그런 무대를 만들고 싶다.", "남쪽 창 아래 벽까지 허물고 전면 통창을 만들어 밖과 연결된 느낌이 들도록 하면 좋겠다."는 의견도 나왔다.

학교에서 각종 행사가 있을 때면 대강당과 가까운 음악실이 준비 공간으로 활용되곤 했다. 그래서 음악실을 분장실로도 활용할 수 있도록 거울을 설치하자는 의견이 많았다. 또한 조명에도 신경을 써서 조도(照度)를 조절할 수 있는 LED 천장 조명과 스포트라이트를 앞뒤로 설치하기를 원했다. 음악실이 좁은 관계로 바로 옆에 있는 행복공간에 악기 연습실을 설치했으면 좋겠다는 의견도 있었다.

넷, 행복공간에 대한 이야기

행복공간은 일반 교실 두 칸을 재구조화하여 배움의 공간이자 쉼의 공간으로 만드는 것이다. 복층 구조의 다락방, 소규모 모둠 학습실, 복도 쪽으로는 폴딩도어를 설치하여 개방감을 주었으면 좋겠다는 의견이 있었다. 큰 스크린을 설치하고, 그 옆에 스피커 및 스포츠 게임을 할 수 있도록 하며, 와이파이가 설치되면 좋겠다는 의견, 아이들이 노래를 부르면서 스트레스를 해소하고 학교에서 즐거움을 찾는 공간이었으면 좋겠다는 의견이 있었다. 전면 거울을 설치하여 댄스부도 활용할 수 있었으면 좋겠다는 의견도 나왔다.

이상에서 네 공간에 대한 구성원들의 이야기들을 몇 가지 소개했지만, 실제로 나온 의견들의 극히 일부에 불과하다는 점을 밝힌

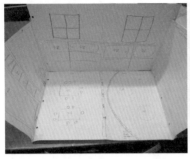

우리가 꿈꾸는 공간표현: '행복공간'에 대한 교사들의 생각을 표현한 작품
공간수업에서 교사들은 자신이 꿈꾸고 생각하는 학교 공간을 다양하게 표현해보는 한편, 이를
구현하는 방법에 대해서도 심도 있는 의견을 나누었다.

다. 지면에 다 담아내지 못할 만큼 다양한 의견들이 쏟아졌다. 우
리 학교 선생님들은 공간에 관심이 많고, 관심이 많은 만큼 의견
도 많이 내놓았다. 이러한 적극적인 관심과 참여는 공간혁신의 전
과정에서 실로 큰 힘이 되었다.

3·4차 공간수업 "사용자들의 다양한 의견 수렴하기"

–

공간혁신이 이루어지는 각각의 공간에 대한 교사들의 다양한 의
견을 수렴한 2차 공간수업에 이어 3·4차 공간수업이 이어졌다.
우선 5월 21일에 이루어진 **3차 공간수업**은 모둠별로 다양하게 꾸민
공간 모형을 서로 공개하며 의견을 공유하는 시간을 가졌다. 해
당 공간에 대한 구성 이유를 설명하고, 그 안에서 어떤 교육활동

천안동성중학교 제3차 공간수업 모습

3차 공간수업에는 기술촉진자가 참여하여 교사들의 공간 구성에 관한 다양한 의견에 귀 기울이고, 궁금한 것을 질문하는 시간을 가졌다. 이후 이러한 점을 디자인에 반영하여 디자인 워크숍을 갖기로 하였다.

을 구상하고 있는지에 관한 이야기도 함께 나누었다. 이때 오지환 기술촉진자도 함께 참여하여 우리의 의견을 한층 구체적으로 전달할 수 있는 기회가 되었다. 기술촉진자는 우리가 제안한 의견을 경청한 후에 궁금한 것을 묻고, 이어 서로 의견을 교류하였다. 다음 시간에 기술촉진자가 기본적인 디자인을 한 후 디자인 워크숍을 갖기로 하였다.

4차 공간수업은 아이들과 함께 6월 5일에 진행했다. 코로나19로 인해 한동안 학교에 나오지 못했던 아이들의 등교가 부분적으로 가능해지면서 드디어 아이들과 함께 공간수업을 진행할 수 있게 되었다. 원래는 공간 전문가를 초청하여 강연도 하고 서로 공간에 대한 이야기를 충분히 나누는 등 전교생을 대상으로 한 풍부한 프로그램을 마련할 계획이었다. 하지만 코로나19로 사회적 거리두기가 한창인데 많은 아이들을 한자리에 모이게 하는 것은 부

천안동성중학교 아이들과 함께한 공간수업
코로나19 팬데믹으로 인한 사회적 거리두기의 영향으로 공간수업 참여자를 총학생회 학생들로 제한한 한편, 등교 날짜가 제한적인 만큼 교사 대상 공간수업이 수차례에 걸쳐 이루어진 것과 달리 압축하여 한꺼번에 진행할 수 있도록 조정하였다.

적절하다고 판단하여 부득이하게 총학생회 학생들을 대상으로 진행하였다. 또한 아이들이 등교하는 날짜가 한정된 만큼, 선생님들을 대상으로 공간수업을 수차례 진행한 것과 달리 한꺼번에 압축하여 쭉 진행하였다.

　아이들에게도 교사들에게 질문했던 것과 마찬가지로 설문지를 통해 학교에 대한 전반적인 느낌을 물어보았다. 부정과 긍정의 느낌을 평가할 수 있게 동일한 척도(예: 짓누르는 -2 -1 0 1 2 해방감을 주는)로 만들어진 설문이었다. 0이 중간 정도 느낌의 수치이다. 10가지 목록에 대한 조사 결과 5.57이라는 수치가 나왔다. 예상은 했지만 교직원보다는 학교 공간에 대해 긍정적인 느낌이 덜하다는 것을 알 수 있었다. 학생들은 학교 공간 중 가장 중요하다고 생각하는 곳, 가장 자주 가는 곳, 가장 바꾸고 싶은 곳에 대해 모두 '교실'이라고 가장 많이 응답했다. 그리고 학교에 새롭게 생겼으면 하는 곳으로는 '휴식 공간'을 가장 많이 꼽았다. 그동안 꽤 신경 써서 아이들이 쉴 수 있는 공간을 만들어주었다고 생각했는데 아이들 입장에서 볼 땐 많이 부족했던 모양이다. 교사들의 공간수업 때처럼 모둠별로 모여 공간혁신이 이루어지는 공간이 앞으로 어떻게 달라지면 좋은지 상상한 공간을 구체적으로 그림으로 그리거나 입체적으로 표현해보도록 하였다. 각각의 공간에 대한 아이들의 의견은 다음과 같다.

하나, 복합문화공간에 대한 의견

전체적으로 밝은색이었으면 좋겠고, 상담 공간이 있었으면 좋겠고, 통유리를 설치하여 밖을 내다보았으면 좋겠고, 201호에 있는

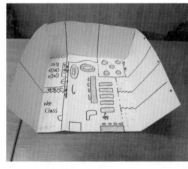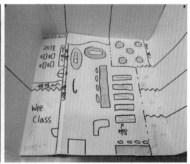

※자료: 천안동성중학교

우리가 꿈꾸는 공간표현: '복합문화공간'에 대한 아이들의 생각을 표현한 작품
전체적으로 밝고 편안한 분위기를 원하는 응답이 많았고, 견학했던 다른 학교에서 보았던 것들을 우리 학교에도 응용하면 좋겠다는 의견도 나왔다.

단상도 제거했으면 좋겠다는 의견이 많았다. 낮은 책상과 소파와 편안한 의자를 설치해 카페 같은 느낌이 났으면 좋겠다는 의견도 나왔다. 근처에 있는 신당고등학교처럼 협업을 위한 작은 공간이 있었으면 좋겠고, 성환도서관처럼 조용히 공부할 수 있는 공간이 있었으면 좋겠다는 의견도 있었다. 우리는 공간혁신 공모를 진행하면서 견학 차 학생회 몇몇 아이들과 신당고등학교를 방문했었는데, 아이들이 의견을 내는 과정에서 자연스럽게 신당고등학교에 갔던 경험을 떠올린 것이다. 간접 경험이든 직접 경험이든 경험은 중요하다. 생각을 피어나게 하는 원동력이 되기 때문이다.

둘, 상상이룸공작실에 대한 의견

많은 아이들이 기존 과학실의 책상과 의자가 서로 붙어 있어 불편하므로 책상과 의자가 서로 분리되는 형태를 원했다. 아울러 원형

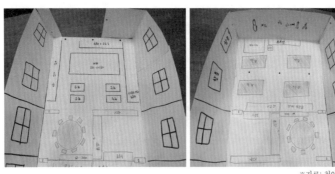

※자료: 천안동성중학교

우리가 꿈꾸는 공간표현: '상상이룸공작실'에 대한 아이들의 생각을 표현한 작품
원하는 것을 자유롭게 만들 수 있는 공간이면서 보다 편안한 책상과 의자를 비치해주기를 바랐다.

테이블이 있는 휴게 공간도 원했다. 벽면에는 각종 공구를 걸어서 정리했으면 좋겠다는 의견, 원하는 것을 다양한 방법으로 자유롭게 만드는 공간이면 좋겠다는 의견이 있었다.

셋, 예술공간에 대한 의견

학생들이 많이 제시한 의견은 다음과 같다. 아름다운 조명을 설치했으면 좋겠고, 단상과 마이크, 단상 양옆에 스피커 설치 및 자동 커튼을 원했다. 각종 악기를 보관할 수 있는 공간, 빈백 소파 같은 것이 놓여 있어 편안하게 앉을 수 있었으면 좋겠다는 의견도 있었다. 천장에 미러볼을 설치하여 축제나 연주회, 댄스 동아리활동을 할 때 활용하면 좋겠다는 의견도 나왔다.

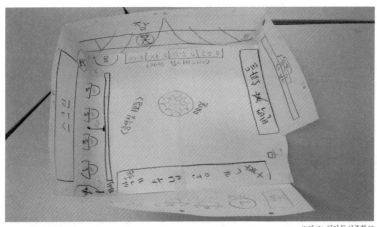

※자료: 천안동성중학교

우리가 꿈꾸는 공간표현: '예술공간'에 대한 아이들의 생각을 표현한 작품
노후화된 공간인 만큼 선생님들과 마찬가지로 조명을 개선하고 각종 편의시설과 휴게 공간을 마련해주었으면 하는 의견이 이어졌다.

넷, 행복공간에 대한 의견

행복공간은 쉼과 여가활동이 가능한 공간으로 구성하자는 요구가 높았다. 예컨대 스크린을 설치하여 원하는 뮤직비디오 또는 영상을 감상했으면 좋겠고, 와이파이와 게임기, 컴퓨터를 설치하여 여가활동이 가능하기를 바랐다. 또한 편안하게 쉴 수 있는 공간, 친구들과 모여 보드게임을 즐길 수 있는 공간도 만들어지기를 희망했다. 나아가 2층 구조로 만들어 1층은 게임이나 PC를 이용한 여러 가지 여가활동을 하고, 2층은 혼자 또는 친구와 함께 편안하게 휴식을 취할 수 있는 공간을 조성하자는 의견도 나왔다.

이렇게 총 4차에 걸쳐 교직원 및 학생들을 대상으로 공간수업을 진행했는데, 아이들은 어떤 공간이든 배울 수 있는 공간과 함께

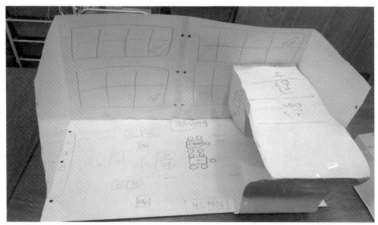

우리가 꿈꾸는 공간표현: '행복공간'에 대한 아이들의 생각을 표현한 작품
주로 휴식과 여가활동이 가능한 공간으로 조성했으면 좋겠다는 의견이 많았다. 특히 게임이나 인터넷이 가능하도록 와이파이를 설치했으면 하는 의견도 많이 나왔다.

편안하게 쉴 수 있는 공간이 있었으면 좋겠다는 의견을 내었다. 배운다는 것은 즐거운 일이지만, 그만큼 많은 에너지가 소비된다. 그래서 아이들은 늘 쉬고 싶은 것이다. 아이들이 쉬는 시간 잠깐이라도 편히 앉거나 누워서 쉴 수 있는 공간을 곳곳에 만들어주는 것이 좋겠다.

디자인 워크숍 "공간을 구체적으로 구현해보기"

—

4차에 걸쳐 교사 및 학생들과 함께한 공간수업을 통해 나온 많은 의견들을 정리하여 기술촉진자에게 전달하고, 추가 설명도 덧붙였다. 그리고 '과연 공간을 어떻게 구성할까?'에 대한 기대감을 안고 디자인 워크숍 날짜를 기다렸다. 1차 디자인 워크숍은 6월 24일, 2차는 7월 15일에 있었다. 우리 학교에서 영역 단위 공간혁신 사업에 해당하는 공간은 복합문화공간과 상상이룸공작실의 두 공간이었고, 이에 대해 기술촉진자가 작업해온 디자인을 보면서 설명을 들었다.

우리끼리 교육과정을 펼치기 위해 원하는 공간을 말할 때는 굉장히 추상적이고, 한편으론 '그런 공간을 과연 구현해낼 수 있을까?' 하는 의구심마저 들었는데, 막상 구현된 디자인을 눈으로 확인하니 '정말 기술촉진자의 역할이 크구나'라는 생각이 절로 들었다. 우리가 기대했던 것 이상으로 마음에 드는 디자인이었다. 디

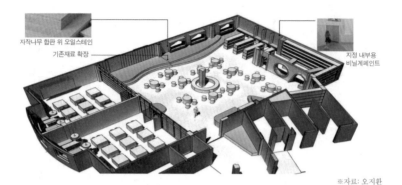

자작나무 합판 위 오일스테인

기존재료 확장

지정 내부용
비닐계페인트

복합문화공간-디자인, 오지환 기술촉진자
공간수업을 통해 교사와 학생들로부터 공간에 대한 다양한 의견을 듣고 이를 기술촉진자에게
전달하였다. 디자인 워크숍 때 기술촉진자는 이러한 의견을 적절히 반영한 디자인 시안을 공
개하였다.

자인을 보면서 한층 구체적으로 공간에 대한 의견을 나누었다. 만
약 디자인 중에 교육활동을 담아내기 곤란한 곳이 있을 때면 자리
에서 설명을 하다가, 나중에는 스크린 앞으로 나와서 디자인을 손
으로 가리키면서 설명을 하는 선생님도 계셨다. 이렇게 열띤 협의
를 거쳐 약간의 디자인 수정을 하였다.

지원 공간인 도서실은 중앙홀을 중심으로 주변 공간과 유연하
게 연결되면서 다양한 교육활동을 구현할 수 있도록 설계되었다.
도서실을 중심으로 여러 개의 교실을 느슨하게 배치함으로써 단
편적인 지식 학습을 넘어 교과 간 공간 연계를 통한 창의융합수업
이 이루어지도록 구성한 것이다. 이러한 공간 구성을 통해 아이들
은 우리 교육과정에서 목표로 하는 핵심역량을 키워갈 수 있을 것
이다. 도서실을 중심으로 한 열린 공간에서 학년 단위의 자유학년

제 발표회, 미니 음악회, 창체활동, 학년자치활동 등이 활발하게 이루어지기를 기대해본다.

또한 학교는 이제 고립된 학문의 전당에서 벗어나 지역사회 안으로 깊숙이 스며들어야 한다. 학교는 더 이상 마을 주민의 삶과 동떨어진 공간이 되어서는 안 된다. 이러한 공간혁신을 통해 앞으로는 마을 주민들과 학교 공간을 공유하면서, 아이와 부모님이 함께하는 공간으로 거듭날 것이다. 우리 학교 주변은 주로 아파트촌인데, 성환의 유일한 도서관인 '성환도서관'은 지역민들이 이용하기에는 접근성이 떨어져 다소 불편했다. 만약 인근 주민들에게 학교 도서관을 개방하면 독서활동뿐 아니라, 동아리활동 공간, 예술활동 공간, 협의 공간 등으로도 다양하게 활용할 수 있다. 이렇게 되면 학교가 지역사회의 문화 형성 및 삶의 중심 공간으로 제 역할을 충분히 할 수 있을 것이다. 공간혁신이 수업을 바꾸고, 학교를 바꾸고, 나아가 지역사회를 바꾸는 역할을 하게 되는 것이다.

상상이룸공작실의 양 끝, 두 개의 공간에서는 교사의 강의와 이론 수업, 토론 수업을 주로 진행하고, 메이커 스페이스 공간에서는 모둠·공작·동아리활동을 할 수 있다. 현 과학실에 보관 중인 '레이저 조각기', '3D 프린터'를 활용해 자신이 상상했던 작품 만들기, 교과 융합 수업, 프로젝트 수업 등이 가능하며 동아리활동과 자유학년제 교육활동, 진로활동도 할 수 있다. 과학실 기기 및 목공 기구, 재봉틀을 활용한 다양한 교과활동도 가능할 것이다. 만약 목공 및 코딩 프로그램 같은 것을 개설하면 학생과 학부모가

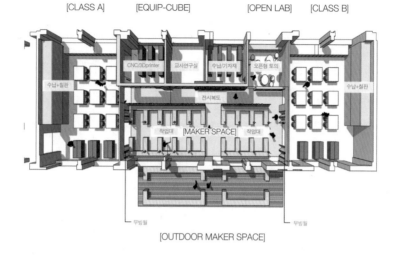

※자료: 오지환

학교 의견을 반영한 상상이룸공작실-디자인, 오지환 기술촉진자
이론 및 토론 등의 수업을 진행할 수 있는 공간을 좌우로 배치하고 가운데에 '메이커 스페이스'라는 공간을 배치하여 다양한 모둠·공작·동아리활동이 이루어지도록 공간을 구성하였다.

함께하는 공간으로 사용하면서 마을교육공동체를 위한 중요한 공간이 될 것이다.

예술공간과 행복공간의 경우에는 영역 단위 공간혁신사업에 해당하지 않고, 예산도 적어서 따로 디자인 전문가의 도움은 받지 않았다. 하지만 영역 단위 공간혁신사업과 마찬가지로 기존 공간에 대해 교사와 학생들이 제안한 문제점과 개선해야 할 점 등을 충분히 파악한 후에 이런 의견들을 반영하여 공간혁신을 진행하였다.

※자료: 천안동성중학교

천안동성중학교 예술공간(음악실) 공사 후 사진

천장의 조명이 눈에 띈다. 조명을 선택할 때는 디자인과 성능을 함께 고려해야 한다. 조명을 잘 활용하면 공간의 분위기가 확 달라진다. 창 아래 벽면에는 아이들 학생 수만큼 가방이나 학용품을 넣을 수 있는 수납공간도 만들었다.

행복공간

중간 벽체를 활짝 열어놓은 행복공간 전체 모습이다. 벽체는 필요한 경우 막을 수도 있다. 다양한 모양의 테이블, 탁자, 의자를 들여놓아 아이들의 쉼과 배움이 가능한 공간이 되었다.

중간 벽체를 닫아 놓으면 공간이 반으로 분리되면서, 한 반 정도가 교육활동을 할 수 있는 공간이 된다.

행복공간 한쪽 벽면을 세 개의 공간으로 나눴다. 사각형의 창이 있는 맨 왼쪽은 악기연습실로 하늘색으로 마감하였다. 가운데 연두색 공간은 탁자와 의자를 놓았으며 토의, 독서, 학습을 할 수 있는 공간이다. 분홍색 공간은 따뜻한 느낌의 빈백 소파을 놓아서 아이들이 편안하게 명상을 하거나 쉴 수 있는 공간이 되도록 하였다.

※자료: 천안동성중학교

천안동성중학교 행복공간 공사 후 사진

행복공간 또한 교직원 및 학생들의 의견을 최대한 수렴하면서 다양한 교육활동이 이루어질 수 있게 하는 한편, 기존에 비해 한결 밝은 분위기의 열린 공간을 만드는 데 초점을 맞추었다.

"학교 공간은 어떻게 달라져야 하는가?"

이제 우리는 학교라는 공간이 단순히 학습 공간을 넘어 교사와 학생 모두의 내면적 성장을 이루어가는 공간이자, 지식의 전달이 아닌 창의력과 상상력을 깨우는 공간으로 거듭나야 함에 동의할 것이다. 아울러 마을과 단절된 공간이 아니라, 지역사회 안으로 깊숙이 스며들어 마을교육공동체 형성의 주요 조력자가 될 수 있도록 공간도 함께 변화해야 함을 이야기하였다. 이와 관련해 내가 경험했던 공간혁신사업의 공모부터 실제 공간혁신 과정을 짧게나마 살펴보기도 하였다. 이제부터는 앞으로 공간혁신을 염두에 두고 있는 학교들이 특히 주목해볼 만한 이야기를 하려고 한다. 미래교육을 이끌어갈 학교는 과거와 다른 여러 가지 역할을 수행하게 될 것이다. 온라인 수업이 진행되면서 우리는 기존의 학교 공간이 가진 한계를 확인하였다. 앞으로의 학교가 갇힌 공간에서 벗어나 열린 공간으로 진화하기 위해서는 무엇에 초점을 맞추어 공간혁신을 해야 할지 생각해볼 기회가 되었으면 한다.

PART

04

미래학교와
공간혁신

01

창의성

전형적 공간이 아닌
창의성이 샘솟는 참신한 공간으로

앞서도 수차례 얘기했지만, 틀에 박힌 전형적인 공간에서 창의적인 인재로 성장하기는 어렵다. 인간은 공간에 매우 민감한 영향을 받는다. 하물며 오랜 시간 학교에서 머물며 생활하는 아이들에게 학교 공간이 미치는 영향은 실로 막강하다.

풍성한 환경이 인간의 행동에 미치는 영향

—

아이들의 창의성을 높이기 위해서는 환경도 한층 풍성해져야 한다. 특히 많은 경험을 할 수 있도록 구성된 여가 공간은 사람들의 스트레스를 낮출 뿐만 아니라, 다양한 상호작용을 통해 창의성을 높일 수 있다고 한다. 세라 W. 골드헤이건의 책 《공간 혁명》에 나온 내용을 일부 소개하려 한다. 질 낮은 환경과 풍성한 환경이 미치는 다양한 영향력에 관한 것이다.

질 낮은 환경이란 쳇바퀴가 하나 달린 보통 크기의 우리에 들어 있는 한 마리 쥐의 환경을 말한다. 풍성한 환경이란 쥐는 똑같고, 다만 우리 가 조금 더 크고, 작은 미끄럼틀, 수영장과 사다리, 미로, 다양한 놀이 기구가 있는 환경을 말한다. 쥐의 입장에서는 두 번째 우리에서는 직접 사용할 물건도 더 많고, 뛰어넘을 장애물도, 몸을 숨길 곳도, 올라가 주 변을 바라보거나 몸치장할 공간이 많으므로 풍성한 환경이 된다. 쳇바 퀴만 있는 환경에 사는 쥐보다 풍성한 환경에 사는 쥐는 스트레스에 대 한 저항력도 높고 공간을 탐색하는 능력도 뛰어나고, 시각계의 기능도 더 뛰어나며, 운동계와의 협응 능력도 더 우수하다는 것이다.[1]

과학자들은 재료와 질감, 색상 같은 것에 대한 인간의 심리적 반 응에 대해 계속해서 연구하고 있다. 《공간 혁명》에는 다음과 같 은 내용도 나와 있다.

푹신한 가구와 장식용 쿠션, 깔개로 장식한 교실을 사용하는 학생들은 집단 토론에 더 활발히 참여한다. 환경이나 공간적 조건에 따라 사람

---

1. 세라 W. 골드헤이건, 《공간 혁명》(윤제원 옮김), 다산사이언스, 2019, 388쪽 참조

들은 타인에 대해 어떤 판단을 내리고, 어떤 식으로 자신의 행동 방향을 설정하는지에 대한 사회인지 연구도 이루어지고 있다. 예를 들어 차가운 음료보다 따뜻한 음료를 들고 있을 때 낯선 사람에 대해 더 관대하고 우호적이며, 딱딱한 의자에 앉아 있는 상대가 푹신한 의자에 앉아 있는 상대보다 협상하기가 더 어렵다는 것이다. 또한 처음 만난 사람이 거친 물건을 만지고 있었다면 만남이 '매끄럽지 않았다.'고 기억하는 경향이 있고, 상대방이 단단한 물건을 만지고 있었다면 '상대는 딱딱한 사람이다.'라고 인식할 가능성이 크다는 연구 결과도 있다.[2]

수납공간의 고정관념을 깨고 찾아온 교실의 변화

–

무심코 지나치는 소품 하나도 인지 능력에 커다란 영향을 미친다. 우리 아이들이 오랜 시간 생활하는 학교 공간 자체가 아이들의 사고력, 창의력 등의 역량에 지대한 영향을 미치는 것은 실로 당연하다. 아이들이 질 낮은 환경에서 계속 생활하면 여러 면에서 역량이 계속 약화될 수밖에 없다. 다양한 디자인 요소가 담긴 풍성한 환경에 자연스럽게 노출된 아이들의 역량은 한층 높아질 뿐 아니라 삶의 질도 함께 향상된다. 따라서 아이들이 생활하는 학교 공간도 삭막하고 단조로운 공간에서 벗어나 더 풍성한 환경, 창의

---

2. 세라 W. 골드헤이건, 《공간 혁명》(윤제원 옮김), 다산사이언스, 2019, 247쪽 참조

력이 샘솟는 공간으로 바꾸어야 한다.

창의성을 높이기 위한 공간혁신을 통해 놀이와 학습이 가능한 풍성한 환경으로 변화시킨 실제 사례를 소개하려 한다. 서울송정초등학교 1학년 교실은, 교실 안에서 학습은 물론 다양한 놀이활동이 가능한 풍성한 환경을 갖추고 있다. 특히 고정관념을 벗어난 수납공간 아이디어가 눈에 띈다. 우리에게 익숙한 교실 내 수납공간은 붙박이장처럼 대체로 위치가 고정되었다. 이와 달리 서울송정초등학교 1학년 교실의 수납공간은 아이들의 키 높이에 맞게 하부 공간을 띄워 수납장을 설치하고, 띄워진 공간에는 이동 가능한 교구나 장난감들을 수납한 점이 이채롭다(아래 그림 참조).

1. 다양한 수납공간의 활용

잘 사용하지 않는 하부 부분을 띄우고 아이들의 키높이에 맞게 수납공간 설치

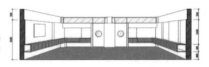

2. 수납 하부 유휴 공간의 활용

하부의 띄워진 공간을 활용해 이동 가능한 장난감 및 교구함 수납

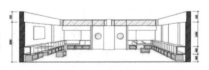

3. 교실의 풍경을 바꾸는 장치

장난감 / 교구 수납　　의자　　테이블

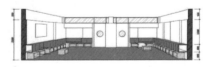

※자료: 서울특별시교육청

서울송정초등학교 교실 내 수납공간
아이들의 키에 맞춰 하부를 띄우고 수납공간을 설치한 후 비어 있는 하부 공간에 이동 가능한 교구나 장난감을 수납할 수 있는 박스를 넣고, 이를 의자나 테이블처럼 활용하고 있다.

수납 하부 공간에는 장난감이나 교구들을 수납할 수 있고, 자유롭게 이동 가능한, 튼튼한 이동식 수납 상자를 만들어 넣었다. 이들 상자를 이용하면 이야기 공간, 놀이 공간, 모둠별 토론 공간이 새롭게 탄생한다. 여러 개를 모아서 미니 무대처럼 만들면 발표나 재능을 뽐낼 수 있는 공간이 되기도 한다.

책상의 모양도 네모가 아닌 육각형으로 되어 있어서 여러 가지 형태로 좌석을 배치하기에 수월하다. 예컨대 세 개를 붙여서 모둠을 만들 수도 있고, 네 개나 다섯 개를 붙이는 등 여건에 맞게 다양한 크기의 모둠 배치가 가능하다. 수시로 변하는 교실, 자유롭게 변신하여 공간에 생기를 불어넣는, '카멜레존'이 탄생한 것이다('카멜레존'에 대한 설명은 176쪽 참조).

※자료: 서울특별시교육청

수납함의 다양한 활용 예
수납함은 본연의 목적인 다양한 교구와 장난감을 수납하는 용도 외에도 각각을 의자처럼 활용하거나 몇 개를 붙여서 무대나 단상의 형태로도 응용할 수 있다. 이 밖에도 원하는 대로 붙이거나 떼어서 얼마든지 다양한 활동에 활용할 수 있다.

필요할 때 빼내어 원하는 대로 다양하게 배치할 수 있는 이동식 수납함은 공간의 활용도를 크게 높여준다. 또 쉬는 시간에는 수납 상자에 들어 있는 장난감을 꺼내 놀이를 하거나 수납 상자 자체를 휴식에 활용할 수도 있다. 수납공간의 변화만으로 교실을 수업하는 공간인 동시에 놀이와 휴식의 공간으로 확장시킨 것이다. 즉 교실은 더 이상 수업만을 위한 공간이 아닌, 교실 바닥에 편안하게 앉아서 서로 이야기도 나누고, 재미있게 놀이도 하면서 다양한 삶을 담아내는 복합공간이 된 것이다. 게다가 튼튼한 소재로 제작된 이동식 수납함을 여러 개 붙이면 즉석에서 작은 공간이 만들어진다. 위엄과 차분함을 넘어 답답함까지 느껴지는 기존 교실과 달리, 이러한 교실에서는 민주적이고, 따뜻하고, 편안한 분위기가 자연스럽게 감돈다. 이러한 공간 속에서 아이들은 자신의 역량, 자신의 이야기를 마음껏 펼쳐 나갈 것이다.

공간의 상호 연결과 비밀의 공간 등 고정관념을 깬 재미있는 공간 연출

–

고정관념을 깬 공간혁신으로 교실을 창의적인 공간으로 탈바꿈시킨 또 다른 사례를 소개한다. 서울동답초등학교 교실은 복도를 향해 나 있는 벽에 폴딩창을 달았다. 벽 상단에 작은 창문이 달린 익숙한 교실 창과 달리 이곳의 창문은 훨씬 낮게 위치하며, 크기도 클 뿐만 아니라 폴딩 형태로 제작되었다. 이 폴딩창을 좌우로 활짝 열면 복도가 한눈에 들어와 마치 연결된 공간처럼 느껴진다. 교실에 있는 아이와 복도에 있는 아이가 서로 자연스럽게 만나서 이야기도 나누고 장난도 칠 수 있는 공간이다. 또한 폴딩창 오른쪽으로 보이는 작고 아늑한 다락방이 이색적이다.

서울동답초등학교는 아이들과 함께 디자인 동행수업을 했는데, 이때 "(교실에) 비밀 공간이 있었으면 좋겠다"는 의견이 나왔다고 한다. 그래서 교실 안에 비밀 공간으로 작은 다락방과 그 아래 작은 벤치와 책꽂이를 두었다. 아이들은 계단을 올라 다락방으로 가기도 하고, 다락방 아래에서는 독서도 하고 친구와 이야기도 나눈다. 교실 뒷면에는 낮고 넓은 단상이 있는데, 평상시에는 놀이 공간이 되고 수업 시간에는 모둠활동 공간, 발표하는 공간으로도 활

서울동답초등학교의 교실 모습
교실과 복도 사이 창문을 폴딩창으로 구성해 두 공간의 연결성을 높였다. 폴딩창 오른쪽에 보이는 작은 다락방은 비밀 공간을 꾸미고 싶다는 학생들의 의견을 반영하여 만들었다. 또한 교실 뒤편에는 낮고 넓은 단상을 마련해 놀이 공간 및 발표하는 공간으로도 활용한다. 단상 아래에는 수납공간이 있다.

용된다. 단상에 한 발짝 올라가서 발표를 하면 아이들이 훨씬 더 집중해서 들어준다고 한다.

게시판은 타공판으로 설치하였다. 여기에 수업 시간에 나온 결과물을 게시하기도 하고, 타공판에 얹어놓은 작은 선반에는 아이들이 만든 작품을 전시할 수도 있다. 교사용 책상도 높낮이가 조절된다. 서서 수업할 때 책상의 높이를 높이면 좀 더 편안하게 수업을 진행할 수 있다. 또한 교실의 책상이나 의자가 너무 무거우면 옮기기가 힘들다. 아이들이 쉽게 옮길 수 있을 정도로 너무 무겁지 않은 것으로 선택했다. 또 미세먼지가 심각한 요즘, 쾌적한 교실 생활을 위해 천장에는 환기장치를 설치하였다.

무심코 지나치기 쉬운 고정관념들

―

아이들은 또래와 상호작용을 통해 많은 것을 배운다. 공간 안에서 개별 활동이나 모둠별 토론활동 등이 자유롭게 이루어질 수 있도록 가구를 디자인하는 것이 중요한 이유이다. 즉 하나의 가구로 여러 가지 기능이 가능하게 수시로 형태를 변형시킬 수 있도록 만들어야 한다. 이를 위해서는 우선 낡은 고정관념을 과감히 깨뜨릴 필요가 있다. 예컨대 배움의 공간에는 꼭 책상과 의자만 있어야 하는 것이 아니라, 편안한 소파도 있고 안락의자도 있고 따뜻한 카펫도 깔아놓으면 어떨까? 좀 더 편안하고 따뜻한 공간에서 아이들은 적극적으로 수업에 참여하고, 친구들과 더 많이 이야기하고 장난도 치면서 풍성한 상호작용이 일어날 수 있을 것이다.

학교 곳곳에는 우리가 무심코 지나치기 쉬운 고정관념들이 숨어 있다. 예컨대 교실 앞 벽면의 칠판도 마찬가지다. 꼭 정면에만 칠판을 설치할 것이 아니라 사면(四面) 어디에서든 아이들이 놀이와 학습이 가능하도록 여러 군데에 설치하면 어떨까? 나의 학창 시절, 교실 정면의 녹색 칠판은 그 자체로 대단히 권위적이면서 위압감마저 느껴지게 했다. 그 앞에 나가 문제풀이라도 하게 되면 긴장한 나머지 마음까지 위축되어 아는 내용마저 까맣게 잊어버리기 쉽다. 하지만 다양한 크기, 다양한 높이로 칠판을 설치해두면, 아이들은 놀이하듯이 칠판에 이것저것 문제도 풀어보고, 때론 낙서도 하면서 한층 편안한 마음으로 배울 수 있을 것이다.

이 밖에도 조금만 고정관념에서 벗어나 교실 공간을 유연하게 구성하면 얼마든지 상황에 맞게 자유자재로 변신이 가능한 공간들이 탄생할 수 있다. 다양한 공간을 마련해주면 아이들은 그 안에서 더 많은 행동을 만들어내고, 이러한 다양한 행동 경험은 곧 창의력 향상으로 이어질 것이다.

02

멀티플렉스
역할이 고정된 단일공간에서
유동적 복합공간으로

시대가 변하면서 사회의 많은 공간이 복합·융합 공간으로 변하고 있다. 예컨대 식사와 쇼핑은 물론, 영화나 공연, 전시 관람 등의 문화생활까지 한꺼번에 해결할 수 있는 복합 쇼핑몰 등도 융합공간의 대표적인 사례라고 할 수 있다. 이러한 사회적 변화와 달리 학교는 오랫동안 대단히 폐쇄적인 공간 구조를 유지해왔다. 즉 하나의 공간에 하나의 기능만 부여하는 방식으로 역할이 고정된 것이다.

필요에 따라 역할 변신이 가능한 공간 구성

-

앞서도 이야기했지만, 공간은 그곳에서 생활하는 사람의 심리나

사고에 큰 영향을 미친다. 고정되고 획일화된 공간에서 오래 생활하면 고정관념을 탈피한 창의적 사고 능력을 키우기가 어렵다. 따라서 미래학교는 다양한 공간에서 여러 가지 체험, 전시, 놀이, 독서, 휴식, 운동, 예술활동 등을 복합적으로 구현할 수 있도록 공간이 한층 유동적으로 구성되어야 한다. 즉 필요에 따라 다양한 활동이 가능한 유연한 공간을 만드는 것이 중요하다. 그래야 아이들은 풍부한 사고를 하게 되고, 창의력 또한 높아질 것이다.

학교를 카멜레존으로 만들어보자. **카멜레존(chamelezone)**이란 카멜레온(Chameleon)과 공간을 의미하는 존(Zone)의 합성어이다. 알다시피 카멜레온은 주변 상황에 따라 색깔을 마음대로 바꾸는 변신의 귀재이다. 이처럼 기존의 용도를 뛰어넘어 상황에 맞게 유동적으로 변신할 수 있는 공간을 카멜레존이라고 한다. 카멜레존의 형태로 공간을 구성하면 여러 개의 공간을 융합하여 시너지 효

※자료: 천안동성중학교

천안동성중학교의 '급식실'
이 드넓은 공간이 하루에 겨우 한 차례, 점심 시간에만 이용된다는 것은 크나큰 낭비가 아닐 수 없다. 문제는 다른 학교들의 사정도 크게 다르지 않다는 점이다.

과를 낼 수도 있고, 유휴 공간을 놀이 공간이나 창작활동이 가능한 공간으로 필요에 따라 얼마든지 바꿀 수도 있다.

학교 공간은 오랜 시간 그 역할과 쓰임이 참으로 단조롭게 구성되었다. 예컨대 미술실에서는 미술 수업만 이루어지고, 과학실에서는 과학 수업만 이루어지며, 가사실에서는 가사실습만 하고, 급식실은 오직 급식 시간에만 이용된다. 이렇듯 역할기능이 한정된 공간이라면 관리 비용이나 편의 면에서는 다소 유리할지 모르지만, 공간이 창출해내는 가치 면에서 평가한다면 결국 엄청난 손해일 수밖에 없다.

유동적이고 개방된 공간이 학교생활에 일으키는 변화

—

학교마다 존재하고, 꽤 넓은 공간을 차지하며, 그 안에 수많은 의자와 탁자들이 구비되어 있지만 하루에 겨우 딱 한 시간만 사용하는 공간이 있다. 바로 급식실이다. 대부분의 학교가 그렇겠지만, 급식실은 하루 한 차례 오직 전교생에게 점심 급식을 제공할 때만 이용되고 있다.

혁신교육 정책 연수 때 독일의 소피숄학교를 견학했다. 이곳은 초·중등 교육과정이 함께 운영되는데, 학교 건물 중앙홀 1층에 자리 잡은 급식실을 살펴보면, 일단 천장이 굉장히 높아서 시원한 느낌이 들었다. 2층으로 올라가는 곳은 한쪽 면 전체가 넓게 계단으로 되어 있고, 2층 복도에서 아래쪽 식당이 훤히 내려다 보이는 개방된 구조였다. 주요 기능은 분명 식당이지만, 이곳에서는 식사뿐만 아니라 다양한 활동들이 이루어지고 있다. 이는 식당이 중앙홀에 자리 잡고 있기 때문에 가능한 것이다. 식당과 바로 연결된 계단은 필요에 따라 관객석으로 사용해도 손색없기 때문에 식당을 공연장처럼 활용하고 있었다. 또 여기서는 아이들이 삼삼오오 모여 이야기도 하고, 토의를 하거나, 때론 그냥 앉아서 쉬기도 하였다. 급식실에 놓인 책상은 우리에게 익숙한 네모난 형태가 아니라 굴곡이 있는 형태였는데 배치하기에 따라 원형 탁자로 변신할수도 있다. 둥그렇게 커다란 원으로 만들어놓고 여러 가지 교육활동이 이루어진다고 한다.

보통 우리나라 학교를 보면 식당이 중앙에 배치된 경우는 찾아보기 어렵다. 주로 학교 공간의 변두리 같은 구석진 곳에 자리 한다. 만약 새롭게 학교 공간을 구성할 기회가 있다면, 학교 건물을 둥그렇게 설계하고 식당을 건물 중앙에 넣어보면 어떨까? 가운데에 자리한 식당에는 네모반듯한 테이블이 아닌 다양한 모양의 의자와 탁자를 놓고, 마치 카페처럼 꾸미는 것이다. 또 조리실은 투명한 벽으로 식당 주변에 만들어 열린 공간으로 처리한다면, 아이들이 오가며 조리하는 모습을 볼 수 있을 것이다. 조리사님께서 그 많은 음식을 땀 흘리며 힘들게 만드는 모습을 직접 본다면 아이들은 더욱더 감사하는 마음을 가질 수 있지 않을까? 또한 조리사님들도 맛있게 먹는 아이들의 모습을 지켜보면서 한층 더 정성

독일 소피숄학교 1층 로비와 연결된 급식실(식당)과 테이블

천장이 높고 탁 트인 급식실은 급식 외에도 다목적으로 사용한다. 급식실과 계단이 바로 이어지며 개방된 공간을 연출하였고, 아울러 테이블도 네모반듯한 모양이 아닌 굴곡진 모양으로 되어 있어 필요에 따라 원형으로 배치해 여러 가지 교육활동이 이루어진다.

을 담아 조리하게 되지 않을까?

조리실 옆에는 아이들의 사물함을 배치하고, 서가도 배치해볼 수 있다. 가능하면 피아노도 한 대 갖다놓는다. 이렇게 되면 이 공간은 급식실이면서 동시에 교과교실제를 위한 홈베이스로 사용할 수 있고, 도서관 열람실로 이용하는 등 유동적 활용이 가능해진다. 이곳에서 아이들은 쉴 수도 있고, 또 피아노가 있으니 연주회도 가능할 것이다. 의자와 테이블도 충분하니 여러 가지 강연 및 회의실로도 얼마든지 사용할 수 있다. 이렇게 미래학교는 고정된 공간 정의에 얽매이지 않고, 어떤 교육과정이 들어와도 그것을 유연하게 포괄할 수 있는 열린 공간을 추구해야 한다.

가사실도 마찬가지다. 가사실습을 할 때 말고는 평소 굳게 잠겨 있는 가사실을 카페처럼 개조하여, 아이들이 자유롭게 활용할 수 있도록 하면 어떨까? 가사실에 수업이 없을 때는 아이들 휴게 공간, 독서 공간, 이야기 공간으로 사용할 수 있도록 하는 것이다. 한편으론 가사실에 설치된 가스레인지 같은 설비로 인해 자칫 화재 사고가 날까 봐 걱정이 될 수도 있다. 하지만 가스를 중앙에서 통제하는 시스템으로 바꾸고, 평소에는 완전히 가스를 차단해놓으면 안전문제는 얼마든지 해결할 수 있을 것이다.

03

지역사회 개방

닫힌 공간에서
누구나 이용할 수 있는 열린 공간으로

우리나라에서 학교가 없는 동네는 찾아보기 어렵다. 지역마다, 특히 도시에는 여러 개의 학교가 있다. 학교는 해당 지역의 소중한 자산이며, 때론 엉뚱하게 과대평가된 나머지 지역 부동산의 가치마저 좌우하는 왜곡된 잣대가 되기도 한다. 아무튼 분명한 건 학교가 그만큼 지역사회의 주요 공공재라는 것이다. 그런데 어찌된 일인지 학교 시설은 학교 일과가 끝나는 순간 아무도 발을 들이지 못하게 굳게 문을 걸어 잠근다. 학교에 있는 도서관, 체육관, 수영장 등의 실로 유용한 시설들이 방과후나 주말, 방학 때는 문을 잠근 채 고요히 잠든 공간이 되어버리는 것이다. 사용하지 않는 공간은 죽은 공간이나 다름없다. 지금이라도 공간을 살리려면 마을 주민들과 함께 사용할 수 있도록 관리하는 것이 마땅하다.

지역사회와 함께하는 학교 시설관리

–

학교는 이제 고립된 학문의 전당이 아니라 마을공동체의 주축이
되어야 한다. 그런데 학교가 마을교육공동체의 주축으로서 모든
지역사회 구성원을 위한 진정한 공공재로 기능하려면 어떻게 해
야 할까? 먼저 시설관리의 책임 소재부터 바뀌어야 한다. 학교의
시설관리를 학교와 지자체가 분담하는 것이다. 즉 학교 시설 중
온전히 학생들만 사용하는 공간은 학교에서 관리하고, 지역주민
과 함께 사용할 수 있는 공간인 강당이나 도서관 등은 지자체에서
관리하는 것이다.

학교를 낮에는 지역민인 아이들의 교육활동이 이루어지는 장
소로, 또 아이들이 빠져나간 방과후 시간에는 지역민이라면 누구
나 자유롭게 사용할 수 있도록 개방해야 한다. 학교처럼 공간 활
용 잠재력이 높은 우수한 공간이 아무도 사용하지 않는 죽은 공간
으로 오랜 시간 머무는 것은 실로 엄청난 낭비이다. 우리 모두의
세금으로 지어진 학교 건물을 지역 주민들도 맘껏 활용할 수 있는
관리 시스템으로 바뀌어야 한다.

학교 안에서 발생하는 일이라고 해도 오직 학교 담장 안에서 해
결해야 할 문제인 것은 아니다. 학교는 분명 사회 안에 존재하는
데 지금의 학교는 지역사회와 단절된 경향이 있다. 이제라도 학교
공간을 지역사회와 공유하고, 지역사회의 기반 시설을 아이들이
활용할 수 있는 제도적인 장치, 공간적인 긴밀함이 요구된다.

학교의 문제를 지역사회와 공유하는 방법 모색

–

지역 주민들이 관심 어린 시선으로 학교를 지켜보고, 학교는 여러 문제를 감추는 대신 지역사회와 공유해야 한다. 학교와 지역사회가 함께 고민할 때 좀 더 나은 방법도 찾아낼 수 있을 것이다. 대표적인 예로 **방과후학교**를 들 수 있다. 학교에서 방과후학교는 말 그대로 방과후에 또 하나의 학교를 운영하는 것이다. 방과후학교를 운영하기 위해 교사는 새로 교육과정을 짜고, 강사를 섭외하며, 강사비를 결산하는 등 또 하나의 학교를 운영해야 한다. 결과적으로 교사는 이중고에 시달리며 부담감 또한 상당해서 어깨가 점점 더 무거워질 수밖에 없다.

방과후학교는 여러모로 볼 때 지자체에서 맡는 것이 타당하다. 지자체가 재정을 지원하고, 지역사회에 속한 다양한 전문가들을 마을 교사로 초빙한다면 한층 다양한 방과후활동이 이루어질 수 있다. 예컨대 학교 도서관을 지역사회에서 운영하면서 방과후에는 도서관에서 같은 지역 다른 학교 아이들까지 연계한 다양한 활동이 이루어지도록 교육 프로그램을 짤 수도 있다. 이러한 것은 단일 학교 차원에서는 실행하기 힘든 구조이다.

또 학교에 공간적으로 여유가 있다면, 마을 커뮤니티 역할을 할 수 있는 카페 공간을 마련하여 지자체에서 관리하는 것도 좋은 방법이다. 아이들 입장에서 보면 엄마, 아빠와 함께 학교 공간을 이용한다는 것은 꽤 신선하고 기대되는 경험일 것이다. 같은 공간에서 생활함으로써 부모와 아이들 간에 서로 공감대가 형성되어 소통의 밑거름이 될 수 있다. 또한 지역 주민들이 카페에서 단순히 차만 마시는 것이 아니라 독서나 공예, 특강 등 다양한 문화활동을 영위할 수도 있다. 이러한 구조라면 학교가 마을 속 학교, 학교 속 마을, 마을교육공동체를 형성하는 데 자연스럽게 기여하며, 미래 사회에 맞게 진화할 수 있을 것이다.

마을 속 학교, 학교 속 마을

—

학교 공간의 가장 중요한 존재 이유는 뭐니 뭐니 해도 다양한 배움이 이루어지는 교육활동의 수용이다. 하지만 날로 감소하는 출산율만큼 급감하는 학령인구를 고려하지 않을 수 없다. 이미 문을 닫는 학교들이 속속 생겨나는 마당에, 미래에는 훨씬 더 많은 학교가 문을 닫고 건물만 남겨질지 모른다. 지금도 폐교된 학교들을 가보면, 운동장에는 잡풀만 무성한 채 흉물스럽게 방치된 경우가 많다. 간혹 지자체에서 창고로 쓰기도 하고, 그나마 형편이 조금 나은 경우라도 사업자에게 매각을 하거나 임대를 하여 체험 공간이나 예술활동 공간으로 사용되는 수준에 머물고 있다.

인적도 없이 운동장에 풀만 무성하게 자란 폐교를 보고 있노라면, 이토록 좋은 자리에 저렇게 커다란 건물이 제 역할을 찾지 못한 채 공간만 차지하고 있다는 것이 참으로 안타까울 뿐이다. 설사 앞으로 학생들이 감소하더라도, 그 공간을 지역사회 주민들이 사용할 수 있도록 학교 공간을 한층 더 유동적으로 구성해야 한다. 즉 앞으로는 학교가 지역사회의 노인복지시설, 문화 공간, 체육활동 공간으로 자연스럽게 연결될 수 있어야 한다.

아이들은 마을에서 태어나고 마을에서 자란다. 그러나 어른이 되어서도 자신이 자란 마을에서 계속 삶을 꾸려 나가는 사람은 과연 얼마나 될까? 도시든 시골이든 간에 어른이 되어 어렸을 때 살던 곳에 가면 왠지 모를 포근함이 느껴진다. 어릴 때의 정서가 남아 있기 때문이다. 그만큼 어릴 때 살던 곳은 누구에게나 참 소중한 공간인 것이다.

요즘 아이들의 삶을 가만히 들여다보면, 마치 시계추처럼 오직 '학교-집-학원'만을 오가며 마을과는 단절된 삶을 살아가는 것이 참으로 안타깝다. 마을 곳곳에는 아이들이 배울 수 있는 공간과 마을 교사 역할을 해줄 수 있는 인재들이 많지만, 아이들이 마을에서 분리되어 살아가기 때문에 이러한 마을의 소중한 자원들의 혜택 또한 전혀 누릴 수 없는 것이다.

학교는 아이들과 마을을 잇는 중요한 자원이 될 수 있다. 지금의 학교는 아이들이 모두 빠져나간 방과후나 주말에는 그 넓은 공간이 텅 비어 고요히 잠든 공간이 된다. 앞으로는 학교가 마을에서 분리된 외로운 섬이 아니라 마을 속의 학교가 되고, 마을이 또한 아이들의 삶을 감싸주는 따뜻한 배움터가 되어야 한다. 그것이 바로 **마을교육공동체**이다.

우리네 과거에서 마을은 참으로 촘촘한 공동체였다. 예컨대 이웃 집에 숟가락이 몇 개 있는지, 왜 부부싸움을 했는지까지 속속들이 들여다보는 공동체였다면, 지금은 서로 같은 뜻을 가진 사람들끼리 만나 필요한 도움을 주고받되 서로의 사생활은 철저히 존중해 주는 좀 느슨한 공동체라고 할 수 있다. 이렇게 서로 존중하는 관계 속에서 육아 공동체와 텃밭 공동체, 놀이 공동체를 만들어서 운영하거나 악기 연주, 여행 등을 함께 즐기는 곳도 있다. 또한 주민들이 가진 작은 재능을 아이들을 위한 마을 교사 역할을 하면서 제공하기도 한다. 이렇듯 방법을 찾아보면 마을 사람들이 서로 함께할 수 있는 영역은 실로 무궁무진하다.

평생학습 공간으로 진화하는 학교 사례

-

마을교육공동체를 만들기 위해 가장 기본이 되는 것은 거점이 될 만한 공간이다. 아무리 활동을 추진하고 싶어도 함께할 수 있는 공간이 없다면 실현되기 힘들다. 다양한 활동을 할 수 있는 공간이 있으면 주민들은 자연스럽게 모이고, 소통하게 된다.

이제 우리나라도 교육의 본질에 한 걸음 더 다가서려는 노력이 혁신학교를 넘어 혁신교육지구, 마을교육공동체로 이어지고 있다. **혁신교육지구**란 지자체와 시민사회, 지역 교육청이 서로 협력하여 온 마을이 함께 아이들을 가르치고 키우는 마을교육공동체를 만드는 사업이다. 즉 마을은 학교를 품고, 학교는 마을 주민들의 평생학습을 위한 공간으로 활짝 열어놓는 것이다. 마을이 아이들을 포함한 지역사회 주민 모두의 놀이터이자 배움터가 되는 것이다. 이를 실현하려면 학교의 문도 활짝 열어야 한다. 학교 공간을 지역민에게 개방하고 함께 사용하도록 하는 것이다. 그러나 현재 우리나라 학교의 공간 구성이나 관리 체계로는 현실적으로 어려움, 즉 시설관리 문제부터 시작해서 여러 가지 한계가 있다. 이는 앞으로의 학교 공간혁신에서 주목해야 할 부분으로, 공간혁신을 할 때 설계 단계부터 학생들과 마을 주민들이 함께 사용할 수 있는 공간을 전제로 구성해야 한다.

실제로 우리나라에도 학생들과 지역 주민들이 함께 공간을 사용하는 사례가 있다. 경기도 화성시의 **다원이음터**는 설계부터 학생들과 지역 주민들이 함께 사용할 수 있게 하여 마을교육공동체 형성에 자연스럽게 기여하였다. 다원이음터는 다원중학교와 연결통로로 이어져 있다. 학교 정규 수업 시간에는 대강당, 문화교실, 시청각실 등 이음터 시설을 아이들 중심으로 이용하고, 방과후에는 지역 주민들이 활용하는 것이다. 새로 짓는 학교라면 마을과 어떻게 연계할지를 미리 구상하고 이를 설계에 반영하면 마을교육공동체를 형성하는 데 도움이 될 것이다.

다원이음터 1층에는 망고카페, 시간제 보육 및 육아 프로그램을 운영하는 공간인 아이자람꿈터가 있고, 또 어린이 관련 도서 및 자료를 열람할 수 있는 공간인 어린이도서관이 있다. 또 누구나

와서 쉴 수 있는 휴게 공간도 마련하였는데, 여기에는 노래방도 있어서 아이들이 마음껏 노래를 부르며 스트레스를 풀 수 있다. 1층에는 요리 실습 및 교육을 할 수 있는 요리 스튜디오도 마련되어 있다. 이곳은 가스 배관이 천장과 연결되어 있는데, 이렇게 배관이 천장과 연결되면 바닥으로 이어지는 것보다 좀 더 안전하다.

다양한 도서 및 기타 자료를 열람할 수 있는 서가 및 열람실은 1층뿐만 아니라 2층에도 마련되어 있다. 즉 1·2층을 도서관으로 구성한 것이다. 물론 다원중학교 아이들과 마을 주민들이 함께 사용할 수 있는 열린 도서관이다. 보통 학교에 있는 커다란 도서관

다원이음터의 전경과 내부 구조
경기도 화성시에 자리한 다원이음터는 설계 단계부터 다원중학교 학생들과 지역 주민들이 함께 사용할 수 있도록 공간을 구성하였다. 도서관, 쉼터 등은 학생들뿐만 아니라 지역 주민들 모두를 위한 개방된 구조이다.

휴게 공간	요리 스튜디오

도서관	GX룸 동아리활동, 어른들 활동 공간

체육관 및 미디어실

※자료: 한규영

다음이음터에 마련된 다양한 활동 공간들

건물 내부에는 다양한 취미생활과 보육 등을 위한 공간들이 마련되어 있어 학생들은 물론 지역 주민들이 자유롭게 이용할 수 있다.

을 개방한다고 해도 대개 일과 중에만 개방하고, 방과후나 주말에는 닫아놓는 경우가 많은데, 공간이 너무 아깝다는 생각이 든다. 이곳처럼 아예 처음부터 지역 도서관을 학교와 연결시켜 마을 주민들이 함께 사용할 수 있는 공간으로 만들어놓으면 활용도는 자연스럽게 높아질 것이다.

3층에는 널찍한 GX룸(Group Exercise Room)이 마련되어 있다. 이곳에서는 다원중학교 아이들이 댄스 동아리활동도 하고, 여럿이 모여 운동도 한다. 그리고 아이들이 활동하지 않는 시간에는 주민들이 이용하도록 개방하고 있다. 이 밖에도 3층에는 다양한 마을활동, 동아리활동을 즐길 수 있는 문화교실도 마련되어 있다. 예컨대 54인석 규모의 소극장이 있어 이곳에서 강연, 공연, 교육, 세미나 등의 다양한 교육 및 문화 행사를 개최한다. 앞에는 큰 스크린이 있어 영화를 상영하거나 때론 학생들이 직접 제작한 영상을 함께 볼 수도 있다.

4층에는 실내 체육관이 있는데, 주중이나 방과후에는 주로 학생들이 이용하고, 그 외 아이들이 이용하지 않은 시간에는 주민들이 자유롭게 이용한다. 물론 다른 학교에도 대부분 체육관이 있지만, 마을 주민들이 자유롭게 이용하기란 쉽지 않다. 관리 문제나 안전 문제가 뒤따르기 때문이다. 하지만 다음이음터의 사례처럼 처음부터 마을 주민들과 함께하는 공간으로 기획하고 만들면, 그 공간을 학생들과 마을 주민들이 한층 자유롭고 편안하게 사용할 수 있다. 또한 미디어실도 마련하여 아이들이 직접 영상을 녹음하거나 편집할 수 있게 하였다.

다원이음터 덕분에 학생들은 학교와 연결된 다양한 공간에서 한층 풍성한 경험을 할 수 있게 되었고, 지역 주민들은 공동체적 삶의 가치를 실현할 수 있게 된 것이다. 즉 마을과 근처 초·중·고등학교 학생들을 유기적으로 이어주는 소통의 구심점 역할을 하는 역동적인 공간이 만들어진 셈이다. 이 다원이음터를 통해 마을 주민들은 암묵적으로 서로 경계 짓고 담을 쌓아 바로 옆집에 누가 사는지도 모른 채 격리되고 단절된 삶에서 벗어나, 서로 연결되고 함께 생활하고 서로 보살펴주는 끈끈한 공동체로 나아가고 있다. 마을과 학교, 주민들이 서로의 삶을 이어주는 공동체의 중심에 다음이음터가 존재하고 있는 것이다.

마을 주민들이 함께할 수 있는 공간이 더 많아지면 좋겠다. 학교 공간을 학생들뿐 아니라 지역사회 구성원 모두가 공유할 수 있도록 말이다. 아예 도시계획을 세울 때 다원이음터처럼 처음부터 마을과 학교를 이어줌으로써 함께 이용할 수 있는 공간을 마련하는 것은 어떨까? 그 공간에서 함께 어린아이들을 돌보기도 하고, 유치원도 만들고, 작은 도서관과 카페, 온갖 취미생활을 함께할 수 있는 공간들을 갖춰놓으면 마을과 학교가 자연스럽게 연결될 것이다. 이렇게 함께할 수 있는 공간이 점점 더 많아지면 일상에서 마을 주민들이 오며 가며 서로 만나고, 소통하며, 협력하면서 한층 더 행복한 삶을 꾸려 나갈 수 있지 않을까?

학교와 마을이 연결된 해외 사례

해외의 학교는 마을과 어떻게 연결되어 있을까? 나는 충남혁신학교 운영 담당 교사들과 함께 네덜란드의 얀 반 나스 스쿨을 다녀온 적이 있다. 이 학교는 공립초등학교이다. 네덜란드 초등학교는 입학할 때 반이 정해지면 졸업할 때까지 바뀌지 않고 계속 같은 반으로 함께 생활한다. 또한 성장하여 이주하기보다는 지역에서 계속 살아가는 경우가 많다 보니 학교와 마을을 연계한 활동도 당연하게 여긴다. 예컨대 운동장은 지역민을

※자료: 한현미

얀 반 나스 스쿨 1층 로비와 로비 주변에 마련된 공간들
우리나라 학교의 1층 현관과는 사뭇 다른 분위기다. 평소 지역 주민들에게도 자유롭게 개방된 공간인 만큼 다양한 편의시설들을 갖추고 있다.

위한 공간으로 항시 개방하며, 학교 1층 또한 지역사회 주민과 함께 사용하고 있었다.

왼쪽 사진(192쪽 참조)에서 보듯이 얀 반 나스 스쿨 1층 로비는 굉장히 넓고, 2층으로 연결된 원목 계단은 아이들과 마을 주민들이 걸터앉을 수 있도록 폭을 넓게 하였으며, 계단용 방석까지 마련하여 푹신하게 깔고 앉을 수도 있었다.

로비 한쪽 편에는 꽤 큰 주방이 있었는데, 여기에서 주민들이 차를 마시며 이야기를 나누는 것은 지극히 자연스러운 일상이라고 하였다. 우리도 학교에 여유 공간이 있다면 카페처럼 편안한 공간으로 바꾸고, 아이들을 위한 공간, 마을 주민들을 위한 공간으로 운영할 수 있을 것이라는 생각이 들었다.

또 1층 로비와 연결된 협의 공간도 있었다. 학교를 견학하던 우리도 여기에 앉아서 얀 반 나스 스쿨 담당자와 교육과 관련해 질의응답시간을 가졌다. 이곳 역시 지역 주민들이 자유롭게 활용하는 공간이었다. 학교 1층을 마을 주민들에게 공개하는 것에 대해 교사들은 어떻게 생각하느냐는 질문에, 원래부터 공개되어 있었고 워낙 익숙하기 때문에 개의치 않는다는 반응이었다. 만약 우리 학교 1층 공간이 늘 마을 주민들에게 개방되어 있다면 어떤 느낌일지 생각해보았다.

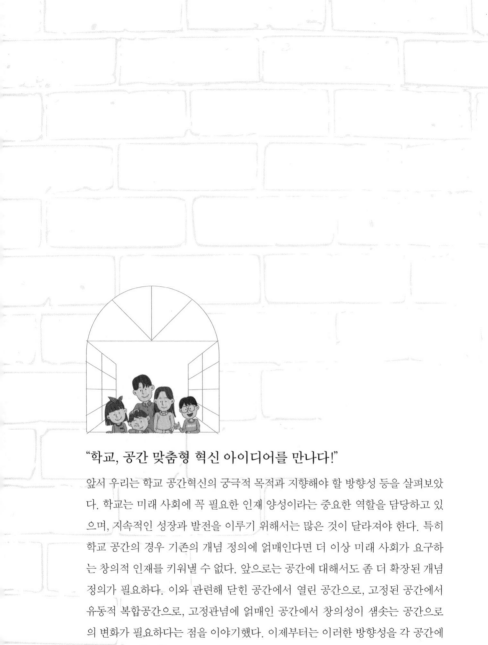

"학교, 공간 맞춤형 혁신 아이디어를 만나다!"

앞서 우리는 학교 공간혁신의 궁극적 목적과 지향해야 할 방향성 등을 살펴보았다. 학교는 미래 사회에 꼭 필요한 인재 양성이라는 중요한 역할을 담당하고 있으며, 지속적인 성장과 발전을 이루기 위해서는 많은 것이 달라져야 한다. 특히학교 공간의 경우 기존의 개념 정의에 얽매인다면 더 이상 미래 사회가 요구하는 창의적 인재를 키워낼 수 없다. 앞으로는 공간에 대해서도 좀 더 확장된 개념정의가 필요하다. 이와 관련해 닫힌 공간에서 열린 공간으로, 고정된 공간에서유동적 복합공간으로, 고정관념에 얽매인 공간에서 창의성이 샘솟는 공간으로의 변화가 필요하다는 점을 이야기했다. 이제부터는 이러한 방향성을 각 공간에대해 어떻게 적용할 것인지를 살펴볼 것이다. 즉 학교의 주요 공간이라 할 수 있는 교실, 도서관, 교무실 등이 미래교육에 맞는, 함께 성장하는 공간으로 진화할수 있도록 실제 사례들을 중심으로 맞춤형 아이디어를 제시하고자 한다.

공간별
혁신사례 나눔

01

교실
아이들의 꿈과 배움이
무럭무럭 자라는 공간

학교가 아름다운 것은 그 공간에 우리 아이들이 머물기 때문이다. 교사와 아이들이 늘 함께 머물며 가장 오랜 시간 생활하는 대표적인 공간이 바로 교실이다. 나 또한 교실에 아이들과 함께 있을 때 더 행복하다. 늘 듣던 '선생님'이라는 단어도 문득문득 새삼스럽게 들릴 때가 있다.

'아, 나를 선생님이라고 불러주는 아이들이 있구나! 참 감사하다.'

그럴 때마다 나 자신의 삶을 성찰하고 사색하는 계기가 된다. 늘 우리 교사를 '선생님'이라고 불러주는 아이들이 있는 공간, 교실! 어떻게 하면 아이들도 교사도 행복한 공간이 될 수 있을까?

금지의 공간에서 자유가 넘치는 공간으로

–

교실은 단지 교과 수업만 이루어지는 공간이 아니다. 때론 학생들이 우정을 나누는 공간이 되기도 하고, 몸싸움이나 다소 격렬한 장난이 벌어지기도 한다. 또 함께 뭔가를 나눠 먹기도 하고, 깔깔 웃다가 지치면 깜박 졸기도 한다. 이처럼 교실은 우리 아이들이 하루 중 잠자는 시간을 빼고 가장 오래 생활하는 공간이며, 현재의 삶을 펼치는 공간인 동시에 각자 소중한 미래의 꿈을 키워가는 공간이기도 하다.

아이들은 이 공간에서 날마다 각자의 색깔대로 조금씩 미래의 꿈을 설계해나간다. 저마다 고유한 개성을 가진 아이들의 다양한 삶을 담아내려면 교실 공간 또한 아이들만큼 다채롭게 구성될 필요가 있다. 하지만 지금의 교실은 개인의 다양성은커녕 1학년부터 최고 학년까지 마치 틀에서 찍어낸 듯 똑같다. 네모반듯한 교실 앞면엔 네모난 칠판과 교탁, 검정 모니터가 달려 있고, 교실 뒷면에는 게시판이 달려 있다. 양쪽 벽면엔 네모난 모양의 창문이 에워싸고, 아이들의 신체 조건과 맞지 않는 딱딱한 의자와 책상이 놓여 있다. 그뿐만이 아니다. 교실에서는 학생들에게 많은 것을 금지하는 것이 마치 상식처럼 여겨졌다.

- 떠들지 말고 조용히 해라!
- 먼지 나니 뛰어다니지 마라!

- 다칠 수 있으니 교실에서는 공놀이는 하지 마라!
- 맘대로 자리를 바꾸지 마라!…

이처럼 그동안 교실 안에서는 금지되는 것이 참으로 많았다. 금지되는 것이 많을수록 아이들의 행동 범위는 자연히 좁아질 수밖에 없고, 이는 자연스럽게 사고 범위마저 좁아지는 결과로 이어진다. 교실을 많은 것이 가능한 **자유로운 공간**으로 만들 순 없을까? 아이들이 온종일 생활하는 공간인 교실을 조금 더 마음껏 움직이고 활동할 수 있는 자유가 넘치는 공간으로 만들면 어떨까?

각 공간은 저마다 느껴지는 특유의 느낌이 있다. 교실에 들어가면 어떤 느낌이 드는가? 만약 많은 것이 금지되어 경직되고 딱딱한 공간이라면 아이들의 성장과 배움이 원활하게 일어나기 어려울 것이다. 따뜻하고 포근하고 편안한 공간에서 아이들이 더 잘 배우는 것은 당연하다. 그래서 더 넓게, 더 다양하게, 더 편안하게 교실 공간이 구성되어야 한다. 아이들이 맘껏 배울 수 있는 공간, 놀기도 하고 쉬기도 할 수 있는 공간이 되어야 한다.

어쩌면 아이들에게 약보다 독이 되는 경쟁 조장

아울러 교실은 경쟁의 공간이 아닌 함께 어우러지며 **협력하는 공간**이 되어야 한다. 우리나라의 학교는 소위 엘리트를 선별한다는 미명하에 오랜 시간 학생들끼리 치열하게 경쟁하도록 조장하고 서열화했다. 마치 생존 게임처럼 자신이 더 높은 곳에 오르기 위해 친구들을 밟고 올라서야 했던 것이다. 하지만 최근 들어 전 세계적으로 나 홀로 살아남는 경쟁이 아닌, 협력을 통한 상승과 상생이 더 큰 주목을 받고 있다. 이와 관련하여 소개하고 싶은 이야기가 있다.

말로 모건(Marlo Morgan)의 책 《무탄트 메시지》에 나온 내용이다. 의사인 말로 모건은 호주에 초청을 받아 의료 활동을 하던 중 호주 원주민의 세계와 만났다. 이 책은 호주 원주민 '참사람 부족'이 문명인에게 전하는 감동적인 메시지를 담은 것이다. 그중 특히 인상 깊은 내용이 있어 소개하려고 한다. 바로 '창조놀이'에 관한 이야기다.

> 커다란 나뭇잎을 거기에 있는 사람 수만큼 손으로 자른다. 자른 나뭇잎 조각을 하나씩 나눠 가진 후 첫 번째 사람이 나뭇잎 조각을 땅바닥에 내려놓는다. 그 다음 사람이 자신의 조각에 해당할 것 같은 곳에 나뭇잎 조각을 내려놓는다. 계속 노래를 부르고, 춤을 추면서 나뭇잎 조각을 옮겨 가면서 맞춘다. 내려놓고, 아닌 것 같으면 조금 옮겨서 내려놓고…[중략]…우리의 퍼즐 맞추기와 같은 것이다. 마지막 한 사람이 나뭇잎 조각을 내려놓아 완전하게 되었을 때 사람들은 환호를 지르고 서로 축하하며 즐거워한다. 모두가 협력하여 완성된 하나의 작품을 통해 성취감과 뿌듯함을 느끼기에 서로 진심으로 축하할 수 있는 것이다.[1]

---

1. 말로 모건, 《무탄트 메시지》(류시화 옮김), 정신세계사, 2003, 187쪽 참조

이 놀이가 끝나자 말로 모건은 참사람 부족민에게 놀이 한 가지를 알려주겠다고 제안하였다. 그리고 모두 한 줄로 늘어서서 가능한 한 빨리 달리자고 말하고, 목적지에 가장 먼저 도착한 사람이 이기는 것이 놀이 규칙이라고 알려주었다. 그때 참사람 부족이 한 말이 기억에 남는다.

"하지만 우리 중 한 사람이 이기면, 나머지 예순두 명은 모두 져야 합니다. 그런 것이 재미있나요? 놀이는 재미를 위해 하는 겁니다. 어째서 문명인들은 사람들에게 그런 경험을 하게 해놓고, 당신이 승리자라고 설득하려고 하죠? 그런 관습은 정말 이해하기 어렵군요. 당신네 종족한테는 그것이 그토록 중요한가요?"[2]

경쟁이 일상화되고 당연시되는 우리의 교실을 생각하면 참으로 의미심장한 말이다. 우리 아이들은 한명 한명 모두 소중한 존재인데, 이들이 생활하는 교실에서 그토록 치열한 경쟁을 조장할 필요가 있을까? 경쟁이 과연 아이들의 역량을 잘 이끌어낼 수 있을까? 아쉽게도 사람은 경쟁할 때 오히려 자신의 역량을 제대로 발현하지 못하는 경향이 있다. 그래서 혼자 즐겁게 피아노를 치거나 노래를 부를 때는 참 잘하는데, 막상 대회에 나가 누군가와 경쟁하게 되면 긴장되고 떨리는 나머지 실력 발휘는커녕 어이없는 실수

2. 말로 모건, 《무탄트 메시지》(류시화 옮김), 정신세계사, 2003, 191쪽

를 저지르기도 하는 것이다. 경쟁은 이렇듯 사람을 위축시키며, 위축된 상태에서 자신의 역량을 키우고 제대로 발휘할 리 만무하다. 교실 공간은 경쟁이 아닌 **협력**으로, 획일성이 아닌 **다양성**으로, 개개인의 수월성이 아닌 **공동체 교육**으로 나아갈 때, 아이들이 각자의 색깔을 빛내며 미래의 꿈을 찾아가는 공간이 될 수 있다.

교실 공간 구성, 어떻게 하면 좋을까?

–

교사가 '강의'의 형태로 교과 내용을 일방적으로 전달하는 것이 정석으로 여겨지던 교실 수업 방법이 이제는 많이 바뀌었다. 즉 요즘은 많은 교사가 학생들이 적극적으로 수업에 참여하고, 수업의 주체가 되는 수업을 만들려고 한다. 이전에는 교사가 전달하면 아이들은 수동적으로 듣는 방식이었다면 지금은 아이들끼리 대화하고, 또 아이들과 교사가 대화를 하면서, 서로 다양한 방향에서 소통을 하며 배운다. 그렇기 때문에 교실도 다양한 방향에서 배움이 가능한 공간 구조여야 한다. 특히 초등학교 저학년은 조용히 앉아 있기보다는 몸을 이용하고 활동을 많이 하므로 움직이면서 배울 수 있는 공간이 필요하다. 그렇다면 교실 공간은 어떻게 구성하면 좋을까? 다음에서 몇 가지 요소를 중심으로 방향을 정리해보았다.[3]

---

3. 서울특별시교육청, 2018, 《꿈을 담은 교실 가이드북》, 30~38쪽 참조

※자료: 서울특별시교육청, 2018

바닥 난방이 된 교실에서 아이들이 자유롭게 노는 모습
바닥에 난방을 하면 아이들은 마치 자기 방에서 있을 때처럼 바닥에 앉거나 눕는 등 좀 더 행동이 자유로워진다.

가장 먼저 **난방 방식**이다. 일반적인 가정과 마찬가지로 교실도 바닥 난방을 하는 것이 좋다. 바닥 난방을 하면 아이들은 실내화를 신지 않고 바닥에 앉을 수도 있고, 뒹굴거리거나 누울 수도 있다. 그나마 초등학교 교실에는 바닥 난방을 하는 경우가 간혹 있는데, 중등 교실에서는 거의 찾아볼 수 없다. 중등 교실도 바닥 난방을 하면 한층 편안하게 학교생활을 할 수 있을 것이다. 전기를 사용하는 건식 난방 패널을 설치할 경우 학교의 전기 용량이 충분한지 살펴보고, 바닥을 부분별로 회로를 구분하여 분리 난방이 가능하도록 하는 것이 좋다.

둘째로 **자연 채광**을 어떻게 활용하느냐이다. 햇살을 받으면 마음도 밝아지는 것은 물론 여러 가지 장점이 있긴 하지만, 남쪽 창으로 들어오는 강렬한 햇빛에 눈이 부시면 수업하기가 곤란하다. 블라인드를 적절히 활용하면 좋지만, 햇살이 어디에서 어떻게 비추느냐에 따라 블라인드를 조절하는 것도 쉬운 일은 아니다. 아주 좋은 방법이 있다. 바로 **광선반**을 이용하는 것이다. 광선반이란 창에 입사되는 태양광을 실내 천장 면에 반사시켜 자연 채광을 안쪽 깊숙이 들어오게 하는 장치이다. 측창의 외부나 내부에 알루미늄이나 은도금 금속과 같은 반사율이 높은 재질을 사용한다. 광선반을 설치하면 아이들은 직사광선 때문에 눈이 부시지 않아서 좋고, 간접광을 교실 깊숙이 끌어들일 수 있어 참 좋다.

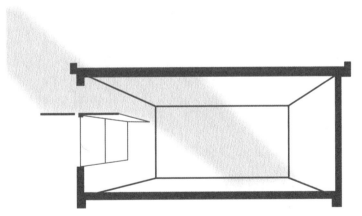

※자료: 서울특별시교육청, 2018

광선반과 빛
광선반을 활용하면 직사광선이 직접 눈에 닿는 것을 방지하는 한편, 간접광을 교실 깊숙이 들어오게 하는 효과까지 얻을 수 있다.

셋째로 **천장형 환기 유닛**을 설치하는 것이다. 미세먼지가 심각해지면서 요즘 학교 교실에는 공기정화기가 설치되어 있다. 하지만 바닥에 놓으니 공간도 차지하고, 전선도 바닥에 늘어진다. 이런 것들이 불필요하게 공간을 차지하다 보니 여간 거추장스러운 것이 아니다. 만약 천장에 환기 유닛을 설치하면 아이들이 자유롭게 움직일 수 있는 공간을 조금이라도 더 확보할 수 있다.

넷째, **수납장**의 크기와 위치를 다양화하고 목적에 맞게 사용할 수 있도록 하는 것이다. 앞선 장에서도 수납장을 바꿔 다양한 공간이 재탄생된 사례를 제시하기도 했는데, 수납장과 관련하여 다양한 아이디어를 내볼 수 있다. 교구 수납장, 파일 수납장, 책장, 전면 책장, 청소도구함, 옷장 등을 구비할 수 있도록 미리 교실에 필요한 수납공간을 조사하여 설치할 수 있도록 하면 나중에 정리가 훨씬 수월해진다.

다섯째, **칠판 구성**이다. 칠판도 법랑 칠판, 흰색 칠판, 녹색 칠판, 오선 칠판, 모눈 칠판, 세계지도 칠판 등 그 종류가 다양하다. 이를 각 교실에 맞게 구성하면 좋다. 교실 전면 벽면에 여러 개의 칠판을 옆으로 미는 형식으로 설치하고 필요할 때마다 빼내어 사용하는 다목적 칠판도 효율적이다. 교실 옆면이나 뒷면에도 아이들의 활동 형태를 생각하여 작은 칠판을 설치하면 낙서하는 공간, 놀이 공간, 학습하는 공간 등으로 활용할 수 있다.

여섯째, 아이들의 **신체 조건에 맞는 책걸상**을 갖추는 것이다. 실제로 책걸상은 아이들의 건강한 성장과 직결된다. 따라서 가장 많은 예산을 책정하여 가장 좋은 수준으로 아이들에게 제공해줄 필요가 있다. 시중에 나와 있는 책걸상의 형태도 다양하므로, 전형적인 책걸상 모양이 아니라 교실에 가장 잘 어울리는 재미있는 모양의 책걸상을 마련해보면 어떨까?

서울금호초등학교

서울신곡초등학교

※자료: 서울특별시교육청, 2018

네모에서 탈피한 교실 공간혁신 사례

네모난 공간에 곡선이나 사선 등의 변화를 준 교실 공간혁신 사례들이다. 고정관념에서 조금만 벗어나면 창의성이 샘솟는 색다른 공간 연출이 가능해진다.

일곱 번째, **다양한 모양의 공간**을 교실 안에 두면 좋다. 우리나라의 학교는 어디를 가도 눈에 보이는 것들 대부분이 너무 네모반듯한 경향이 있다. 별것 아닌 것 같지만, 이러한 환경 조건은 알게 모르게 다양한 사고를 억누르게 된다. 부분적으로라도 네모가 아닌 공간을 마련해보면 어떨까? 마루나 벤치, 다락, 작은 암벽장, 미끄럼틀, 알코브 공간 중에서 아이들과 교사가 원하고, 교육활동에 꼭 필요한 공간을 구성하는 것이 중요하다.

여덟 번째, 교실은 무엇을 배우느냐, 어떻게 배우느냐에 따라 공간을 변화시킬 수 있는 **유연한 구조, 가변적 구조**여야 한다. 예컨대 놀잇감을 수납하는 상자들을 모으면 무대를 만들 수도 있고, 작은 마루를 만들 수도 있어야 한다. 이렇게 만들어진 공간은 놀이 공간이 되기고 하고, 토의 공간이 되기도 하고, 발표 공간이 되기도 한다. 모든 아이가 함께 배울 수도 있고, 서너 명씩 이야기를 나눌 수도 있고, 때론 혼자 사색할 수 있는 공간으로 수시로 변경해 사용할 수 있도록 공간을 구성하는 것이 중요하다.

자유로운 소통과 협력이 샘솟는 교실 공간혁신 사례들

고정관념을 깨면 교실이라는 공간이 어떻게 달라질 수 있는지를 실제 사례를 통해 좀 더 구체적으로 살펴보기로 하자. 서울에 있

아이들의 발달단계를 고려한 교실
학년마다 눈높이에 맞춰 칠판 높이를 다르게 설치하면 어떨까? 높이뿐 아니라 칠판을 교실의
전면, 옆면, 뒷면 등 다양한 위치에 다양한 크기로 설치할 수 있다.

는 하늘숲초등학교 교실은 아이들의 발달단계를 고려한 공간 구
성이 눈에 띈다. 이 학교 교실에서 가장 먼저 눈에 들어오는 것은
칠판이다. 학년에 따라 칠판의 높이를 다르게 설치했는데, 저학년
교실은 낮게, 고학년 교실은 좀 더 높게 설치하였다. 또한 칠판 아
래 공간에는 이동형 교구함이 들어갈 수 있도록 하였다.

위의 사진에서 보면 칠판은 교실의 전면뿐 아니라 옆면, 뒷면까
지 크기도 다양하게 설치하였다. 이처럼 칠판을 다양하게 설치하
니 수업도 앞만 보고 하는 것이 아니라 옆과 뒤, 사방을 보면서 한
층 더 역동적으로 진행할 수 있다. 전면 칠판은 슬라이딩 형태로
이중으로 설치하였고, 모니터 옆에는 타공판을 함께 설치해 활용
하고 있다. 교실 뒷면의 게시 공간에도 타공판을 설치하였다. 타
공판에 작은 선반을 설치하여 학용품을 둘 수도 있고, 작품을 전
시할 수도 있다. 또 고리를 사용하여 학습 도구를 걸어둘 수도 있
다. 게시판 아래에는 작은 칠판과 전면 책장을 두었다. 아이들은

칠판을 이용해 한글놀이도 하고, 전면 책장에 놓여 있는 책표지 그림을 보고 자기가 원하는 책을 보다 쉽게 골라서 읽을 수 있다. 아울러 교실에 여러 가지 정리함을 두고, 옷장도 설치하여 겨울철 아이들의 두꺼운 겉옷까지 깔끔하게 정리해둘 수 있다.

또 바닥 난방 덕분에 교실에서 실내화를 신지 않아도 된다. 우리는 교실에서 실내화를 신는 것을 당연하게 여기지만, 사실 하루종일 실내화를 신는 것은 불편하다. 실내화만 벗어도 발은 갑갑한 신발에서 해방되어 좀 더 자유롭고, 좀 더 건강한 생활이 가능하다.

교실과 복도 사이 벽면은 단순히 경계의 기능만 하는 것은 아니다. 게시 공간으로 꾸미면 아이들이 자신을 소개한 작품을 붙여놓을 수도 있고, 여러 가지 다양한 학습 결과물을 게시할 수도 있다.

※자료: 한국교육연수원

교실과 복도 사이 벽면
복도와 교실 사이의 벽은 단순한 경계의 기능에서 벗어나 학생들의 작품 전시나 게시 공간으로 이용할 수 있다. 스쳐 지나가기보다 잠시 머물며 작품을 감상할 수 있는 갤러리 같은 공간이 되었다.

아이들은 교실과 복도를 오가면서 자연스럽게 다른 반, 다른 학년의 작품을 만나게 되고, 보고 배우는 기회가 되는 것이다. 아울러 교실에는 깔끔한 회색 쓰레기 분리함을 놓았다. 우리의 교실에서는 어떤 쓰레기통을 사용하고 있을까? 아직도 교실에서 파랑색 쓰레기통을 사용하는 학교가 꽤 있다. 나의 학창 시절인 1980~90년대에 보았던 그 파란색 쓰레기통이 21세기의 교실에 여전히 놓여 있다는 것이 한편으론 신기하다. 찾아보면 다양한 모양의 예쁜 쓰레기통이 얼마든지 있다. 교실 한구석에 놓인 사소한 물건 하나라도 은연중 아이들의 정서에 영향을 미친다는 것을 기억하자.

교실 한편에 아래 사진처럼 작은 마루를 만들 수도 있다. 아이들은 이곳에 올라가 앉기도 하고 눕기도 하면서 자유로움을 느낄 것이

※자료: 한국교육연수원

교실 창가에 마련된 작은 마루와 비밀 공간
학생들은 작은 마루에 앉거나 누워서 친구들과 재미있는 시간을 보낸다. 작은 마루와 이어진 작은 공간에는 빈백 소파를 놓았는데, 혼자 사색을 즐기거나 서너 명이 들어가 소곤소곤 이야기를 나누기도 한다.

다. 장난을 치다가 서로 싸우기도 하고, 화해도 하고, 또 서로 양보하면서 타인과 부드러운 관계 맺음이 가능한 훌륭한 어른으로 자랄수 있을 것이다. 또 마루 오른쪽 끝에는 빈백이 놓인 작은 공간이 있다. 아이들이 좋아하는 공간이다. 혼자 들어가서 사색의 시간을 가질 수도 있고, 서너 명이 들어가서 소곤소곤 비밀 이야기도 나눌 수있다. 창가에 놓인 둥근 의자에 앉아 함께 창밖을 보면서 대화도 나누고, 우정도 나눌 수 있다. 교실이 다양한 공간으로 구성되어 있을때, 아이들은 교실 안에서 공부도 하고, 놀이도 하고, 쉬기도 하면서한층 행복한 학교생활을 보낼 수 있다.

앞서도 수차례 이야기했지만, 공간이 우리 인간에게 미치는 영향은 막대하다. 따라서 어떤 공간인지에 따라 수업의 형태와 질은 크게 달라질 수 있다. 나는 도덕 교과 '마음의 평화' 단원 수업을 기존교실이 아닌, 공간혁신으로 마련된 교실인 '꿈꾸는 다락방'에서 진행하면서 공간의 영향력을 새삼 실감하였다. 꿈꾸는 다락방에서 아이들은 서너 명이 한 모둠이 되어 서로의 생각을 이야기하고 또 친구의의견을 경청하기도 하였다. 교실 안에 다양한 공간이 마련되자 아이들의 모둠활동도 다양한 형태로 나타났다. 책상에서 생각을 나누는아이들도 있었고, 창가를 향해 놓아둔 기다란 탁자를 둘러싸고 서서활동을 하는 모둠도 있었다. 아예 바닥에 엎드려서 서로 이야기를나누는 모둠도 있었다. 다락으로 올라가는 계단, 다락 위, 다락 아래에서도 모둠활동이 이루어졌다. 그중 아이들이 가장 선호하는 장소는 다락 공간이었다.

다채로운 공간이 존재하는 '꿈꾸는 다락방'에서 수업을 하니 아이들도 한층 더 적극적으로 수업에 참여하며 집중하는 모습이었다. 그런데 한 개 반의 경우 수업 시간이 자유학년제 동아리활동과 겹치는 바람에 아쉽게도 일반 교실에서 수업을 진행할 수밖에 없었다. 일반 교실에서의 수업은 아이들의 참여도, 집중도가 확연히 달랐다. 이를 통해 공간이 얼마나 중요한지를 다시금 절실히 느꼈다.

수업의 질을 높이려면 무엇보다 교사와 아이들의 역할이 참 크

※자료: 한현미

꿈꾸는 다락방에서 자유롭게 이루어지는 모둠활동 수업(천안동성중학교)
아이들은 교실에 마련된 다양한 공간에 삼삼오오 모여 앉거나 누워서 생각을 나누거나, 토의를 하고, 다양한 형태의 모둠활동을 한다.

다. 그러나 교사와 아이들의 노력만으로는 한계가 있다. 다양한 수업을 담아낼 수 있는 유연하고 열린 교실 공간이 주어질 때 수업의 질이 높아지는 만큼 환경적 지원은 매우 중요하다. 대한민국의 모든 교실이 기존의 틀을 깨고, 아이들이 주체적으로 수업에 참여할 수 있는 공간 구조로 바뀌길 간절히 바란다.

좀 더 과감하게 고정관념을 깬 해외의 교실 사례

–

끝으로 해외의 교실 사례들도 한 번 살펴보자. 해외의 학교들 중에는 좀 더 과감한 공간 구성을 시도한 사례들을 종종 찾아볼 수 있는 점에서 우리에게 신선한 자극을 준다. 학교에서 공간과 공간을 나눌 때, 우리는 일반적으로 고정된 벽을 세워야 한다고 생각

※자료: 한국교육개발원, 2017

공간과 공간 사이 가벽을 설치한 사례
가벽을 설치하면 필요에 따라 열어서 공간을 확장시킬 수 있다. 이는 공간의 확장을 넘어 배움의 확장으로 이어진다.

해왔다. 그런데 고정벽이 아닌 가벽을 적절히 활용하면 필요에 따라 공간의 경계를 얼마든지 확장할 수 있다. 예컨대 교실과 교실 사이, 또는 교실과 복도, 교실과 다른 공간 사이에 가벽을 설치하면 필요에 따라 벽을 없애고 다른 공간과 연결시킬 수 있어 유용하다. 212쪽 사진처럼 가벽을 설치해 열린 교실과 미디어 공간으로 구성한 학교도 있다. 교실에서 수업을 하다가 인터넷이나 컴퓨터 사용이 필요하면 바로 옆의 공간으로 이동해 쉽게 자료를 찾아보는 등 좀 더 다양한 수업을 시도해볼 수 있다.

오스트레일리아에 있는 한 초등 저학년 교실(아래 사진)을 보면 딱딱한 걸상이 아닌 천으로 된 따뜻한 느낌의 소파를 중앙에 두었

※자료: 한국교육개발원, 2017

소파와 굴곡진 책상을 배치한 오스트레일리아의 초등 저학년 교실
에너지 넘치는 초등학교 저학년 학생들처럼 주황색으로 포인트를 주고, 굴곡진 디자인의 책상을 들여놓아 필요에 따라 다양한 방식으로 배치할 수 있게 했다. 아울러 따뜻한 느낌을 주는 천 소파도 눈에 띈다.

고, 벽면은 밝은 주황색을 사용하였다. 책상도 네모난 형태가 아니라 굴곡진 디자인이라 서너 명이 모둠을 이루어 앉기에도 좋다. 같은 방향으로 책상을 이어붙이면 넓은 원 모양이 돼, 모든 학생이 둥그렇게 둘러앉아 활동할 수도 있다.

스웨덴의 한 학교 1층에 있는 교실 역시 우리 눈에는 생소한 모습이다. 아래 사진과 같이 교실에서 외부로 직접 연결되는 문을 둔 것이 눈에 띈다. 아이들은 이 문을 통해 쉬는 시간이면 금방 밖으로 나가서 뛰놀 수도 있고, 화재 같은 위급한 상황이 발생했을 때, 신속하게 대피하기에도 좋다. 바닥에 러그나 카펫을 깔면 마치 내 집처럼 좀 더 편안하고 따뜻한 분위기를 연출할 수 있다.

외부로
통하는
문

바닥에
깐
러그

※자료: 한국교육개발원, 2017

바깥과 바로 연결된 스웨덴 교실
운동장에 나갈 때 복도와 계단을 지나는 기나긴 여정이 필요하지 않다. 교실문을 열면 바로 외부로 연결되어 아이들은 언제든지 나가서 뛰놀 수 있다. 화재 대피 같은 위급 상황에서도 유리한 구조이다.

끝으로 일본의 열린 교실도 소개한다. 아래 사진에서는 개방된 형태의 교실 여러 개와 복도가 한눈에 들어온다. 교실과 복도 사이에는 고정벽을 세우는 대신 낮은 책장들을 두었다. 얼핏 아이들이 오가는 소리, 다른 교실에서 나는 소리 때문에 산만해져 수업 시간에 집중하기가 어렵지 않을까 하는 생각이 든다. 그러나 아이들은 적당한 소음이 있을 때 더 잘 집중한다는 연구 결과도 있다. 요즘 학생들이 커피숍에 가서 공부하는 것을 선호하는 것도 그런 연유 때문이 아닐까? 아무튼 공간이 이렇게 개방되고 연결되어 있으면 좀 더 유연하고 여유 있게 공간 활용을 할 수 있어서 좋다.

교실과 복도 사이 가구

복도 공간의 교사 책상

※자료: 한국교육개발원, 2017

가구로 고정벽을 대신한 일본의 열린 교실
교실과 교실 사이를 책장으로 구분하고, 복도에 교사 책상을 놓은 것도 이색적이다.

02

도서관

책만 가득한 공간에서
다양한 배움을 키우는 복합문화공간으로

우리 인간의 성장을 돕는 가장 좋은 방법은 무엇일까? 여러 가지를 거론할 수 있겠지만, 개인적으로는 단연 독서만 한 것이 없다고 생각한다. 김난도의 《천 번을 흔들려야 어른이 된다》에 다음과 같은 구절이 있다.

> 세상에서 제일 재미있는 일, 그것은 성장하는 것이다. 사람은 자기가 조금씩 성장하는 것을 느낄 때 희열을 느낀다.[4]

아이들이나 어른인 교사들이나 모두 자신이 조금씩이라도 성장한

---

4. 김난도, 《천 번을 흔들려야 어른이 된다》, 오우아, 2012, 131쪽

다고 느낄 때 뿌듯함을 느끼고, 행복감이 몰려올 것이다. 책 속에서 우리는 다양한 지혜를 만나고, 그와 함께 성장해간다.

독서만큼 중요한 도서관의 위치

–

이른바 위인으로 불리는 역사적 인물들 중 대다수가 독서광으로 잘 알려져 있다. 대표적으로 세종대왕도 어마어마한 독서광으로 유명하다. 지독한 눈병에도 손에서 책을 놓지 못했고, 또 책을 묶은 가죽끈이 닳아서 끊어질 만큼 읽고 또 읽을 정도로 좋아했다고 한다. 그 결과 세종대왕은 한글 창제라는 위대한 과업을 달성했을 뿐 아니라, 정치와 사회, 과학, 문화 등 다양한 분야에서 업적을 남기며 현재까지도 위대한 군주로 존경을 받는 게 아닐까? 독서를 통해 세상을 보는 눈을 기르고 통치의 지혜를 살린 덕분에 백성을 위한 정치를 펼친 어질고 위대한 왕으로 역사에 길이 남은 것이다.

또한 노벨평화상을 수상한 고(故) 김대중 대통령도 소문난 독서광이었다. 사형선고, 암살 기도, 6년간의 투옥, 두 차례의 망명, 여러 번의 낙선 등 40여 년에 걸친 온갖 시련 끝에 대한민국의 제15대 대통령이 된 그는 1977년 진주교도소에 수감되었을 때나 1981년 청주교도소에 수감되었을 때도 하루 10시간씩 독서를 했다고 한다. 그가 답답하고 억울할 수 있는 감옥 생활을 정신적 충만과 성장의 기쁨, 지적 행복의 나날로 바꿔갈 수 있었던 원동력은 독서의 힘이었다.

독서의 중요성만큼 학교에서 도서관은 매우 중요한 공간이다. 학교 공간 중 가장 많은 책과 만날 수 있는 도서관의 위치는 당연히 아이들의 발길이 자연스럽게 닿는 곳에 있어야 마땅하다. 또 아이들이 오래 머무는 교실과 가까운 곳에 있어야 할 것이다. 그런데 어찌 된 일인지 보통 학교 건물에서 도서관은 대체로 교실과 멀찍이 떨어진 구석진 공간에 자리하고 있다. 딱히 아이들의 생활과는 거리가 먼 교장실의 경우는 학교 중앙에 자리 잡고 있는데, 정작 아이들의 현재는 물론 미래 배움의 질에도 지대한 영향을 미칠 수 있는 도서관이 한쪽 구석에 처박혀 있는 건 모순이 아닐 수 없다. 우리 아이들이 오가면서 쉽게 들를 수 있는 곳, 학교 건물 중앙에 도서관이 있다면 참 좋지 않을까?

성장을 이끌어내는 도서관 구성 요소별 공간 연출

아이들의 성장을 돕는 도서관의 공간 구성 요소에는 어떤 것들이 있을까? 도서관의 공간 구성 요소는 구조 요소, 가구 요소, 장식 요소로 나눌 수 있다.

구조 요소는 벽, 벽체형 서가, 기둥, 창, 바닥, 천장, 창 등을 말한다. 만약 새로 짓는 도서관이라면 벽, 천장, 기둥, 창문의 모양이나 위치를 자유롭고, 다양하게 할 수 있지만, 재구조화하는 공

※자료: 한현미

바닥 단차를 이용한 공간 창출 사례
왼쪽의 사진은 천안동성중학교 도서관의 모습으로 바닥에서 한두 단을 올려 새로운 공간을 연출하였다. 오른쪽은 지평선학교 도서관인데, 반대로 기본 바닥에서 한두 단을 내려서 공간을 만들었다.

간이라면 다양한 시도에 한계가 있을 것이다. 만약 새로 짓는다면 도서관 벽면 일부를 가변형으로 하는 것도 좋다. 벽면을 여닫을 수 있어 다양한 교육활동을 담아내기에 유리하다. 한편 기존의 고정형 벽면을 재구조화하는 경우라도 벽체형 서가를 설치하거나 벽면에 전시 공간이나 게시판을 설치할 수 있도록 위치나 색채를 다양하게 고려해볼 수 있다.

기둥도 단순히 건물을 지탱하고 있는 역할을 넘어 아이들의 활동을 담아낼 수 있다. 예컨대 기둥 아래에 작은 단 하나만 두면 아이들이 앉을 공간이 되는 것이다. 바닥도 무조건 평평해야 한다는 고정관념을 버리면 얼마든지 창의적인 공간이 만들어진다. 공간마다 단의 높이를 약간씩 달리하면 또 다른 느낌이 든다. 평평하게 이어지는 열람실 바닥 공간을 만들 수도 있고, 한두 계단 아래 내려가서 둥글게 열람 공간을 만들 수도 있다. 아니면 한두 계단 올려서 열람 공간을 만들 수도 있다(위 사진 참조). 그러면 아이들은 계단에 앉을 수도 있고, 올라가거나 내려간 공간에 앉아서 이야기도 하고 책도 읽을 수 있다. 천장의 높이와 창문의 크기 및 위치도 공간에 맞춰 다양화하는 것이 좋다.

가구 요소에는 서가, 의자, 평상, 책상 등이 있다. 서가는 높이별로 구분한다. 서가는 학년에 따라 저학년용과 고학년용으로 높이를 달리하여 적절히 배치해야 한다. 무겁고 부피가 큰 서가는 벽쪽으로 붙이고 가볍고 낮은 서가는 가운데에 배치하는 것이 좋다. 서가는 단순하게 구성할 수도 있고, 캐릭터나 동물 모양으로 친근감을 주도록 구성하는 방법도 있다. 바퀴 달린 이동형 서가를 설치하면, 평상시에는 고정시켜놓았다가 공간을 재배치할 때, 또는 각종 문화 행사를 할 때 손쉽게 이동시켜 공간을 확보할 수 있는 등 여러모로 장점이 있다. 우리 학교도 공간혁신 사업으로 도서관을 재구조화하면서 서가를 다른 곳에 옮겼다가 또다시 옮겨오는 데 굉장히 큰 어려움을 겪은 바 있다. 만약 서가를 새로 구입할 예정이라면 **바퀴 달린 이동형 서가**를 추천한다.

도서관에 놓는 의자도 한 가지 스타일로 통일하기보다 소파, 스툴, 벤치, 평상 등을 다양하게 고려해볼 수 있다. 의자의 형태는 다양할수록 좋다고 생각한다. 아이들이 그때그때 원하는 대로 자유롭게 선택해서 앉을 수 있기 때문이다. 예컨대 공간이 넓은 곳에는 편안하고 푹신한 소파를 놓고, 서가 사이사이에는 스툴이나 작은 벤치를 설치하여 열람 공간으로 활용하면 좋다. 평상은 아이들이 앉을 수도 있고, 누울 수도 있는 공간이다. 때론 누워서 편하게 책을 읽을 수 있다면 참 좋지 않을까?

책상은 흔히 좌탁과 테이블로 용어를 구분해서 사용하기도 한다. 좌탁은 일반적으로 바닥에 앉아서 사용하는 책상을 말하고, 테이블은 의자에 앉아서 사용하는 책상을 말한다. 좌탁과 테이블이 곳곳에 있으면 아이들은 책을 올려놓고 읽을 수도 있고, 책을 읽다가 마음에 와 닿은 문장을 그때그때 기록할 수도 있다. 책을 다 읽은 후에 내용이 잘 기억이 나지 않는다면 읽었던 책을 다시 넘기면서 마음에 와닿은 문장, 깨달은 점, 적용할 점 등을 편안하게 기록할 수도 있다. 또한 책상은 정사각형, 직사각형, 다각형, 원형 등 다양한 형태를 갖추는 것이 좋다. 책상의 크기도 혼자 조용히 책을 읽거나 기록을 할 수 있는 개인용 책상, 서너 명이 앉아서 함께 토의할 수 있는 책상, 더 많은 아이가 앉아서 활동을 할 수 있는 대그룹 용도의 책상 등을 다양하게 구비하는 것이 좋다.

장식 요소에는 예쁜 사진이나 그림, 조형물, 터널, 동굴 등이 있다. 구조가 완성되고 가구가 배치되면 마지막으로 어떻게 장식할 것인가 고민하게 된다. 독서하는 그림이나 아름다운 풍경화를 벽면에 걸기도 하고, 귀여운 개구리 모형 소품을 선반에 올려놓기도 한다. 조형물은 나무 모양이나 동물 모양, 우주선 모양 등이 있는데, 어떤 장식 요소를 사용할 것인지는 도서관을 처음에 설계할 때부터 생각해두는 것이 좋다. 터널 모양의 작은 공간이나 아이들이 쏙 들어갈 수 있는 동굴 모양의 공간을 만들어주면 그 안에서 편안한 마음으로 독서에 몰입할 수 있다.

아이들의 눈높이와 발달단계를 고려한
초등학교 도서관 사례

–

최근 도서관 재구조화 사업을 진행하는 학교들이 많다. 특히 초등학교 도서관은 전조작기부터 형식적 조작기에 이르기까지 발달단계가 서로 다른 유치원부 아이들부터 6학년 학생들까지 함께 사용하는 공간이다. 따라서 각 발달단계에 맞는 다양한 공간으로 구성하는 것이 좋다. 예컨대 유치원생이나 저학년을 위해 책을 전면으로 전시하여 아이들이 표지를 보고 책을 선택할 수 있도록 하는 것이다. 또한 아이들 키를 넘지 않도록, 단이 낮은 책장을 따로 배치하는 것도 중요하다.

무엇보다 사용 주체인 아이들의 의견을 경청하고, 그들의 눈높이에 맞는 도서관 공간을 구성해야 한다. 친구와 비밀 이야기를 나눌 수 있는 다양한 모양의 작은 공간도 만들어보자. 편안히 누워서 책을 볼 수 있도록 따뜻하게 바닥 난방을 한 공간도 참 좋다. 이러한 점들을 반영해 도서관 공간을 구성한 실제 사례들을 살펴보자. 먼저 인천예송초등학교의 느티나무도서관이다. 오른쪽의 사진①처럼 학교의 도서관 복도 벽면에 둥그런 창문이 눈길을 끈다. 마치 창문 속으로 빨려들어가 나도 모르게 도서관 안으로 들어가 있을 것 같다.

색감은 전체적으로 밝은 나무색이고, 이동식 서가와 소파 등, 몇 군데에 빨간색을 강조색으로 사용하였다. 느티나무 모양의 기둥,

※자료: 한국교원연수원

학생들의 눈높이에 맞춘 인천예송초등학교 도서관
도서관 벽면에 네모난 모양이 아닌 원형 창문을 설치한 것이 눈길을 끈다. 전체적으로 아이들의 눈높이에 맞게 아기자기하게 꾸민 공간 연출이 돋보인다.

그 아래 둥그렇게 벤치를 두었고(사진 ③), 그 옆에는 뾰족지붕 모양의 빨간색 소파가 있는데, 여기서 책을 보면 마치 작은 집에 들어앉은 느낌이 들 것 같다. 밋밋할 수 있는 천장도 나뭇잎을 붙여 나무가 천장까지 쭉 뻗어 있는 느낌이 든다. 서가쪽 벽면 전체가 유리창이라, 책을 고르다 살짝 밖으로 시선만 돌려도 자연을 접할 수 있다.

의자에 앉아서 책을 볼 수 있는 곳이 있고, 그 너머에 아치형 출입구로 들어가면 작은 공간이 마련되어 있다. 그 작은 공간은 크기가 다른 동그란 창으로 되어 있는데, 아이들은 이런 작은 공간에 들어가서 편안하게 책을 보는 것을 좋아한다. 한편 아이들과 한 학급이 모여서 수업을 하거나 여러 가지 교육활동을 할 수 있을 정도로 큰 공간도 있다.

창문 쪽에 테이블을 배치하여 밖을 보면서 책을 읽을 수도 있다. 책상 위에는 까만 전등갓을 달아 한층 세련되어 보인다. 기둥과 창문 사이 좁은 공간에도 빨간색 소파를 두었으며, 낮은 칸막이 안쪽에는 작은 온돌마루를 설치하였다(223쪽 사진 ④, ⑤). 어린아이들이 둥근 책상을 중심으로 둘러앉아 오순도순 이야기하면서 책을 볼 수 있다.

인천예송초등학교 도서관 입구 오른쪽, 안내 데스크 뒤 벽면에는 느티나무 모양의 간판이 달려 있는데 '별이 뜨고, 달이 차고, 꿈은 여물고'라는 글귀가 새겨져 있다(223쪽 사진 ②). 이 도서관에서 책과 함께 지내면서, 아이들은, 별이 떠서 반짝이듯이, 달이 차서 밝게 빛나듯이 꿈이 조금씩 여물어갈 것이다.

이 밖에도 많은 학교에서 아이들의 발달단계를 고려하여 아이들의 눈높이에 맞는 공간으로 도서관을 바꿔가고 있다. 서울하늘숲초등학교의 경우도 기존의 딱딱한 도서관을 탈피해 아이들이 자유롭게 책을 읽고 생각도 하는 공간으로 구성하였다. 특히 아이들이 좋아할 만한 아기자기한 작은 공간들을 마련해 아이들이 원하

※자료: 한국교원연수원

서울하늘숲초등학교의 도서관 공간 구성

전체적으로 밝고 차분한 느낌을 준다. 창가를 향해 테이블을 배치해 아이들이 창밖을 보고, 자연을 느끼면서 책을 읽을 수 있도록 하였다. 의자의 색깔도 연두, 파랑, 빨강으로 다양하다. 자칫 밋밋할 수 있는 책장에도 나무 모양의 무늬를 입혀 좀 더 자연스럽고 따뜻하게 느껴진다. 특히 벽면에 구성한 아기자기한 공간이 눈에 띈다.

는 공간에서 다양한 자세로 책을 볼 수 있도록 하였다. 자꾸 가고 싶은 도서관, 머무르고 싶은 도서관이다. 아이들이 도서관에서 생활하는 시간이 많아질수록 책을 많이 읽게 되고, 그러다 보면 독서 습관은 자연스럽게 몸에 밸 것이다.

책 읽는 습관을 기르는 중·고등학교 도서관 사례

-

좋은 습관은 좋은 결과를 낳고, 나쁜 습관은 나쁜 결과를 낳는다. 그만큼 사람이 살아가는 데 습관은 중요하다. 그런데 이 습관은 결국 사람이 만드는 것이다. 사람은 습관을 만들고, 습관은 또 그 사람을 만드는 역할을 한다. 도스토옙스키는 "습관이란 인간으로 하여금 어떤 일이든지 하게 만든다."라고 하였다. 개인적으로 독서는 사람이 가진 습관 중에 가장 좋은 습관이라고 생각한다. 그래서인지 늘 책을 갖고 다니면서 읽는 아이들이 세상에서 가장 아름다워 보인다.

학생들이 책을 읽고 싶어 도서관에 갔는데 도서관 문이 잠겨 있다든지, 책을 읽을 공간이 마땅치 않다든지, 매우 덥거나 춥다든지 하면 어느새 책을 읽고 싶은 마음이 싹 달아날 것이다. 그 공간에 있는 것만으로도 '아! 책을 읽고 싶다'라는 느낌이 절로 드는 공간 구성이 중요하다. 아이들이 도서관에서 조금씩 책을 가까이하다 보면 책 읽는 습관이 저절로 들 것이고, 책을 읽는 습관이 바로 삶을 성공으로 이끄는 좋은 습관이 되는 것이다.

특히 중학교부터는 단순 흥미 위주의 독서에서 벗어나 다양하게 읽고, 또 본인이 관심을 가진 분야에 대해서는 좀 더 깊이 있는 내용의 책을 선택하여 몰입해서 읽는 습관이 중요하다. 그렇다면 도서관이 단순히 책을 빌리는 공간, 책을 읽는 공간에서 한걸음 더 나아가 깊은 사색을 할 수 있는 곳, 거침없이 생각을 나눌 수 있는 곳, 자유롭게 질문과 대답을 주고받으면서 상상의 나래를 펼칠 수 있는 무한 창조 공간이 되어야 할 것이다.

중학교는 자유학년제의 다양한 체험활동을 담아낼 수 있는 공간으로, 고등학교는 고교학점제 시행을 앞두고 아이들이 공강 시간을 잘 보낼 수 있도록 하는 것도 중요하다. 특히 도서관은 공부나 수업뿐만 아니라 다양한 정보도 검색하고, 전시도 할 수 있고, 작은 음악회도 열 수 있고, 연극도 하고, 토론도 하고, 협의도 할 수 있어야 한다. 이렇게 교육과정에서 요구하는 사항들을 모두 수용할 수 있으려면 도서관은 결국 **복합문화공간**으로 구성하는 것이 최선이다.

다양한 교육활동이 가능한 열린 공간, 서울봉원중학교 도서관

실제 사례를 살펴보자. 서울봉원중학교 도서관 이름은 '글벗누리'이다. 서울봉원중학교 도서관은 원래 특별활동실과 기억자로 연결된 형태였다. 아래 왼쪽의 기존 평면도에서 ①번이 특별활동실이다. 평면도가 처음에는 눈에 잘 안 들어온다. 관심을 갖고 가만히, 자세히 들여다보면 왼쪽의 평면도가 보이고, 그 도면을 통해 공간을 상상하는 즐거움도 느낄 수 있다. 평면도 ⑤번에 해당하는 구관과 신관을 잇는 연결 통로는 도서관 중심 공간을 가로지르며 서가(④)와 열람실(②)을 분리하는 구조였다. 하지만 오른쪽 계획 평면도에서

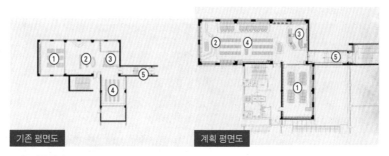

기존 평면도　　　　　계획 평면도

① 특별활동실　②열람실　③ 안내데스크　④ 서가　⑤연결통로

※자료: 서울특별시교육청, 2018

서울봉원중학교 도서관
특별활동실을 기존 서가가 있던 쪽으로 옮기고 서가와 열람실을 합쳐 하나의 큰 공간으로 재구조화하였다.

보듯 공간혁신으로 특별활동실을 기존 서가 쪽으로 옮기고, 서가와 열람실을 합해서 하나의 큰 공간으로 만들었다. 서가에서 책을 찾아 그 자리에서 읽을 수 있도록 한 것이다.

이 학교의 도서관으로 이어지는 연결 통로에는 '지혜의 숲을 거닐다'라고 쓰여 있다. 이 연결 통로는 마치 숲을 거니는 느낌이 들도록 설계하였다. 도서관으로 가는 발걸음이 한결 가볍고 마음도 편안할 것 같다. 창가에는 아이들이 좋아하는 책을 올려놓을 수 있도록 선반을 만들었다.

햇살이 창문으로 자연스럽게 들어올 수 있게 하여 밝은 분위기를 만들었고, 다양한 조명을 사용해 한결 부드러운 느낌이 든다. 창가를 따라 길게 설치된 벤치와 테이블, 앉아서 책을 볼 수 있는 둥그런 의자, 서서 읽을 수 있는 독서대도 있다. 눕거나 엎드려서 책을 볼 수 있는 마루를 만들고 한쪽에 등받이를 설치했다. 이처

※자료: 서울특별시교육청, 2018

햇살이 부드럽게 비치는 서울봉원중학교 도서관 연결 통로 및 내부
창문으로 햇살이 자연스럽게 들어오고, 다양한 조명을 사용해 한결 부드러운 공간을 연출하였다.

가벽을 활용해 열린 공간으로 연출한 서울봉원중학교 도서관
연동 슬라이딩 도어로 가벽을 설치해 열린 공간으로 만들었다. 단순히 독서만 하는 공간이 아니라 각종 교내 문화 행사가 가능한 복합문화공간으로 탈바꿈하였다.

럼 다양한 공간을 만들어 아이들이 이야기를 나누거나, 사색도 하고, 책도 볼 수 있는 시간을 가질 수 있도록 하였다.

또한 도서관을 독서만 하는 공간이 아니라 다양한 활동이 가능한 열린 공간으로 만들었다. 도서관 내에 있는 특별활동실 벽체는 연동 슬라이딩 도어로 되어 있다. 완전히 밀어서 열어놓으면 도서관과 연결이 된다. 교내 각종 문화행사가 가능한 복합공간이다. 이렇게 교실을 가변형 벽체로 시공을 하면 다양한 교육활동을 담아내는 데 많은 도움이 된다.

세 개의 영역을 아우르는 용남중학교 도서관

도서관을 마치 카페처럼 편안한 공간으로 꾸며 학생들의 접근성을 높인 사례도 있다. 경남 사천에 있는 용남중학교는 도서관을 교사동의 중앙 전면에 별도로 배치하여 학생들이 쉽게 접근할 수 있도록 하였으며, 학생들의 꿈과 끼를 채우는 공간인 채움뜰 건물

PART 05 | 공간별 혁신사례 나눔 229

카페처럼 안락한 분위기의 사천용남중학교 도서관
층고가 높은 철골구조 복층으로 연출된 도서관. 마치 카페 같은 분위기라, 저절로 책을 읽고 싶어지고, 공부하고 싶은 마음이 드는 공간이다.

앞 광장과 자연스럽게 연결된다.

무엇보다 층고가 높은 철골구조의 복층 공간에 친환경 페인트와 원목을 활용한 인테리어 덕분에 한결 편안한 느낌이 든다. 마치 카페 같은 분위기이기에 저절로 책이 읽고 싶어지고, 공부가 하고 싶어지는 공간이다. 그 안에 있는 것만으로도 어쩐지 마음이 편안하고 행복해질 것 같다.

용남중학교 도서관은 지혜를 만드는 공간(Library learning

space), 상상을 만드는 공간(Maker space), 예술을 만드는 공간(Art space), 이렇게 3개의 공간이 서로 분리된 듯하면서도 유기적으로 연결되어 다양한 교육활동이 가능한 복합문화공간이다. 공간은 아이들의 삶에 커다란 영향을 미친다. 이 공간에서 3년 동안 생활을 하는 아이들은 책 속에서, 각자의 개성대로 표현한 창작물 속에서, 온갖 예술활동 속에서 창의력이 풍부한 역량 있는 인재로 성장할 수 있으리라 본다.

먼저 지혜를 만드는 공간(Library learning space)을 살펴보면, 철골 기둥 아랫부분을 예쁘게 활용했다. 기둥 아래에 책을 꽂을 수 있는 나무벤치를 두었는데, 아이들은 이곳에 앉아 소곤소곤 이야기를 나누거나 각자 재미있는 책을 볼 수도 있다.

또한 이 학교의 도서관은 바깥과 맞닿은 한쪽 벽면에 폴딩창을 설치해, 활짝 열면 바깥 데크 공간의 테이블이 자연스럽게 도서관이 되고, 도서관은 자연스럽게 뜰이 된다. 봄·가을이면 시원한 바람결을 느끼며 책을 읽을 수 있는 공간이 만들어진 것이다.

테이블과 의자의 색과 모양도 다채롭다. 노란색, 붉은색 테이블과 의자가 있고, 부메랑 모양의 소파는 연두빛과 노란빛이다. 아이들은 자기가 원하는 곳에 앉아서 책 속으로 깊숙이 빠져들 수 있다. 전면이 유리로 된 공간에는 밖을 향해 테이블을 두었다. 유리를 통해 예쁜 정원을 볼 수 있다. 그리고 각 테이블 위에는 개인 조명을 두어서 아이들이 필요에 따라 불을 밝히며, 좀 더 쾌적한 분위기에서 책을 접할 수 있도록 하였다.

도서관 한쪽 벽면 전체를 폴딩창으로 설치한 모습
지혜샘 전면 유리창 앞에 연못 정원을 만들어서 아이들이 책을 읽으면서 자연을 느낄 수 있도록 하였다.

새로운 도서관에는 한 학급이 모여서 배움 중심 수업, 융합 수업을 할 수 있는 공간도 있다. 도서관의 많은 자료들을 수업에 쉽게 활용할 수 있고, 전자칠판이나 태블릿 PC를 사용해 수업을 진행하기도 한다. 서로 마주 보고 앉아 다양한 토의 수업도 할 수 있다. 수업뿐 아니라 책상을 옆으로 치우면 각종 교육활동을 할 수 있는 공간이 되기도 한다.

다양한 활동이 가능한 열린 공간
사천용남중학교 도서관에서는 많은 자료들을 활용해 다양한 수업을 할 뿐만 아니라, 각종 교육활동도 이루어진다.

또한 상상을 만드는 공간(Maker space)은 아이들의 무한한 상상력을 현실로 만들어주는 공간, 새로운 발명품이 탄생하는 창작 공간으로 꾸몄다.

아이들이 상상한 것을 만들어낼 수 있는 다양한 기계를 갖추고 있는 이 공간은 넓은 테이블과, 편안한 의자를 배치하였고, 생기 넘치는 주황색 전등갓을 설치하였다. 우드록, 나무, 종이, 아크릴 등의 소재를 사용하고, 3D 프린터, 레이저 커팅, 아두이노 등 다양한 기기를 통해 아이들이 머릿속에서 상상한 것을 만들어내는 기쁨을 누릴 수 있는 공간이다. 새로운 것, 세상에 단 하나뿐인 나만의 것을 만들 수 있는 공간인 것이다. 이런 공간이 마련된 덕분에 아이들은 창작에 몰입할 수 있다. 일반 교실에서 이론 수업만 하게 되면 창작에 대한 몰입의 즐거움을 맛볼 수 없다. 몰입의 즐거움을 경험한 아이, 창작의 뿌듯함을 느껴본 아이라면 자신의 일을 즐기며, 인생도 성공의 길로 이끌어갈 것이다.

※자료: 한국교원연수원

상상을 만드는 공간
3D 프린터, 레이저 커팅, 아두이노 등을 이용해 아이들이 상상한 것을 만들어내며 창작의 기쁨을 누릴 수 있는 공간, 다양한 창작품을 전시하는 공간도 마련되어 있다.

예술을 만드는 공간
이곳에서 아이들은 창작활동도 하고 서로의 작품을 감상하면서 예술의 세계로 한 걸음 더 다가선다.

끝으로 예술을 만드는 공간(Art space)은 다양하고 재미있는 미술활동을 통해 감동과 소통을 경험하는 공간이다. 디자인, 그리기, 만들기 및 감상하기 등을 통해 아이들의 예술적 감수성을 키우고 표현하는 공간이다. 다양한 예술활동을 통해 아이들의 삶을 풍요롭고 행복하게 만들어가고 있다.

벽면의 준비물 선반도 정사각형, 직사각형, 마름모꼴 등 다양한 모양으로 구성하여 그 자체로 재미있다. 책상의 색도 노란색과 분홍색을 사용하여 따뜻한 느낌이 든다. 아이들이 만들어낸 작품을 줄에 걸치고, 집게로 집어서 전시해놓았는데, 서로의 작품을 감상하면서 예술의 세계로 한 발짝씩 다가서고 있다.

높은 층고에서 남다른 아우라가 느껴지는 지평선학교 도서관

개인적으로 도서관 공간에 관심이 많다 보니 이런저런 사례들을 찾아보며 공부하다가, '아니, 우리나라 학교에도 이처럼 멋진 도서관이 있구나!' 하고 감탄한 곳이 있어 끝으로 사례를 하나 더 소개할까 한다.

만약 학교 도서관의 층고가 높고 또 천장이 둥근 모양이라면 어떤 느낌이 들까? 전북 김제에 있는 지평선학교 도서관에 들어서는 순간, 우리나라에서는 다소 낯선 웅장함과 시원함, 그리고 아름다움이 한꺼번에 확 몰려와서 한동안 멍했던 기억이 난다.

지평선학교 도서관은 아래 사진에서 보듯 층고가 높고, 원형 천장에는 둥근 창을 냈다. 이 창을 통해 은은한 빛이 스며들어 도서관 구석구석을 따스하게 비춰준다. 내부에는 자작나무로 만든 서가 및 책상이 둥그렇게 자리 잡고 있어 마치 아이들을 포근하게 품어주는 느낌이 든다. 또 도서관 중앙홀, 둥그런 부분 한쪽은 반

※자료: 한현미

지평선학교 도서관 '지혜의 숲'
아이들을 둥그렇게 품어주는 도서관은 층고가 높고, 천창으로 들어오는 햇살이 부드럽게 실내를 비춰준다. 여기에서는 독서활동뿐 아니라 강의, 전시회, 연주회 등 다양한 교육활동이 이루어진다.

달 모양의 단상이 있고, 빙 둘러 2개의 계단이 있어 강사를 초빙하여 둘러앉아 강의를 들을 수도 있고, 전시회를 열 수도 있다.

둥근 도서관의 바닥부터 천장까지는 나무의 모습을 형상화한 거대한 기둥 10개가 떠받치고 있다. 이 10개의 기둥은 온 세상을 뜻하며, 지혜가 세상 구석구석으로 퍼져나가는 모습을 형상화한 것이라고 한다. 나무 한그루, 한그루가 모여 울창한 숲을 이루듯이 책 한권, 한 권이 모여 수만 권에 이르는 지혜의 숲을 이루는 것이다.

도서관은 이 학교의 중심 공간으로 단순하게 책만 읽는 곳이 아니라 다양한 교육활동과 나눔이 가능하다. 고등학교 아이들은 해오름 시간인 아침 8시 도서관에서 독서를 하거나 동아리활동, 학생회활동 등을 한다. 하루의 일과를 도서관에서 시작하는 셈이다. 지혜의 숲 중앙홀에는 다양한 아이들의 교육활동 결과물이 전시되고 있다. 또 도서관에 있는 책을 이용해 교과 수업도 하지만, 아이들이 수시로 찾아와 스스로 배움을 이어가고 있다.

도서관 2층 난간은 둥그렇게 튀어나온 부분도 있고, 세모 모양으로 튀어나온 부분도 있다. 마치 옛날 성곽에서 적군이 침입하면 방어하기 위해 만들어놓은 '치(雉)'가 연상된다.

둥그렇게 놓여 있는 서가 뒤로 좁은 골목길처럼 쭉 이어지는 공간이 있다. 둥근 서가와 확 트인 창가 사이에 공간이 있는 것이다. 이 골목처럼 이어지는 공간 중간중간에는 벤치와 작은 책상, 의자들을 두었다. 책을 보다가 서가 뒤로 한두 발짝만 옮기면 조용히 산책할 수 있는 이 공간과 만나게 된다. 혼자 마음도 달래고, 벤치

※자료: 한현미

지평선학교 도서관 서가 뒤편
서가 뒤편으로 가면 작은 공간이 빙 둘러
져 있다. 조용히 밖의 경치를 보면서 골목
길을 걷듯이 산책할 수도 있고, 벤치에 앉
아 명상을 할 수도 있는 공간이다.

에 앉아서 창밖으로 펼쳐진 바깥 경치에 푹 빠지거나 명상을 하며
내면의 세계와 만날 수 있는 공간이다.

아직 일반적이라고 할 수는 없지만, 이상의 사례들을 통해 우리나라
학교 도서관도 과감한 공간혁신이 이루어지기 시작했음을 엿볼 수
있다. 이처럼 고정관념의 틀을 깨면 도서관은 창의적인 공간으로
무궁무진하게 변신할 수 있으며, 다채로운 공간이 창출될 수 있다.
환상적인 도서관 공간에서 누가 시키지 않아도 날마다 머물면서 책
을 읽다 보면 인간 두뇌의 전두엽은 점점 더 빛을 발하고, 창의적인
사고의 최고점에 이를 수 있다. 도서관에서 삶을 가꾸며 미래를 설
계할 수 있다면 분명 한층 더 풍요롭고 행복한 삶을 살아갈 수 있을
것이다.

03

복도·계단·홈베이스·테라스

스치는 공간에서
머무는 공간으로

학교 공간을 살펴보면 꽤 넓은 자리를 차지하고 있음에도 효율 면에서 비경제적인 공간들이 꽤 많다. 예컨대 복도와 계단, 홈베이스 등은 학교 건물 안에서 공간적으로 차지하는 비중에 비해 지극히 단조로운 역할만을 수행한다. 우리는 오랜 시간 이런 공간들에 대해 개선할 필요성을 인식하지 못한 채 방치하였다. 교사들은 물론이고 학생들도 매일 그곳을 무심히 스쳐 지나칠 뿐이었다. 하지만 이러한 공간들은 얼마든지 새롭게 재탄생할 수 있는 무궁무진한 잠재력을 갖고 있다. 이런 공간들의 변신이야말로 학교 전체에 대한 인상을 단박에 긍정적으로 바꿀 만큼 커다란 파급 효과를 가져온다. 이에 여기에서는 복도와 계단, 홈베이스, 테라스 등을 중심으로 한 맞춤형 공간혁신 아이디어를 살펴보려고 한다.

복도: 또 다른 교실이자 관계를 만들어내는 따뜻한 공간

학교에서 복도는 어떤 공간이어야 할까? 미국의 세계적인 건축가 루이스 칸(Louis Kahn, 1901~1974)은 학교의 복도에 대해 이렇게 말하였다.

> 학교의 복도는 수업 시간에 선생님이 말씀하신 내용을 이해하지 못한 학
> 생이 친구에게 '그게 무슨 뜻이었어?'라고 물을 수 있는 곳이어야 한다.

그러나 우리나라의 대부분의 학교 복도는 좁고 길게 이어져 있다. 따라서 친구들과 복도에 모여서 질문을 하거나 옹기종기 머물러 이야기를 나누기에는 상당히 불편한 공간이다. 어정쩡하게 복도에 서 있다가는 오가는 다른 친구들과 부딪히기 쉽다. 아이들은 교실에서만 배우는 것이 아니라 학교 공간 곳곳에서 배움을 키워 간다. 또한 복도는 교실에서 느낀 압박감에서 벗어나 해방감을 줄 수 있는 공간이 되어야 한다.

미래학교의 복도는 단지 이곳과 저곳을 연결하는 단순한 기능을 넘어 아이들이 소통하며 뛰놀 수 있는 공간, 쉴 수 있는 공간, 서로 가르치고 배울 수 있는 공간이 되어야 한다. 복도는 또 다른 교실이며, 아이들이 관계를 만들어내는 기쁨을 느낄 수 있는 곳이기도 하다. 지금부터 기존 학교 복도와는 다르게 구성된 실제 사례들을 만나보자.

아늑한 느낌을 주는 서울동답초등학교의 복도
이 학교는 복도 천장을 박공지붕 형태로 디자인해 삭막한 공간이 아닌, 집 속에 집이 있는 듯한 아늑한 느낌을 연출하였다.

서울동답초등학교 복도는 천장을 박공지붕 형태로 디자인해 집 속에 집이 있는 느낌이다. 복도와 교실 사이에는 폴딩창을 설치했고, 창턱은 좀 더 넓히고 계단을 하나 두어 평상시에는 이곳에서 아이들이 책을 읽거나 놀이를 할 수도 있게 만들었다. 서울동답초등학교는 급식실이 따로 없기에 넓은 창턱은 점심시간에 배식대로 활용되기도 한다. 복도의 창문이 단순히 교실과 복도를 나누는 역할을 너머 폴딩창으로 연결되면서 아이들의 다양한 삶을 담아내는 공간이 되고 있다.

인천예송초등학교의 경우 신축 건물이라 복도에 여유 공간이 있고, 층별로 다르게 공간을 구성한 것이 특징이다. 한쪽에는 작은 암벽장까지 마련되어 있다. 암벽장 아래에는 안전을 위해 매트를 깔았고, 낮은 칸막이를 설치해 지나가는 사람의 시선이 닿을 수 있도록 하였다. 이처럼 놀이 공간을 구성할 때는 시선이 완벽하게 차단되지 않도록 적당히 열린 공간으로 구성하는 것이 좋다.

※자료: 한국교원연수원

층마다 다르게 구성한 인천예송초등학교 복도

신축 건물이라 널찍하게 복도 공간을 구성면서 층별로 복도를 다르게 디자인한 점이 이색적이다.

공간이 완전히 막혀 있으면 아이들이 어떤 상황에 놓였는지 가늠하기 힘들기 때문이다. 이 학교 또한 복도의 통로와 아이들의 놀이 공간 사이를 낙서를 할 수 있는 칠판으로 느슨하게 경계를 지어 열린 공간으로 구성하였다.

아이들이 오르락내리락하거나 앉아서 이야기를 나눌 수도 있는 넓은 계단도 눈에 띈다. 이 계단 왼쪽 통로 벽면은 칠판이 설치되어 있고, 오른쪽 창가 벽면은 크기가 다양한 사각형의 창이 나 있다. 창가 쪽으로는 테이블과 작은 의자가 놓여 있다. 계단 안쪽의 아이들과 네모난 창을 통해 서로 소통할 수 있는 구조이다. 서로의 공간이 막힌 듯하면서 열려 있는 것이다.

또 다른 복도 공간에는 천장에 매달려서 이동할 수 있는 사다리 모양의 운동기구를 설치하였다. 이런 운동기구는 팔 근력을 기를 수도 있고, 끝까지 다 건너가면 성취감도 맛볼 수 있다. 또한 이곳 역시 칸막이를 사선으로 설치해 시선을 어느 정도 차단하면서도 적당히 열린 공간으로 만들었다. 칸막이에는 아치형 통로도 있고, 둥그런 창틀도 있다. 이런 공간에서 아이들은 서로의 말과 행동을 연결할 수 있다.

창가 쪽 작은 공간은 삼각형 책상에 끝을 사선으로 처리한 벤치가 있다. 아치형 통로로 아이들이 다람쥐처럼 들락날락하는 모습을 상상할 수 있다. 일체형 벤치와 테이블이 있고, 그 위에 구조물을 설치해 마치 작은 집이 연상되는 공간도 있다. 또 다른 층의 복도는 아예 완전히 열린 공간으로 구성했다. 이곳에는 벽면에 낙서 공간을 만들어놓았고, 창 쪽으로는 아이들이 쏙 들어가서 놀 수 있는 작은 공간도 있다. 칠판 옆에는 지우개와 분필을 올려놓을 수 있는 흰색 통을 설치해 아이들이 편리하게 이용할 수 있도록 배려하고 있다. 칠판 아래 작은 무대는 굴곡이 있어서 부드러운 느낌이 들고, 아이들이 무대에 편하게 앉거나 누워서 장난을 치거나 놀이를 할 수도 있다.

복도 바닥에 사방치기 판을 그려놓은 곳도 있다. 벽면에는 파란 뭉게구름과 연둣빛 나무, 초록색 들판을 그려넣어 실내에서도 조금이나마 자연을 느낄 수 있도록 꾸며놓았다.

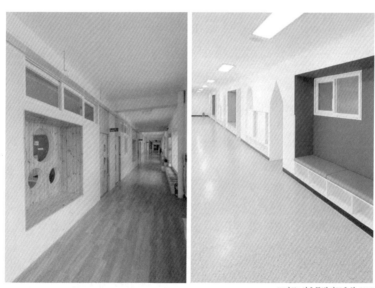

※자료: 서울특별시교육청, 2018

복도에 설치한 벤치(왼쪽: 서울장충초등학교, 오른쪽: 서울중목초등학교)
앉을 자리만 마련해도 복도는 스쳐 지나가는 공간이 아니라 앉아서 소통이 이루어지는 공간으로 탈바꿈할 수 있다.

신축인 경우 아예 복도 공간을 여유 있게 설계하여 다양한 형태로 구성할 수 있으나 신축이 아닌 경우에는 공사하는 데 한계가 있을 것이다. 이럴 때는 기존 복도와 교실 사이 벽면을 활용하는 방법을 고려할 수 있다. 서울장충초등학교는 교실과 연결되는 복도 벽면에 원목으로 네모난 틀을 만들고 아이들이 앉을 수 있는 공간을 마련하였다(243쪽 왼쪽 사진). 그리고 크기가 서로 다른 둥그런 창을 설치해 복도에 있는 아이와 교실에 있는 아이가 서로 마주 보며 소통할 수 있도록 하였다. 복도에 작은 벤치가 있으면 아이들은 자연스레 그곳에 앉아서 이야기꽃을 피운다. 복도가 단순히 다른 곳으로 이동하는 역할을 넘어 아이들의 다양한 삶을 담아낼 수 있는 공간이 되는 것이다. 서울중목초등학교는 복도와 교실을 잇는 벽면에 아이들이 앉을 수 있도록 푹신한 벤치를 만들었다(243쪽 오른쪽 사진). 교실로 통하는 문도 아치형, 뾰족한 오각형 등 다양하게 만든 것이 눈에 띈다. 이러한 복도라면 누구나 잠시 머물며 이야기를 나누고 싶어지지 않을까?

계단: 전시와 발표, 소통이 꽃피는 멀티공간

층과 층을 잇는 계단도 생각하기에 따라 꽤 다채롭게 활용해볼 수 있다. 아이들이 교류하는 공간으로 사용할 수도 있고, 전시회를 열거나 다 함께 모여 음악회나 발표회 등을 열 수도 있다.

계단의 변신은 무죄

아래 사진들에서 보듯이 목재로 만든 계단은 따뜻한 느낌을 준다. 여기에 부분적으로 계단 폭을 넓게 하고, 높이도 약간 높게 하여 아이들이 의자처럼 앉기 편하게 만들 수도 있다. 한쪽 끝은 계단을 편하게 오르내릴 수 있도록 높이를 다르게 하는 것도 좋고, 계단에 새로운 공간을 마련할 수도 있다.

하늘숲초등학교는 중앙현관 계단에 집 모양의 구조물을 설치하였다. 내부가 파란색으로 되어 있는 뾰족한 지붕 형태의 작은 공간도 만들었다(246쪽 사진 ①). 3개의 단으로 되어 있고, 단과 단 사이 벽면에는 책을 꽂을 수 있도록 하였다. 단 위에는 푹신한 매트를 설치하여 아이들이 편안하게 앉아서 책을 읽기도 하고, 친구들과 사이좋게 들어가 놀 수도 있다.

또 연두색 구조물을 설치한 통로도 있다(246쪽 사진 ②). 간혹 계단 난간을 아슬아슬하게 미끄럼을 타고 내려오는 것을 좋아하는

※자료: 한국교육개발원

다양한 행동을 담아낼 수 있는 계단
시멘트 일변도의 계단에서 탈피해 소재를 달리하거나 높이를 달리하는 식의 변형을 통해 스쳐 지나가는 공간이 아닌 머무는 공간으로 바꿀 수 있다.

하늘숲초등학교의 중앙 계단 솔빛길
계단에 뾰족한 집 모양의 구조물을 설치하고 안에 푹신한 매트를 놓자 아이들이 오며 가며 앉아서 장난도 치고 책도 읽는 공간이 되었다.

아이들이 있다. 그런 모습을 볼 때마다 교사는 얼굴을 찌푸리며 "위험해, 그러다가 다친다!"라고 말린다. 그런데 여기 계단에는 아예 미끄럼틀이 있다(사진 ③). 경사진 부분에서 미끄럼을 타고 싶어 하는 아이들의 욕구를 안전하고 자연스럽게 충족시켜줄 수 있다. 미끄럼틀 옆으로는 작은 공간이 있고 작은 단도 있어 아이들이 모여 앉아 이야기를 나눌 수 있다. 구조물의 가장 윗부분에는 오각형 작은 공간에 오각형의 창이 나 있다(사진 ④). 창 너머로 아이들의 행동을 볼 수 있는데, 그 창 아래 원목으로 계단처럼 벤치를 두었다. 왼쪽으로는 사각형의 긴 창틀이 있고, 오른쪽에는 중간에 창살을 넣은 옆으로 긴 직사각형 창틀이 있다. 아이들은 이 작은 공간 안에서 서로 대화를 나누기도 하지만, 양 측면에 나 있는 작은 창틀을 통해 지나가는 아이들과도 자유롭게 소통할 수 있다.

학교를 바깥세상과 이어주는 계단

일반적으로 학교의 계단은 바깥과 차단된 공간인 실내 계단실에 위치하는 경우가 많다. 별것 아닌 것 같지만, 이런 답답함도 계단을 빨리 지나치고 싶은 마음이 들게 하는 요인이다. 천안신당고등학교는 계단을 바깥세상과 자연스럽게 연결시켜 개방감을 준다. 이 학교의 계단은 밖으로 나온 것 같지만 밖은 아니다. 즉 계단을 계단실에 가두지 않고, 마치 테라스처럼 계단실에 넓게 중정을 들여 밖의 자연과 연결된 느낌이 들도록 하였다.

계단 위를 쳐다보면 꽉 막힌 벽이 아니라 천창이 있다(248쪽 사진 참조). 하늘과 계단 공간을 천창으로 경계 지어 빗물은 피하고 햇살은 아래로 끌어들였다. 계단 맨 아래쪽 1층 로비에는 정원이 있다. 정원의 아이비가 벽을 타고 올라가고 있다. 햇살 덕분에 이렇게 식물들이 잘 자라는 것이다. 계단이 밖으로 나와 있어 1층에서 3층까지 열린 공간, 연결된 공간이 된다. 이러한 공간 연출을 통해 아이들은 심리적인 여유와 개방감을 함께 느낄 수 있다.

※자료: 한현미

개방감을 준 천안신당고등학교 계단실
계단실 1층에는 넓은 중정을 두고 계단 위 천장에 유리창을 설치하여 어둡고 답답한 공간이
아닌, 밝고 자연과 연결된 느낌으로 개방감 있게 연출하였다.

홈베이스: 공간 활용도를 두루 높인 다목적 공간으로

—

교과교실제, 고교학점제가 원활히 자리를 잡으려면 홈베이스의
역할이 매우 중요하다. 특히 홈베이스는 모든 교실의 중앙에 위치
해 다른 공간으로 쉽게 이동할 수 있어야 하므로 중앙 계단과 근
접한 공간이면 좋겠다. 또 홈베이스에 단순히 탈의 공간이나 아이
들 사물함만 설치할 것이 아니라 다목적으로 사용할 것을 염두에
두고 공간을 구성할 것을 추천한다.

다목적 공간 창출로 머물고 싶은 배움의 공간으로

홈베이스는 아이들이 쉴 수도 있고, 크고 작은 모임도 할 수 있는 공간, 배움의 공간이 되는 것이 좋다. 또한 한쪽에 컴퓨터를 두어 필요할 때마다 정보를 검색할 수 있게 하면 유용하다. 특히 고등학교의 경우 고교학점제가 시행되면 아이들은 선택 교과에 따라 불가피하게 공강 시간이 생기고, 그 시간을 어떤 공간에서 보내느냐에 따라 아이들의 행동이 달라진다. 홈베이스를 잘 구성한다면 공강 시간을 보다 알차게 보낼 수 있다.

아래 사진처럼 천안신당고등학교 홈베이스 공간은 노출 천장에 긴 막대 형태의 조명을 설치하였고, 중간 높이의 책장으로 적당한 경계를 지었다. 바닥은 에폭시로 처리했는데, 에폭시는 원래 강한

※자료: 한현미

다목적 공간으로 변신한 천안신당고등학교의 홈베이스
학생들은 이곳에서 편안하게 쉬거나 책을 읽을 수도 있고, 공부를 할 수도 있다. 머물고 싶은 배움의 공간으로 탈바꿈한 것이다.

접착제로 손상을 견뎌 내는 성질이 강해서 에폭시 페인트로도 많이 사용한다. 내가 우리 집 테라스 외벽에 파벽돌을 붙일 때 직접 사용해보니 접착력이 굉장했다. 한편 공간 곳곳에 다양한 모양의 탁자와 소파를 두어 아이들이 앉아서 책을 보거나 이야기를 나누며 시간을 보낼 수 있다. 바닥과 천장에서 오는 차가운 느낌과 소파에서 오는 따뜻하고 부드러운 느낌이 서로 조화를 이룬다.

기존 학교 건물의 홈베이스는 다소 위압감을 주는 폐쇄적인 공간이었던 것과 달리 공간혁신을 통해 홈베이스 공간의 한쪽 벽면은 완전히 열려 있고(249쪽 사진 참조), 또 다른 벽면은 아래 사진처럼 두 개의 기다란 창을 설치했다. 그냥 벽면만 세우면 완전히 단절된 공간이지만 창을 만들어 창 너머로 홈베이스 공간을 볼 수 있게 한 것이다. 아이들은 이 유리창을 사이에 두고 또 다른 형태의 소통을 하게 된다.

※자료: 한현미

홈베이스와 복도 사이의 긴 창문
세로로 길게 창문을 설치함으로써 공간에 개방감을 부여하였다.

홈베이스와 연결된 곳에 다양한 공간을 마련하는 것도 좋다. 천안신당고등학교는 e-스포츠 공간을 마련해 아이들이 함께 게임을 하면서 학업에 대한 긴장감도 풀고, 즐거운 시간을 보내고 있다. 홈베이스 공간 바로 옆에는 프로젝트 학습실이 있는데, 이곳 역시 열린 공간으로 아이들의 활동이 다 드러난다. 수업을 할 수도 있고, 아이들이 공강 시간에 자습도 하고, 토의도 하고, 쉴 수도 있다. 창 쪽으로는 테이블과 예쁜 조명을 설치하여 창밖을 바라보며 공부할 수도 있다. 하나의 교실에서 여러 가지 교육활동을 담아낼 수 있도록 공간을 구성하는 것은 참 중요하다.

프로젝트실 옆에는 세 개의 작은 공간을 만들었는데, 빈백 소파를 둔 곳에서는 편안하게 누워 쉴 수도 있고, 테이블을 설치한 공간에서는 서너 명이 앉아서 이야기를 나누며 모둠활동도 할 수 있다. 이런 작은 공간들은 모두 벽면에 유리 칠판을 설치하여, 낙서를 하면서 놀 수도 있고, 배운 내용을 기록하면서 학습도 할 수 있다.

※자료: 한현미

홈베이스와 관련해 시도해볼 만한 다양한 공간 구성 아이디어
교실에서만 배움이 일어난다는 것은 일종의 선입견이다. 학교의 모든 공간이 배움터라고 생각하면, 다양한 공간혁신 아이디어를 이끌어낼 수 있다.

학생들의 의견을 적극 반영한 밝고 열린 공간으로

서울당곡고등학교의 경우 기존 홈베이스의 조명이 어둡고 쾌적하지 못하다는 의견과 함께 앞으로는 다양한 의자와 소파를 두고, 조명이 밝게 비추는 공간, 좀 더 쾌적한 공간이면 좋겠다는 의견이 많았다. 이런 의견을 수용하여 밝고 따뜻한 공간, 쉼과 배움이 동시에 일어날 수 있는 공간으로 바꾸었다.

벽면에 설치한 계단에서는 아이들이 걸터앉아 쉴 수도 있고, 창가에 설치한 테이블에서는 자습도 할 수 있다. 다양한 색깔의 빈백 소파를 두어 마치 내 집 거실처럼 편안하게 앉아서 이야기를 나눌 수 있는 공간도 만들어졌다. 벽 쪽으로는 넓은 흰색 상판의 책상에 역시 깔끔한 디자인의 흰색 의자를 비치해 둘러앉아 협의도 하고, 동아리활동도 하고, 함께 공부도 할 수 있도록 하였다.

※자료: 서울특별시교육청, 2018

서울당곡고등학교의 홈베이스
학생들의 의견을 반영해 빈백을 포함한 다양한 의자와 밝은 조명을 활용해 밝고 따뜻한 공간으로 만들었다.

학습 효율을 높이는 공간 배치 아이디어

홈베이스 공간혁신에 관해 소개하고 싶은 또 다른 사례로 서울도
봉고등학교도 있다. 이 학교는 홈베이스와 자율학습실이 연결된
구조이다. 시선이 막히는 곳을 없애고 자율학습실이나 홈베이스
공간에서 아이들의 활동이 보일 수 있는 열린 공간으로 구성하였
다. 벽으로 막힌 공간보다는 열린 공간에서 많은 사람의 시선이
교차되면 아이들은 스스로 말과 행동을 절제하게 된다.

　벽면 쪽으로 사물함을 두었고, 중앙에는 단을 두어 마루처럼 만
들었다. 아이들은 이곳에서 앉을 수도 있고 누울 수도 있으며, 쉴
수도 있고 공부를 할 수도 있다. 또한 마루 한쪽에는 작은 탁자를
설치했는데, 책을 올려놓고 읽을 수도 있고, 아예 의자처럼 올라
앉을 수도 있다(254쪽 사진 ①).

※자료: 서울특별시교육청, 2018

서울도봉고등학교 홈베이스 평면도
홈베이스와 자율학습실을 연결해 벽으로 막힌 공간이 아닌 열린 공간으로 구성하였다.

※자료: 서울특별시교육청, 2018

서울도봉고등학교 홈베이스 내부
홈베이스와 연결하여 자율학습 공간을 만들었으며, 일반적인 독서실과 달리 책상의 배치도 다양하고, 칸막이의 높이도 낮게 설치하였다.

획일적인 공간에서 비슷비슷한 생각들이 만들어지는 것처럼 다양한 형태의 자극이 존재하는 공간에서는 다양한 생각과 행동이 자연스럽게 일어난다. 사물함을 엇갈려 배치한 공간도 있는데, 자연스럽게 느슨한 경계가 생겼다(위 사진 ②). 크고 작은 단차를 두어 오밀조밀 다양한 공간을 만들었고, 빈백 소파를 두었으며, 아이들이 필요에 따라 의자를 옮겨서 다양한 행동을 할 수 있도록 하였다. 홈베이스 공간과 연결된 곳에 자율학습 공간이 있으며, 책상의 모양을 다양하게 배치하고, 칸막이의 높이는 낮추어 기존의 분위기와는 확연히 다르다(위 사진 ③). 아이들의 의자도 좀 더 편안한 것으로 선택하여 장시간 앉아서 공부를 해야 하는 고등학생들의 건강을 챙길 수 있도록 배려하였다.

테라스와 중정:
바깥세상과 이어주며 공간에 여유를 더하다

—

우리에게 익숙한 학교의 모습은 굳게 닫힌 교문이 말해주듯 개방적이기보다는 폐쇄적이고 바깥세상과는 다소 단절된 이미지이다. 폐쇄적이고 답답한 공간에 머물수록 심리적으로 위축되며 스트레스도 가중된다. 학교 곳곳에 바깥세상과 이어주는 열린 공간이 마련된다면 지칠 때마다 빠르게 활력을 회복할 수 있을 것이다. 아직 우리나라 학교에서는 일반적으로 찾아보기 어려운 구조물이기는 하지만, 끝으로 학교를 한층 열린 공간으로 만들어주는 테라스와 중정에 관한 내용을 덧붙이고자 한다.

안팎이 서로 연결된 공간, 어떻게 구성할까?

우리 한옥은 보통 신발을 벗는 곳을 안, 신발을 신는 곳을 밖이라고 본다. 그런데 마루의 경우 신발은 벗지만, 엄밀히 말해 바깥에 더 가깝다. 한옥에서 마루는 안과 밖을 이어주는 매우 중요한 공간이다. 나는 어렸을 때, 마루에 걸터앉아 눈이나 비가 내리는 모습을 볼 때, 마당 한쪽 꽃밭에 핀 꽃들을 볼 때 알 수 없는 편안함과 함께 깊은 행복감을 느꼈다. 마루에 앉아 처마 끝에서 마당으로 떨어지는 빗물이 둥그렇게 물방울을 만들며 빙글빙글 돌다 없어지곤 하는 모습을 한참 동안 넋 놓고 바라보던 기억이 난다.

학교 공간도 이렇게 우리 한옥의 마루처럼 밖과 연결되는 공간을 둔다면 아이들의 삶을 좀 더 여유 있게 담아낼 수 있다. 교실마다 테라스를 두는 것은 어떨까? 교실 공간 재구조화를 할 때, 우리에게 익숙한 학교의 모습 안에서만 생각하면 한계에 부딪히기 쉽다. 하지만 과감하게 교실 벽을 허물고, 테라스를 만들면 밖과 연결되는 공간이 만들어진다.

발코니, 베란다, 테라스

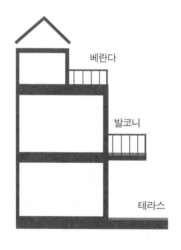

우리가 사용하는 건축 공간에 대한 용어 중에 '테라스, 발코니, 베란다'가 있다. 이 세 공간을 비슷한 개념으로 혼용하고 있지만, 엄밀히 다른 공간이다. 먼저 테라스는 1층에서 밖과 연결되는 공간을 말한다. 발코니는 건물 외벽에 돌출형으로 나와 있는 부분이다. 아파트 베란다가 정확히 말하면 발코니이다. 대부분 발코니에 새시(sash)를 설치하여 내부 공간으로 사용한다. 베란다는 건물에서 튀어나온 부분이 아니라 아래층보다 위층의 면적이 좁을 때, 면적 차이로 오는 아래층 옥상 부분을 말한다. 그러나 이것은 건축학적 용어이며, 이 책에서는 상용되는 것처럼 밖과 연결되는 공간은 모두 '테라스'로 지칭하겠다.

※자료: 이우학교 홈페이지(https://www.2woo.net/board/publicity)

성남의 이우학교

교실마다 작은 테라스를 만들어 쉬는 시간이면 테라스에서 자연을 접하거나 답답한 마음을 환기시키는 쉼의 공간이자 배움의 공간으로 만들었다.

다목적 공간으로 되살린 테라스

경기도 성남의 이우학교는 교실마다 작은 테라스가 있다. 테라스를 통해 교실이 밖과 연결되어 있기에 쉬는 시간에도 쉽게 밖으로 나와 자연을 접할 수 있고, 답답한 마음을 풀 수도 있다. 쉼의 공간이자, 다양한 교육활동이 가능한 배움의 공간이기도 하다. 만약 학교에 유휴 교실이 있다면 과감하게 외부와 통한 벽을 헐고 테라스를 만들어주면 어떨까? 이곳에서 아이들은 사계절 자연의 변화를 느끼며 좀 더 여유 있고 편안하게 생활할 수 있을 것이다.

이우학교뿐 아니라 광주의 광덕중학교 역시 테라스를 만들어 다목적 공간으로 활용하고 있다. 이 학교의 테라스 이름은 '별빛테라스'이다. 테라스의 이름은 물론 아이들에게 공모해서 지었다. 별빛은 아이들의 꿈을 상징한다. 이 별빛테라스는 아이들과 함께 설계한 공간이라는 점에서 더욱 의미 있다. 원래 이곳은 복지동의 옥상으로 초록색 방수 페인트만 칠해놓은 채 방치된 공간, 버려진

※자료: 광주광역시교육청, 2018

학생들과 함께 설계한 광덕중학교의 별빛테라스
사용하지 않던 공간을 아이들과 함께 설계해 자연을 느낄 수 있는 소중한 공간으로 살려냈다.

공간이었다. 그러나 이곳에 벤치와 탁자, 화분, 파라솔을 두면서 아이들이 건물 밖으로 나와 중앙 정원을 바라보며 자연을 느낄 수 있는 소중한 테라스가 되었다.

기존에 버려진 공간을 테라스로 탈바꿈한 사례가 또 있다. 천안 동성중학교의 경우 학교 건물의 중앙현관 지붕인 포치(porch) 위 태극기가 게양된 공간을 테라스로 개조했다(259쪽 사진 참조). 원래 이 공간은 건물 내부에서 보면 복도 창문 너머 공간으로 학생들은 출입할 수 없었다. 가끔 어른들이 태극기를 올리거나 내리기 위해 또는 청소를 위해 한 번씩 창문을 넘어 오갔을 뿐 버려진 공간이었다. 심지어 아이들은 아무렇지 않게 창문 너머로 쓰레기를 던지곤 해서 온갖 쓰레기들이 쌓이다 보니, 보다 못한 교사들이 한 번씩 쓰레기를 주워올 뿐이었다. 단절된 공간이자 죽은 공간, 태극기가 휘날리는 깃대 하나만 덩그러니 놓인 쓸쓸하고 차가운

※자료: 한현미

천안동성중학교의 테라스 공사 전후 모습
공사 전에는 학교 건물 중앙현관 지붕 위에 태극기만 외롭게 달려 있었지만, 공간혁신으로 아이들이 자연과 접할 수 있는 카페 같은 공간으로 재탄생시켰다.

공간이었다.

　이 지저분하고 삭막했던 공간이 근사한 카페 같은 공간으로 탈바꿈한 것이다. 학교 창호 공사를 진행하면서 공간을 막고 있던 창문을 떼어내고, 창문 아래쪽 벽을 터서 2층 중앙현관과 이어진 열린 공간으로 만들었다. 벽을 부순 후 녹색 방수 페인트만 칠해져 있던 우중충한 바닥에는 세련된 부정형의 현무암을 깔고, 콘크리트 벽면은 흰색 라텍스로 둘렀다. 그리고 각종 꽃들을 심은 플랜트 박스를 가져다 놓았다. 작은 수반도 갖다 놓고 미니 분수대도 놓으니 어느새 아이들이 너도나도 찾아와 분수대 물소리도 듣고, 자연도 느낀다. 테라스 입구에는 폴딩도어를 설치해 활짝 열어놓으면 시야가 탁 트이며 안과 밖이 연결되어 개방감이 배가된다. 아이들은 여기에 앉아 이야기도 하고, 장난도 치고, 숙제도 하고, 동아리활동도 한다. 오랜 시간 방치되어 있던 죽은 공간이 이제는 아이들의 발길이 끊이지 않는 생기발랄한 공간, 아름다운 공간, 나아가 아이들이 제일 좋아하는 공간으로 거듭난 것이다.

힐링 공간으로 거듭난 중정

끝으로 소개할 사례는 사계절을 느낄 수 있는 미니 정원으로 꾸민 동화고등학교의 삼각 중정이다. 경기도 남양주에 있는 동화고등

※자료: 한현미

동화고등학교의 삼각 중정
삼각 중정을 둘러싸고 있는 유리창 너머로 복도와 교실이 이어진다. 복도를 거닐면서 아름다운 정원을 감상할 수 있고, 계절의 변화도 느낄 수 있다. 아예 중정으로 나오면 바람과 햇살을 마음껏 누릴 수 있다.

학교의 송학관은 독특한 삼각형 건물이다. 이 삼각형 건물 중앙에 건물 모양처럼 예쁜 삼각형 정원을 마련한 것이다. 송학관 1층은 교무실과 이동수업실, 다목적실이 있고, 2층과 3층은 3학년 교실과 협의실·모둠 학습실이 있는데, 이 삼각 중정이 있는 곳은 1층 지붕이다. 즉 삼각 중정 아래에 1층 교실 공간이 있다.

삼각 중정은 투명한 유리로 둘러싸여 있어, 바람이 지나가는 소리와 구름이 떠가는 모습, 빗방울 떨어지는 소리, 함박눈이 소복소복 쌓이는 모습 등 사계절의 자연을 고스란히 느낄 수 있다. 삼각 중정을 둘러싼 유리창 너머로 복도가 이어지는데, 이 건물의 복도는 삼각형으로 서로 연결되어 돌고 돌다 보면 결국 제자리로 돌아온다. 우리에게 익숙한 학교 복도는 쭉 이어진 일자형 복도이기에 계속 걷다 보면 언젠가는 벽에 부딪히지만, 동화고등학교는 아름다운 정원을 바라보며 사색에 잠긴 채 천천히 계속 걷고 또 걸을 수 있다. 걷다가 복도에 놓인 벤치에 앉아서 잠시 쉬기도 하고, 벤치에서 공부를 하거나 친구들과 이야기도 나눌 수 있다. 특히 이 건물은 고등학교 3학년 아이들이 생활하는 공간이다. 학창시절 중 가장 답답하고, 가장 힘들고, 가장 고민이 많은 시기를 보내는 고3 학생들이 잠시 잠깐 이 중정으로 나와 시원한 바람을 맞으며 따사로운 햇살을 느낀다면, 대자연의 위로 속에 조금이나마 마음의 여유를 찾을 수 있을 것이다.

04

화장실

몸도 마음도 함께 정화되는
아름다운 공간

일반적으로 화장실이라는 공간에 대해서 사람들은 어떤 생각이 가장 먼저 떠오를까? 아마도 '위생', '청결' 같은 단어를 먼저 떠올릴 것이다. 예컨대 낯선 장소에 가면 사람들이 가장 먼저 하는 질문 중 하나가 바로 "여기 화장실 깨끗해?"이다. 위생적으로 관리만 잘되어 있어도 다행이라는 것이다.

그런데 위생은 물론, 미적으로 잘 관리된 화장실은 공간 전체에 대한 인상마저 긍정적으로 바꾸는 효과가 있다. 예컨대 카페 내부의 분위기는 좋은데 화장실이 관리가 안 되어 지저분하다면 아마도 다시는 방문하고 싶지 않을 것이다. 반대로 화장실이 청결하고 분위기마저 아름답게 관리된 곳은 꽤 오랫동안 기억에 남는다. 먼저 사진(263쪽)을 한 번 살펴보자. 얼핏 보면 온실 같기도 한 것이

화장실 내부에 있는 아름다운 정원
마치 화원이나 온실에 들어온 듯 아름답고 싱그럽게 꾸며진 이 공간은 인천국제공항 화장실에
꾸민 미니 정원의 모습이다.

영락없는 실내 정원이다. 그런데 좀 더 자세히 들여다보면 이 공
간은 다름 아닌 화장실임을 알 수 있다. 이곳은 우리나라 인천국
제공항 제1여객터미널 7번 게이트 인근 화장실 안에 꾸민 정원이
다. 화장실 안쪽으로 쭉 들어가면 나오는 공간으로 여러 가지 화
초들이 잘 자라고 있다. 화장실 정원 왼쪽 벽면 전체가 유리라 햇
살이 잘 들어와 밝고 따뜻하며, 바깥 풍경도 한눈에 들어온다.

여전히 과거에 머물러 있는 칙칙한 학교 화장실

사람이 공간에서 받는 느낌, 감정은 그 사람의 정서에 커다란 영향을 미친다. 따라서 우리 아이들이 어떤 공간에서 생활하느냐에 따라 성장의 방향은 달라질 수밖에 없다. 학교 화장실 안에도 이렇게 아름다운 정원을 꾸며놓으면 아이들의 마음을 부드럽게 감싸주는 휴식의 공간, 힐링의 공간이 되지 않을까?

과거 내가 학교에 다닐 때만 해도 학교는 동네에서 가장 좋은, 이른바 신식 건물이었다. 커다란 창문도 그렇고 운동장의 그네, 시소, 미끄럼틀 같은 놀이기구는 어린 내 마음을 온통 사로잡았다. 그런데 어찌 된 일인지, 지금의 학교는 내가 어린 시절에 본 그 모습에서 거의 달라진 것이 없다. 학교와 달리 가정은 더 편안하고, 더 깨끗하고, 더 안락한 공간으로 진화하였다. 이러한 가정에서 성장한 아이들은 편리하고 아늑한 공간에 익숙하다. 그러다 보니 차갑고 불편한 학교 공간에 쉽게 적응하지 못하고 힘들어한다. 특히 학교 공간 중 아이들에게 가장 큰 고통을 주는 곳은 뭐니 뭐니 해도 화장실이다. 집에 있는 화장실에서는 향기가 나고 편안한 기운이 감도는데, 학교 화장실은 소독약과 뒤섞인 역겨운 냄새가 난다. 또한 낡고 지저분한 변기, 어두침침한 조명까지 더해져 혐오스러운 공간에 가깝다. 심지어 초등학교 저학년의 경우 화장실이 급하다고 집으로 뛰어가는 진풍경이 벌어지기도 한다. 우리 조상들은 화장실을 근심을 해소하는 곳, 번뇌를 푸는 곳이라는 뜻으로 '해우소'라고 칭했는데, 오늘날의 학교 화장실은 근심을 해소하기는커녕 오히려 근심이 쌓이는 공간이 되고 만 것이다.

학교 화장실에도 햇살이 가득 들어와 밝았으면 좋겠고, 볼일을 보면서 밖의 풍경을 내다볼 수 있으면 더더욱 좋겠다. 화장실도 다양한 공간 구성이 중요하지만 기존 공간이 그리 넓지 않다면 창문이라도 크게 내어 따사로운 햇살이 가득 들어올 수 있도록 해보자. 밝은 햇살을 끌어들이는 것만으로도 화장실 분위기가 확 달라질 것이다. 창문의 모양도 다양하니까 옆으로 길게 낼 수도 있고, 아래로 길게 뺄 수도 있다. 천창, 고창, 중창을 낼 수도 있다. 화장실에 좀 더 공간적 여유가 있다면 작은 벤치, 테이블, 소파 등을 두어보자. 그러면 아이들은 화장실 공간에서 좀 더 다양한 활동을 하게 되고, 편안하게 지낼 수 있을 것이다. 녹색 식물로 아름다운 정원을 꾸며놓으면 공기도 맑게 해주고, 심리적으로도 평화로움을 느낄 수 있다. 여기에 잔잔한 음악이 흐르면 화장실은 또 하나의 명상 공간이 되면서 아이들이 자신의 내면을 들여다볼 수 있을 것이다.

그리고 변기나 세면대, 수전의 모양도 찾아보면 참으로 다양한데, 유독 학교 화장실에 들어가면 위생 기구가 모두 비슷한 모양과 비슷한 색깔을 하고 있다. 화장실의 위생 기구들을 다양한 디자인으로 시공하는 것도 중요하다. 조개 모양의 세면대에 금색 수전도 있고, 세면대와 받침대에 디자인을 넣어서 좀 더 아름답게 느껴지는 것도 있다. 다양한 모양을 보아야 다양한 생각도 할 수 있는 법이다. 또한 화장실에서 따뜻한 물을 사용할 수 있도록 하고 핸드 드라이기, 손 세정제, 화장지, 가글 같은 용품도 기본적으로 구비해두어야 한다. 이러한 위생용품뿐 아니라 아이들이 편하게 이용하고 휴식도 가능한 공간으로 구성해야 한다. 어둡고 밀폐된 공간에서는 서로 다투고, 일탈행위도 자주 일어나는 경향이 있다. 만약 화장실을 서로 이야기도 나누고 소통할 수 있는 공간, 밝고 아늑한 공간으로 구성하면 아이들은 집과 같은 편안한 느낌을 받아서, 좀 더 밝고 부드럽게 행동하게 될 것이다.

내 집처럼 편안하고 아늑한
'꾸미고 꿈꾸는 화장실' 사업

대표적인 화장실 개선 노력으로 서울시교육청과 서울시의 교육협력 사업인 '꾸미고 꿈꾸는 화장실' 사업이 있다. '꾸미고 꿈꾸는 화장실' 사업을 통해 달라진 화장실 사례들을 함께 살펴보자.

서울미동초등학교: 편의시설을 갖춘 경쾌하고 배려 깊은 화장실

서울미동초등학교 화장실을 보면 입구 벽면 전체를 여학생용은 주황빛으로, 남학생용은 파랑빛으로 구성하여 화장실 앞 복도 공간이 환해 보인다. 연두색 바탕에 검정색으로 커다랗게 화장실을 표시하는 디자인을 한 곳도 있다. 화장실 입구는 복도와 연결되어 있다. 그 벽면을 어떻게 디자인하느냐에 따라 앞의 복도 공간도

밝고 경쾌한 느낌을 주는 화장실 외부
복도와 이어진 화장실 벽면을 어떻게 디자인하는가에 따라 칙칙하고 혐오스러운 이미지에서
벗어나 밝고 경쾌한 느낌을 줄 수 있다.

느낌이 달라진다. 밝고 따뜻하고 경쾌한 느낌이 들도록 하는 것이
중요하다.

서울미동초등학교는 화장실 문을 공간마다 주제를 달리해서 디
자인했다. 268쪽의 사진들처럼 자동차도 있고, 만화 캐릭터도 있
고, 귀여운 곰돌이 모양, 자연 풍경, 건물 모양도 있다. 이렇게 꾸
미면 어떤 화장실을 사용하느냐에 따라 그때그때 느낌이 달라질
것이다. 아이들의 다양한 느낌은 다양한 생각을 불러일으킨다.

또한 269쪽의 사진에서 보듯 거울 아래에 작은 선반을 두었고,
선반 사이에는 작은 벤치를 두어 아이들이 잠깐이라도 앉아서 이
야기를 나누거나, 선반을 이용해 소지품을 정리할 수 있다. 아이
들이 앉는 벤치도 차가운 타일이 아닌 나무로 만들어 한층 따뜻함
을 느낄 수 있다. 장애인용 변기 설치는 기본 중의 기본이다. 변기
사이에 칸막이를 두어 용변을 볼 때의 불편함을 배려했고, 칸막이

세련되고 귀엽고 친근한 느낌을 주는 화장실 내부

칙칙하고 단조로운 화장실 벽면에서 벗어나 내부 벽면에 귀여운 일러스트로 벽화처럼 작업하였다. 화장실마다 주제를 달리한 그림들을 보면서 아이들은 다양한 느낌, 다양한 생각을 할 수 있을 것이다.

옆으로 작은 선반을 두어서 간단한 물건을 올려놓을 수 있도록 했다. 간이벽을 설치하고, 이 벽면에 거울을 달고 그 아래는 아이들 키에 맞춰 세면대를 낮게 설치한 것도 눈에 띈다. 자칫 소홀할 수 있는 부분이 조명인데, 이곳 화장실 천장에는 주등을 설치하였고, 벽면에는 장식등을 설치해 편안한 느낌을 자아낸다.

편의와 배려의 공간

거울 아래 작은 벤치를 두어 화장실에서도 친구들과 잠시 앉아 대화를 나눌 수 있도록 하였다. 장애인을 위한 설계와 용변 시 소지품을 잠시 보관할 수 있는 선반의 설치를 통해 편의와 배려를 함께 고려한 화장실로 다시 태어났다.

신현중학교: 화장실인 듯 화장실 아닌 화장실 공간

'꾸미고 꿈꾸는 화장실' 사업을 진행한 신현중학교 화장실은, 사용자의 의견을 적극적으로 반영하고 아이들의 눈높이에 맞게 공간을 디자인한 사례이다. 270쪽의 사진을 보면, 화장실 입구 벽면 디자인을 각기 달리한 점도 눈에 띈다. 연둣빛으로 처리하여 오가

※자료: 한국교원연수원

신현중학교의 신관 및 본관 화장실 입구와 내부

화장실 공간 개선에 사용자의 의견을 적극 반영하고, 벽면마다 다른 색을 적용하였다. 아울러 내부도 다양한 타일과 둥근 형태의 거울, 등박스 등을 활용해 기존의 화장실 공간과는 전혀 다르게 깔끔하고 여유롭게 구성했다.

면서 산뜻한 느낌을 받을 수 있는 곳도 있고, 또 다른 곳은 하늘빛으로 색칠하여 푸른 하늘이 연상되면서 시원한 느낌이 드는 곳도 있다. 단순히 색깔만 넣은 것이 아니라 벽면 전체를 독특하게 디자인해 멀리서 보아도 화장실임을 금방 알 수 있게 하면서 더불어 밝고 경쾌한 느낌을 주는 곳도 있다.

이와 반대로 내부는 화장실이 아닌 것처럼 깔끔하고 여유로운 분위기로 구성하였다. 예컨대 여학생 화장실의 경우, 붉은빛을 띠는 분홍색의 타일을 붙였고 천장의 등박스도 분홍색으로 통일하였다. 동그란 거울 아래 아이들이 간단한 소지품을 얹어놓을 수 있는 선반도 만들어놓았다. 밝고 따뜻한 느낌이 든다. 중학교 여학생들의 감성을 자극하는 분홍빛이다.

창문에는 아이들의 안전을 위해 안전바를 설치했고, 그 옆 벽면에는 액자를 걸어두었다. 거울 위쪽에는 시계를 걸어두어 아이들이 규칙적인 생활을 하는 데 도움이 되도록 하였다. 화장실의 문 색깔도 노랑, 주황, 분홍 등 다 다르게 디자인하였다. 천장 가운데는 연둣빛으로 강조색을 두었고, 이와 연결된 느낌이 들도록 거울이 설치된 쪽의 천장도 연둣빛으로 둘렀다.

본관 화장실은 세면대 왼쪽 벽면에 아름다운 액자도 있고, 그 아래쪽에 손 세정제가 비치되어 있다. 세면대 위에는 화분을 두었다. 화장실에는 예쁜 꽃이 놓이는 것만으로도 분위기가 확 달라진다. 물론 조화를 갖다 놓아도 좋다. 그러나 생화는 또 느낌이 다르다. 무엇보다 생화를 가져다 놓으면 식물에서 자연스럽게 뿜

※자료: 한국교원연수원

신현중학교의 신관 화장실

독특한 벽화로 장식한 화장실 문과 입구가 아닌 화장실 중앙에 배치한 세면대, 그리고 학생들이 화장실에서 시간을 확인할 수 있도록 디지털 시계를 걸어두었다. 화장실에서 자주 옷을 갈아입는 아이들의 편의를 위해 아예 화장실에 탈의실을 마련한 점도 눈에 띈다.

어 나오는 생명력으로 인해 공간에 생기를 더할 수 있지만, 반면 누군가의 꾸준한 관심이 있어야 잘 자란다.

남자 화장실은 시원한 파란빛으로 디자인했다. 변기 위쪽 벽면과 창문 옆에는 액자를 걸어두었다. 푸른 톤의 아주 작은 격자 모양 타일 벽에는 깔끔하고 단순한 흰색 액자를 걸었고, 흰색 타일 벽면에는 흰색 액자가 아니라 짙은 색 액자 틀을 사용했다. 자칫 썰렁할 수 있는 남자 화장실에 액자를 걸자 좀 더 부드러운 느낌이 든다.

신관 화장실의 경우는 독특한 벽화를 통해 화장실이라는 느낌이 전혀 들지 않는 파격적인 디자인을 선보였다. 이 공간을 지나가는 것만으로도 굉장히 경쾌한 느낌이 들 것 같다. 일반적으로 화장실 세면대는 한쪽 구석에 쭉 이어져서 설치하는데 이곳은 세면대가 중앙에 있다. 멀리 입구 쪽으로 전자시계를 달아두었다. 수업에 늦은 아이들이 억울해하며 종종 하는 이야기가 있다.

"화장실에 있는데 종소리가 안 들렸어요."

화장실마다 시계를 걸어두면 이렇듯 불필요한 실랑이는 없을 것이며, 아이들이 자발적으로 수업 시간을 지키는 데 도움이 될 것이다. 그리고 화장실 내부에 탈의실을 만들었다. 아이들은 별도의 탈의실이 있음에도 너무 멀다는 이유로, 또는 귀찮다는 이유로 화장실에서 자주 체육복을 갈아입는다. 이러한 아이들의 행동 패턴을 고려해 신현중학교는 아예 화장실에 별도의 공간을 확보하고 커다란 거울을 설치해 탈의실을 만든 것이다.

이 밖에도 동일여자상업고등학교는 '꾸미고 꿈꾸는 화장실' 사업을 통해 멀티미디어실 자체를 학생 화장실로 바꾸기도 했다. 전산관 실습실을 이용할 때 화장실이 부족해서 불편하다는 학생들의 의견을 수렴한 것이다. 만약 공간적 여유가 있다면 기존 화장실 공간이 아니라 이 학교처럼 다른 유휴 교실에 넓게 화장실 공간을 꾸미는 방법도 고려해볼 만하다. 이렇게 확보된 공간에는 파우더 룸을 따로 만들 수도 있을 것이다. 파우더 룸에 전신 거울과 기다란 테이블, 의자를 두면 아이들은 모여 앉아 이야기꽃도 피우고, 머리를 만지고 옷매무새도 가다듬는 즐거운 공간이 될 뿐만 아니라 책도 읽고 공부도 할 수 있는 다기능 공간으로 탈바꿈하게 된다.

부분 공사로도 확 달라지는 화장실

천안동성중학교는 기존 화장실이 어둡고, 하수구에서 불쾌한 냄새가 올라오는 것을 개선하기 위해 2016년에 화장실 공간을 재구성하였다. 하지만 이미 있는 화장실을 재구조화하는 작업이다 보니 기존 틀을 완전히 허물 수 없었기 때문에 공간 구성에 제약이 많았다.

그래서 찾아낸 방법이 창문의 크기를 좀 더 늘리는 것이었다. 어두운 화장실을 환하게 하기 위해 기존 반 정도 나 있던 창을 천장부터 바닥까지 길게 빼서 햇살을 최대한 끌어들였다. 그리고 복도에서 화장실로 통하는 문은 없앤 후 대신 출입구의 벽을 지그재그로 쌓아 시선을 차단하였다. 그러자 소리도 잘 들리고, 아이들의 움직임도 느낄 수 있는 열린 공간이 되었다. 밝은 노란색으로 화장실의 칸막이 문을 달고, 센서를 이용하여 사람이 들어오면 음악도 흘러나오게 하였다. 창가에는 예쁜 화분도 들였다. 단지 화분을 가져다 놓았을 뿐인데 화장실에서 따뜻하고 편안함이 느껴진다.

※자료: 한현미

화장실 재구조화 공사 전후
기존 창문의 크기를 크게 키워 기존의 어두침침하고 냄새나는 화장실을 밝고 환기가 잘되는 공간으로 재구조화하였다.

해외 사례를 통해 살펴보는 화장실의 무한 변신

끝으로 해외 사례를 통해 좀 더 다채로운 공간으로 재탄생한 화장실들을 살펴보자. 아래 사진은 남녀평등의 관점에서 화장실을 분리하지 않은, 남녀가 함께 사용하는 1인용 화장실이다. 공간 내부에는 변기와 세면대 외에도 물비누, 휴지, 핸드 드라이기까지 비치되어 있다. 물론 이 정도로 공간을 구성하기 위해서는 화장실 한 칸이 비교적 넓어야 한다. 우리나라도 남녀 공용화장실은 있지만 남녀평등 개념과는 거리가 멀다. 남녀평등의 개념을 바탕으로 함께 사용할 수 있는 공간을 만든 것은 기존의 화장실 개념을 완전히 깬 공간 구성이다.

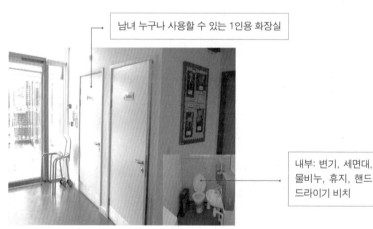

남녀 누구나 사용할 수 있는 1인용 화장실

내부: 변기, 세면대, 물비누, 휴지, 핸드 드라이기 비치

※자료: 한국교육개발원, 2017

남녀 구분이 없는 화장실
남녀 구분이 없는 1인 화장실로 구성한 해외 사례이다. 화장실 안에 다양한 편의용품을 구비해두었다. 남녀가 함께 사용한다는 측면에서 기존 화장실의 고정관념을 완전히 깨뜨렸다.

화장실에 자연 채광을 최대한 들임으로써 공간을 밝힌 곳도 있다. 자연채광을 출입구 쪽까지 끌어들이기 위해 유리 블록을 설치했는데, 유리 블록을 설치하면 경계는 지으면서도 햇살은 최대한 안으로 끌어들일 수 있다. 또한 화장실 입구에는 편한 소파를 두어 아이들이 모여 앉아 놀이도 하고, 쉬기도 하고, 대화도 할 수 있게 만들었다. 화장실 입구뿐 아니라 내부에 공간적 여유가 있다면 이런 공간을 마련해보는 것도 좋은 아이디어이다.

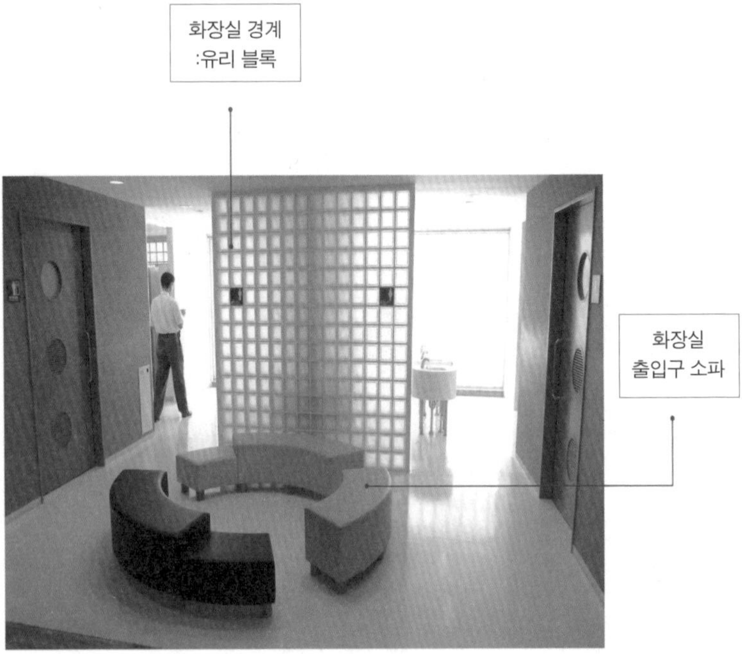

화장실 경계
:유리 블록

화장실
출입구 소파

※자료: 한국교육개발원, 2017

자연 채광을 최대한 활용한 화장실
햇빛을 최대한 끌어와서 밝은 느낌을 주고, 입구에 모던한 소파를 배치해 화장실 입구가 아닌 로비 같은 인상을 주는 사례이다.

유치원 아이들을 위한 화장실이라면 좀 더 아기자기하게 꾸며도 좋을 것이다. 아래 왼쪽 사진처럼 변기 칸막이를 원목으로 설치하면 일반적인 타일 소재에 비해 포근하고 따뜻한 느낌이 든다. 또는 화장실을 동화의 나라처럼 하나의 주제를 잡아 꾸밀 수도 있을 것이다. 예컨대 바닷속 세상처럼 디자인하면 유치원 아이들의 순수한 감성을 자극할 수 있다. 아래 오른쪽 사진을 보면 세면대를 노란색, 하늘색, 분홍색으로 하고, 이 색에 맞춰 거울 테두리를 둘렀다. 손 세정제 용기는 펭귄 모양으로 설치했다. 또 아치형 문을 달고, 문에는 물풀을 그려 넣어 마치 바닷속에 온 것처럼 꾸몄다.

※자료: http://www.uk.roca.com/rocalife/the-best-kids-bathroom-ideas-and-designs(좌)
http://www.decohoms.com/kids-toilet/ (우)

유치원 아이들을 위한 동화 나라 콘셉트의 화장실
동화의 나라로 들어온 듯 색감도 풍성하고, 꽃모양 같은 세면대나 펭귄 모양의 손 세정제통 등과 같은 아기자기한 구성이 눈에 띈다.

아이들은 이제 가정은 물론, 백화점이나 카페, 휴게소 등등 생활 속에서 청결할 뿐만 아니라, 아름답고 독특하게 잘 꾸며진 화장실을 점점 더 자주 접하고 있다. 반면에 아쉽게도 아직 학교 화장실은 갈 길이 멀다. 학교의 공간 수준이 정체되어 아이들의 생활 수준을 따라가지 못한다면 앞으로도 아이들은 학교 화장실에 갈 때마다 근심이 쌓일 수밖에 없을 것이다. 우리나라 학교의 모든 화장실을 밝고 편안하게 구성하여 아이들의 근심이 사르륵 해소되었으면 하는 바람이다.

05

운동장과 놀이터

도전의식과 생기발랄한
에너지가 샘솟는 자연친화적 공간

'놀이터'란 무엇일까? 당연히 놀이하는 곳, 노는 공간이다. 그러면
'놀이'란 무엇일까? 놀이의 사전적 의미는 "인간이 재미와 즐거움
을 얻기 위해 행하는 모든 활동"이다. 아이들의 성장 과정에서 놀
이는 즐거움 이상의 중요한 교육적 의미가 있다. 즉 놀이는 다양
한 경험을 통해서 자신의 능력을 시험하는 한편, 자신의 한계를
극복하며, 자신의 가능성을 실험하는 도전이자, 누군가의 지시 없
이 스스로 즐겁게 배우는 공부라고 할 수 있다. 따라서 학교에 아
이들이 마음껏 놀 수 있는 공간을 마련한다는 것은 교육적으로도
매우 의미 있는 일이다. 하지만 우리나라 학교의 운동장과 놀이터
는 다양한 가능성을 마음껏 시험해볼 수 있는 무대라고 하기에는
다소 정형화된 틀에 갇혀 있는 모양새이다.

아이들은 마음껏 놀 수 있는 공간이 필요하다

아이들만 노는 것이 아니라 우리 어른들도 '놀이'를 한다. 다만 어른들은 자신이 놀 공간을 스스로 찾아내거나 필요에 따라 만들 수도 있지만, 안타깝게도 아이들은 그렇게 하기가 어렵다. 그래서 놀이터가 더욱 중요한 것이다. 그런데 지금의 놀이터는 과연 아이들이 자신의 가능성을 다양하게 실험해볼 만한 공간일까? 또 자신의 능력을 펼칠 수 있는 공간일까? 자신의 한계에 다가가고, 제 나이에 맞게, 원하는 대로 자유롭게 활동할 수 있는 공간일까? 아이들이 놀면서 마음껏 자신의 창의력을 발휘할 수 있는 공간일까? 우리나라 놀이터는 그런 공간과는 다소 거리가 멀다.

일단 전국에 있는 학교 건물만큼이나 전국 곳곳의 놀이터 모양도 하나같이 참으로 비슷하다. 아파트나 학교 운동장의 놀이터를 한 번 떠올려보자. 제일 먼저 3S라고 하는 시소(seesaw), 미끄럼틀(Slide), 그네(swing)가 눈에 띈다. 바닥은 고무 냄새를 풀풀 풍기는 푹신한 우레탄으로 덮여 있다. 이런 틀에 박힌 공간은 아이들이 호기심을 느끼고, 모험을 즐기면서 자유롭게 창의적인 행동을 만들어내기엔 턱없이 부족하다.

사실 어른들은 아이들에 대한 걱정이 참 많고, 조금의 위험도 용납하지 않으려 한다. 아이들이 놀이터에서 자신의 한계를 체험하고, 자신의 몸을 적절히 지키면서 맘껏 놀 수 있도록 적당히 위험하게 만들지 못하고, 안전하게 또 안전하게만 만들려다 보니 갑

갑하고 정형화된 모습을 띨 수밖에 없다.

그렇다면 좋은 놀이터의 기준은 무엇일까? 독일의 놀이터 디자이너인 귄터 벨치히(Günter Beltzig)는 자신의 책에서 좋은 놀이터를 만드는 기준을 제시하였다. 그 내용을 바탕으로 좋은 놀이터의 조건을 다음의 네 가지로 정리해보았다.

첫째, 놀고 싶은 분위기를 만들고, 기분이 좋아지며, 머물고 싶은 마음이 들게 해야 한다. 일단 놀이터에 왔을 때 막 뛰어놀고 싶은 기분이 들고, 계속 거기에 머물고 싶게끔 편안하고 자연스러운 분위기로 만들어야 한다.

둘째, 새로운 것을 발견할 가능성을 갖추고, 무엇보다 찾는 사람에게 완전히 개방되어 있어야 한다. 날마다 놀이터에서 새로운 것을 만들어 낼 수 있는 공간이어야 하고, 모든 사람이 평등하게 이용할 수 있는 개방된 공간이어야 하는 것이다. 그런 의미에서 요즈음은 놀이도 경제적인 지배를 받고 있다. 미세먼지 많은 날 잘 꾸며진 어린이 실내 놀이터에 가려면 입장료를 내야 한다. 돈을 들여 놀이를 사야 하는 것이다. 경제적 여유가 없으면 이것도 부담이 된다. 공공기관은 실내 놀이터를 많이 만들어서 누구에게나 개방하여, 자유롭게 이용하도록 하면 좋겠다.

셋째, 인식할 수 있고, 제어할 수 있고, 조종할 수 있는 위험이 있어야 한다. 즉 아이들 스스로 생각하고, 선택하고 행동할 수 있는 구조여야 하는 것이다. 놀이터는 적당한 위험이 있을 때, 아이들의 호기심을 자극하게 되고, 아이들 스스로 자신의 몸을 보호하면서 놀게 된다.

넷째, 다양한 분위기, 관심, 욕구에 맞춰 다양한 가능성을 제공해야 한다. 틀에 박힌 정형화된 놀이터가 아닌 다양한 욕구에 따라 다양한 행동을 만들어낼 수 있는 유연한 공간이어야 한다.[5]

아이들은 놀이를 통해 어떻게 성장할까? 첫째, 관계를 인식하고, 손놀림을 익히고, 근육을 키우며, 다양한 자극에 반응하면서 자기 몸을 단련한다. 둘째, 또래 안에서 자기주장을 하기도 하고, 양보하면서 배려심을 기르고, 사이좋게 지내며, 분위기에 휩쓸려 놀면서 사회적 행동을 배운다. 셋째, 여러 가지를 만지고, 보고, 듣고, 활동을 익히면서 감각이 단련된다. 이렇게 아이들은 놀이를 통해 신체적, 사회적으로 자연스럽게 성장하는 것이다. 놀이는 비단 어린이뿐 아니라 청소년들에게도 중요하다. 하지만 기존 놀이터도 그나마 대부분 어린이를 위한 공간일 뿐, 청소년을 위한 놀이 공간은 찾아보기 힘든 것이 현실이다. 청소년기에 위험한 유혹에 쉽게 사로잡히는 것은 우리 청소년기 아이들이 갈 만한 곳을 제대로 만들어주지 못한 데 대한 사회적 책임이 만만치 않다.

사실 청소년기 아이들은 고달프다. 여기저기 쑤시고 돌아다니면 나댄다고 혼내고, 그냥 가만히 있으면, "아무것도 하지 않는다", "열정이 없다"면서 혼낸다. 하지만 이것은 모두 청소년다운 행동이다. 우리 청소년들이 편안하게 머물 수 있고, 제대로 놀 수

---

5. 귄터 벨치히, 《놀이터 생각》(엄양선 · 베버 남순 옮김), 소나무, 2015, 9쪽 참조 재구성

있는 공간을 마련해줘야 한다. 어린아이들을 위해 만든 놀이터의 미끄럼틀이나 그네 같은 놀이기구는 청소년기 아이들에게는 흥미롭지 않다. 이들은 좀 더 활동적이고 즉흥적이며 재미난 놀이를 추구한다. 따라서 청소년기에 어울리는 스케이트보드나 인라인스케이트, 암벽 등반 등을 체험할 수 있는 특별한 시설과 공간을 마련해야 한다. 청소년들이 스스로 찾아와 놀 수 있는 공간, 즉 상상력을 발휘하면서 놀고, 활동하고, 꿈을 꿀 수 있는 그런 공간을 만들어줘야 한다.

아이들의 눈높이에 맞춘 놀이터 만들기

—

놀이터는 부족한 인간성을 북돋는 곳, 에너지 발산의 장소, 세상을 경험하는 곳이어야 한다. 놀이터에서 아이들은 제 삶에 필요한 욕구를 충족할 수 있고, 놀면서 규칙을 배우며, 자신감을 얻고, 또 자신의 행동에 책임을 지는 사람으로 성장한다. 놀이를 통해 삶을 배우는 것이다. 잘 노는 만큼 잘 살 수 있다.

이러한 인식과 함께 학교도 이제는 아이들의 놀이 공간에 대한 고민을 많이 하고 있다. 서울신현초등학교 놀이터는 서울시교육청에서 놀이터 재구조화 사업으로 만든 '꿈을 담은 놀이터' 제1호이다. 그동안은 학교에서 놀이터를 만들 때 정작 그곳에서 노는 아이들은 소외되었다. 어른들은 아이들의 의견을 들어보지 않고

서울신현초등학교 운동장에 만든 '바람의 언덕'(사진①)과 모래 놀이터 '하얀세상'(사진②, ③)
아이들의 의견을 수렴하여 새로 만든 공간은 기존 놀이터 시설과 조화를 이루는 한편 하나의
구조물로 다양한 놀이가 가능한 공간으로 만드는 데 초점을 맞추었다.

어른의 눈높이에 맞춘, 정형화된 놀이 공간을 만들어온 것이다. 이와 달리 서울신현초등학교는 아이들이 놀이터 기획부터 마무리까지 참여하여, 아이들이 주인이 되도록 하였다. 이 놀이터를 만들기 위해 먼저 아이들을 대상으로 놀이터 디자인 워크숍을 진행하였다. 그리고 모둠별로 다양한 의견을 나누게 하고, 이것을 그림으로 표현하거나 다양한 재료를 가지고 모형을 만들어보게도 하였다. 그렇게 해서 서울신현초등학교 운동장에는 새롭게 조성된 놀이터와 기존에 있던 놀이 시설이 조화를 이루며 공존하고 있다.

아이들은 각 놀이터 공간마다 이름을 지었다. 흙을 자연스럽게 쌓아 올린 작은 구릉은 '바람의 언덕'이다(사진 ①). 상쾌한 바람이 솔솔 불어오는 언덕이 연상된다. 단순히 흙을 쌓아 올린 곳이지만 아이들은 이곳에서 수십, 수백 가지 행동을 한다. 아이들이 어떻게 노느냐에 따라 흙이 쌓여 있는 형태도 수시로 바뀐다.

하얀 모래를 깔아놓은 곳은 '하얀세상' 놀이터이다(사진 ②, ③).

284 교실 한구석에서 시작하는 학교 공간혁신

시원한 그늘막이 쳐진 이곳은 마치 바닷가 백사장에 온 느낌이다. 모래는 고무 우레탄보다는 훨씬 자연친화적이고, 아이들의 상상력을 자극하면서 다양한 놀이를 이끌어낸다. 다만 모래 놀이터는 관리에 좀 더 세심하게 신경을 써야 한다. 예컨대 강아지, 고양이들이 놀러 왔다가 배설을 하고 갈 수도 있다. 그래서 이 학교는 오염 방지를 위해 퇴근할 때는 모래 위를 덮개로 덮어놓는다고 한다.

모래 놀이터의 모래 관리

모래 놀이터의 모래는 세척도 해야 하고, 오염 정도에 따라 3~5년에 한 번씩은 교체를 해야 한다. 모래를 화학약품이나 고열로 살균 처리하는 것은 좋지 않다. 모래를 살균하면 해로운 세균뿐 아니라 인간에게 이로운 세균까지 모두 죽어서 무균 상태가 된다. 이때 세균이 침입하면 순식간에 번식을 하기 때문에. 전문가에게 맡겨서 친환경 소독 방법으로 관리할 수 있도록 해야 한다.

이 밖에도 운동장에는 달팽이 놀이를 할 수 있도록 달팽이 모양을 만들어놓기도 하였다. 이곳에는 옛날부터 있던 놀이기구도 그대로 있다. 정글짐, 구름사다리, 미끄럼틀이 나란히 있는 놀이터이다. 그래서 이름도 '추억의 놀이터'이다. 각종 놀이도구를 모아놓은 놀이상자도 있는데, 이름은 '시끌벅적 놀이상자'이다. 상자를 열면 재미난 놀잇감이 툭 튀어나올 것 같은 유쾌한 이름이다.

달팽이 놀이	추억의 놀이터	시끌벅적 놀이상자
트리하우스		트리하우스가 있는 연못

※자료: 한국교원연수원

신현초등학교 운동장의 놀이시설과 연못 위의 트리하우스
그네와 시소, 미끄럼틀 중심의 규격화된 구성이 아닌, 자연을 느끼며 자유롭게 놀 수 있는 공간으로 꾸민 것이 인상적이다.

나무 그늘에 있는 작은 집은 '트리하우스'이다. 나무와 나무 사이를 작은 다리를 이용해 자연스럽게 이어놓고 아이들이 지나다닐 수 있도록 하였다. 이 트리하우스 아래에는 연못이, 위에는 나무가 있으니, 연못과 나무 사이에 존재하는 것이다. 자연히 이 공간에서는 나뭇잎이 바람결에 부딪히는 소리를 들을 수 있고, 연못에 노니는 잉어를 볼 수 있다. 수초를 만질 수도 있고, 물빛에 반사되는 자신의 얼굴을 바라볼 수도 있으며, 나무 위에서 지저귀는 새소리도 들을 수 있다. 오감으로 자연을 느낄 수 있는 공간이다.

어떤 공간이든 놀이터가 될 수 있다

–

꼭 운동장에만 국한하여 놀이터 공간을 제한할 필요는 없다. 놀이는 단순한 시간 때우기 이상의 배움의 의미를 가진다. 교실뿐 아니라 학교 곳곳에서 배움이 일어나는 것처럼 학교 곳곳은 배움의 공간인 동시에 놀이 공간이어야 한다. 예컨대 필로티(Piloti)[6] 바닥에 아이들이 놀이할 수 있도록 모형을 그려놓으면 훌륭한 놀이터로 변신한다. 신현초등학교에는 건물과 건물 사이 공간에 생긴 작은 마당에 그림을 그려놓은 '무지개 놀이터'도 있다. 이곳은 작은

---

6. 지면에 닿는 접지층에 기둥처럼 하중을 지지하는 구조물 외에 외벽을 설치하지 않고 개방한 구조를 뜻함.

※자료: 한국교원연수원

※자료: 한현미

학교 곳곳에 만든 다양한 놀이 공간 사례(위: 신현초등학교, 아래: 동답초등학교)
꼭 운동장이 아니어도 좋다. 필로티, 조회대 등 틀에 박힌 생각을 조금만 버려도 다양한 놀이 공간을 만들 수 있다.

화살표, 동그라미, 별 모양의 그림들이 있지만 특별한 놀이 규칙이 있는 것은 아니다. 놀 때마다 아이들이 놀이 규칙을 새롭게 정한다. 이 공간에서 아이들은 무한한 상상력을 발휘하여, 날마다 새롭고 창의적인 놀이를 만들어내고 있다.

서울동답초등학교는 아이들의 의견을 모아 조회대를 놀이터로 바꾸었다. 이 놀이터는 2층으로 되어 있는데, 경사로로 올라가기도 하고, 계단으로 올라가기도 한다. 경사로로 올라가는 곳의 난간은 목재로 되어 있고, 네모난 작은 창이 나 있다. 놀이터라면 가장 먼저 미끄럼틀이 떠오르지만, 여기에는 없다. 오히려 특정한 구조물에 갇힌 놀이터가 아니기 때문에 아이들은 스스로 놀이를 만들어내고, 재미있게 즐기는 동안 창의력도 높아진다.

이 학교의 조회대가 놀이 공간으로 바뀌는 과정에는 아이들이 처음부터 직접 참여했고, 건축 전문가와 함께 디자인 워크숍도 진행하였다. 먼저 교내 곳곳을 돌아다니며 '어디를 바꿀 것인가?'를 찾다가, 조회대를 놀이터로 바꾸자고 결정했다고 한다. 그러고 나서 '어떻게 바꿀 것인가?'를 협의한 후 그림으로 표현하고 이것을 나무, 스티로폼, 종이를 이용해 입체 모형으로 제작하였다. 이후 전문가가 아름다운 놀이터를 설계한 것이다. 아이들이 스스로 지은 놀이터 이름은 '놀이놀이 팡팡'이다. 아이들이 이 공간에서 재미있게 '팡팡' 뛰면서 노는 모습이 절로 연상되지 않는가?

아이들과 지역 주민들의 의견을 반영한 기적의 놀이터

전남 순천시는 지자체 차원에서 놀이터 사업을 벌이고 있다. 세계적인 놀이터 전문가 귄터 벨치히도 직접 방문하고 유럽의 선진 놀이터와 비교해도 전혀 뒤지지 않는다며 찬사를 보냈다. 순천 기적의 놀이터는 10호까지 만들 예정이다. 이 놀이터를 만들 때도 역시 아이들과 지역 주민들의 의견을 적극적으로 반영하였다. 아이

잔디가 깔린 구릉

모래 놀이터

평평한 돌덩이

전남 순천시의 기적의 놀이터 1호

도심지에 의도적으로 만든 공간이지만 잔디가 깔린 구릉, 가공하지 않은 통나무, 군데군데 놓인 적당히 큰 돌덩이들은 그 자체로 자연을 느낄 수 있고, 마구 뛰어놀고 싶은 놀이터가 된다.

들을 대상으로 '내가 바라는 놀이터는?'이라는 주제로 설문조사도 하고, 참여 디자인 캠프도 열어 놀이터에 대한 다양한 생각을 나누는 과정도 거쳤다. 이 책에서는 기적의 놀이터 1호, 2호, 3호를 소개하겠다. 기적의 놀이터 안내판에는 "아이들이 몸으로 시를 쓰고, 그림을 그리고, 마음껏 뛰노는 아이들의 땅, 스스로 몸을 돌보며 마음껏 뛰어놀자"는 글귀가 있다. 글귀처럼 아이들이 자유롭게 맘껏 뛰놀면서 행복감을 느낄 수 있는 공간이다.

엉뚱하고 자유분방한 '기적의 놀이터 1호'

기적의 놀이터 1호의 이름은 '엉뚱발뚱'이다. 물론 아이들이 지은 이름이다. 삼면이 아파트 단지로 둘러싸인 이 놀이터는 얼핏 봐도 우리가 익히 아는 아파트 단지 내 놀이터 모습과는 다소 차이가 있다. 놀이터 한쪽이 작은 산으로 연결되어 있는데, 잔디로 뒤덮인 구릉이 있고, 통나무가 놓여 있으며, 그 한편을 차지한 모래 놀이터가 있다. 그리고 평평한 돌덩이 몇 개가 그 자리에 원래 그렇게 있었던 것처럼 놓여 있다. 자연과 이질감 없이, 마치 자연 속에 그대로 스며든 것 같은 놀이터이다.

완만한 구릉에서는 아이들이 방방 뛰면서 오르락내리락할 것이다. 왼쪽에 계단이 있지만, 아이들은 자유롭게 경사진 부분으로 오르내리는 것을 더 좋아한다. 산골에서 어린 시절을 보낸 나는 늘 집 근처에 있는 산소의 잔디밭에서 뒹굴며 놀곤 했다. 계룡산 자락의 산골에서 유일한 잔디밭은 조상들의 산소였는데, 이 구릉을 보니 그 시절의 편안하고 즐거웠던 느낌이 떠올랐다.

이 놀이터에도 미끄럼틀이 있지만, 우리가 익히 알고 있는 모습은 아니다. 터널형 미끄럼틀을 타면 어두컴컴한 터널을 지나 밝은 햇살이 쏟아지는 모래 놀이터 쪽으로 나오게 되어 있다. 우리 인생도 마치 터널 같다. 힘든 날이 계속될 때, 어둠이 계속되는 동굴 같다는 느낌이 들지만 계속 걷고 또 걷다 보면 터널의 끝이 보이고, 밝고 따사로운 햇살을 만나게 된다. 또한 둥근 원통을 흙 속에 묻어두어 작고 둥그런 터널도 만들었다. 아이들은 이곳을 통과하기도 하고, 뛰어 올라갔다가 내려가기도 하면서 신나게 놀 수 있다. 정형화된 놀이 기구의 틀에 갇히지 않고 자신이 원하는 대로 자유롭게 행동을 선택할 수 있는 것이다.

또 모래 놀이터에는, 아무런 가공도 하지 않은 통나무가 놓여 있다. 아이들은 통나무 몸통을 넘기도 하고 오르기도 하고 앉기도 하는 등 다양한 행동을 하게 된다. 즉 아이들의 상상 속에서 통나무는 때론 호랑이가 되기도 하고, 토끼가 되기도 하며, 자동차가 되기도 하고, 비행기가 되기도 한다. 만약 어른들이 이 통나무를 미리 탈것이나 동물 모양으로 만들어놓으면, 아이다운 상상력으로 스스로 선택하고 결정할 기회를 잃고 만다. 때로는 어른들의 과한 친절이 독이 되기도 한다. 예컨대 어른들은 귀여운 개구리 모양, 사자 모양, 강아지 모양으로 미리 만들어놓고 아이들이 좋아할 거라고 지레 착각한다. 하지만 아이들은 이렇게 뻔한 놀이 기구에는 금세 싫증을 느낀다.

통나무 뒤, 넓은 구릉에는 평평한 바위가 자연스럽게 놓여 있다. 이 평평한 돌덩이를 아이들은 또 수없이 오르락내리락할 것이다. 그 자체로 무한 상상의 공간이 되는 것이다. 그저 돌멩이 하나일 뿐이지만 아이들은 자유롭게 생각하고, 스스로 어떻게 놀지 선택해서 행동하니 행복할 수밖에 없다. 인간은 자신이 스스로 생각하고 자유롭게 선택할 수 있을 때 자존감이 높아지고, 내면의 힘이 생기며 행복감을 느끼는 존재이기 때문이다.

창의적인 작전이 샘솟는 '기적의 놀이터 2호'

순천 기적의 놀이터 2호의 이름은 '작전을 시작하지'이다. 이곳 역시 틀에 박힌 놀이터가 아니라 자연 소재를 사용하고, 지형의 특징을 살려서 자연 그대로를 놀이터로 활용했다. 아래 사진에서와 같이 낮은 구릉과 구릉을 연결하는 나무다리가 있다. 왠지 이 다리에서

※자료: 한국교원연수원

전남 순천시의 기적의 놀이터 2호
나무다리로 구릉과 구릉을 자연스럽게 연결하였고, 모험심과 도전정신을 자극하는 빨간 '스페이스 네트'는 이 놀이터에서 가장 인기 있는 구조물이다.

는 뭐든 작전을 시작해야 할 것 같다. 나무다리 아래에는 사각형 터널이 있는데, 아이들이 이곳을 자유롭게 들락날락, 오르락내리락하는 모습이 절로 떠오른다.

순천 기적의 놀이터 2호 '작전을 시작하지'의 가장 인기 있는 놀이 기구는 뭐니 뭐니 해도 스페이스 네트이다(293쪽 오른쪽 사진). 이 구조물은 아이들이 에펠탑 모양으로 그린 그림을 보고 설치한 것이다. 성장 단계에 맞게 자신이 선택할 수 있도록 2개로 구성하였는데, 모험심과 도전정신을 자극하는 구조물이다. 얼핏 끈으로 얼기설기하게 이어놓은 것이 좀 불안해 보일 수 있다. 그래서 혹시 모를 안전사고에 대비해 구조물 아래로 깊이가 1.2미터나 되는 모래를 쌓아 놓았다. 실제 아이들은 조금 위험한 놀이 기구에서는 알아서 경계하는 모습을 보인다. 이 스페이스 네트를 자유롭게 올라가고 내려가는 동안 아이들은 전신 근육을 사용하게 되고, 몸뿐 아니라 마음도 더욱더 튼튼해질 것이다.

시간 가는 줄 모르고 놀이에 흠뻑 빠지는 '기적의 놀이터 3호'

기적의 놀이터 3호의 이름은 '시가모노'이다. 꼭 일본말 같지만 알고 보면 '시간 가는 줄 모르고 노는 놀이터'의 준말이다. 어른들이 지었다면 나오기 힘든 재미난 이름이다. 아이들이 직접 지은 이름은 언제나 신선한 재미를 안겨준다.

이 놀이터의 언덕길에는 원래 있던 것처럼 바위가 자연스레 놓여 있다(사진 ①). 아이들이 여기를 그냥 지나칠 리 없다. 바위를

전남 순천시의 기적의 놀이터 3호
시간 가는 줄 모르고 노는 곳이라는 뜻의 '시가모노'라는, 이름에 맞게 다양한 놀이 공간을 마련했다. 다만 인공적으로 꾸민 놀이터가 아니라 바위, 나무, 언덕길 등 자연물을 최대한 살린 자연친화적 놀이 공간이다.

오르락내리락할 수도 있고, 바위에 잠시 걸터앉아 이야기꽃을 피울 수도 있다. 길 위에 무심히 놓여 있는 바위 하나가 아이들을 초대하고, 아이들의 행동을 유발하는 매개체가 되는 것이다. 바위를 지나서 걷다 보면 금세 통나무 하나가 보이는데(사진 ②), 정형화된 놀이 기구와 달리 아이들은 자연물인 이 통나무 하나에서 무수한 행동들을 마음껏 자아낼 것이다. 사진에는 밧줄로 이어지는 놀이 공간도 보인다(사진 ③). 위태롭게 흔들리는 밧줄에 올라 아이들이 끝까지 완주하는 동안 고정된 다리가 아니라서 많이 흔들린다. 하지만 아이들은 적당히 위험할 때 오히려 자신의 몸을 추스르고, 자신의 몸을 보호하면서 놀이를 이어가는 경향이 있다. 또 다양한 모양의 그네도 보인다(295쪽 사진 ④). 그네 모양에 따라 아이들이 두 명씩 올라가서 타기도 하고, 때론 세 명이 함께 타기도 한다. 또 작은 아이 두 명이 나란히 그네에 드러누워서 타기도 한다. 그네 의자 모양만 조금 바꾸었을 뿐인데, 훨씬 자유분방한 행동을 보인다는 것이 신기하다.

언덕길 왼쪽으로는 유아용 밸런스 바이크장이 있다(295쪽 사진 ⑤). 우리 주변에서 인라인스케이트장이나 자전거 타는 공간은 볼 수 있지만, 유아들이 안전하게 자전거를 탈 수 있는 공간을 찾기는 어렵다. 하지만 이곳이라면 아직 자전거를 배우기 이전의 유아들도 편안하게 몸의 균형을 잡으면서 안전하게 페달 없는 자전거를 마음껏 탈 수 있다.

이상에서 소개한 순천 기적의 놀이터 사례들을 보면서 우리나라 학교의 넓디넓지만 정형화된 운동장의 모습이 새삼 떠올랐다. 그 넓은 공간 양쪽에 약속이나 한 듯 축구 골대만 덩그러니 놓여 있다. 모든 아이들이 축구만 좋아하는 것은 아닐 텐데 말이다. 우리의 학교 운동장에도 기적의 놀이터처럼 자연과 어우러지는 자연물들을 놓아서, 아이들이 맘껏 상상력을 펼치고, 신나게 뒹굴며 뛰놀 수 있는 공간으로 꾸며보면 어떨까?

06

특별실

무늬만 '특별'이 아닌
진짜 특별한 일들을 모색하는 공간으로

우리나라 학교에서 특별실은 일반 교실과 구별되는 특별수업을 진행하는 교실을 말한다. 즉 실험, 실습이나 예술활동, 체육활동 등을 위한 시설을 갖춘 공간이다. 고교학점제를 포함해 앞으로는 학교의 교육과정이 점점 더 다양해질 것이다. 이와 함께 교과활동 이외의 다양한 특별학습이 가능한 공간에 대한 요구도 높아질 수밖에 없다.

기존에 마련된 학교 특별실은 주로 과학실, 음악실, 공작실, 미술실, 외국어 학습실과 같이 그 이름에 맞는 용도가 명확히 구별된 특별교실을 칭하는 말이었다. 이와 함께 시청각실, 다목적실, 강당처럼 여러 용도로 활용되지만 사용하지 않을 때는 굳게 폐쇄된 공간도 포함되었다. 하지만 최근에는 하나의 공간에 대한 용도 및 기능의 확장과 한층 개방된 형태의 특별실 구성이 주목받고 있다. 이에 다음에서는 과학실과 컴퓨터실, 미술실, 목공실, 체육실 등 몇 가지 특별실에 대한 국내외 공간혁신 사례들을 중심으로 살펴보기로 하자.

창의적·융합적 사고를 키우는 과학실

요즘에는 과학실을 부르는 명칭이 조금 달라지는 추세다. 즉 과학실을 '창의융합형 과학실'이라고 많이 부른다. 미래학교의 과학실은 이름에 걸맞게 창의적이고 융합적인 사고가 가능한 공간이어야할 것이다. 2015 개정 교육과정에서 강조하는 학생활동 중심 수업을 통해 다양한 학습 경험이 가능한 공간을 구성하는 것이 한층 중요해졌다. 예컨대 프로젝트 수업에서 첨단 IT 및 디지털 기술을 활용하거나 3D 프린터, 레이저 조각기 등 최신 장비를 갖춘다면 미래형 학습이 가능하다. 또 과학실에는 여러 위험한 약품들과 실험 기구들도 많다. 이러한 약품과 기구들을 잘 보관하고, 수업활동을 준비하기 위한 공간인 과학준비실도 꼭 필요하다. 아울러 안전사고에 즉각 대응할 수 있도록 비상용 기구도 배치해야 한다.

예컨대 비상 세척 기구를 설치하여 유해한 약품이 묻었을 때 재빨리 씻어낼 수 있도록 해야 한다. 아래로부터 물이 뿜어지면서 안구 세척이 가능한 장치도 필요하고, 아울러 몸 전체를 씻어

비상 세척 기구	비상시 사용 가능한 샤워 장치와 컨트롤러

과학실 흄 후드

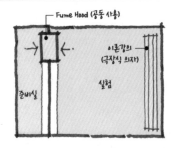

※자료: 한국교육개발원, 2016

안전한 과학 실험을 위해 필요한 장비들

과학실에는 여러 가지 위험한 약품들도 있고 실험 기구들도 많다. 이러한 약품과 기구를 잘 보관하고, 수업 활동을 준비하기 위한 공간인 과학준비실이 꼭 필요하다. 또한 안전사고에 즉각 대응할 수 있도록 비상용 기구를 배치하는 것도 중요하다.

낼 수 있는 샤워 장치와 비상 컨트롤러 설치도 필요하다. 흄 후드 (fume hood)는 실습실과 준비실 사이에 설치해두면 좋다. 흄 후드 는 한 마디로 설명하면 '배기 박스'라고 할 수 있다. 인체에 해로운 연기나 유해가스 등을 신속히 바깥으로 배출시켜 실험자를 보호 하는 장치이다.

과학실은 이론은 물론 실험과 실습을 병행할 수 있어야 한다. 아이들과 이론을 공부할 수 있는 공간과 실험을 진행하는 공간이 분리된 듯하면서도 과학실 안에 함께 있어야 한다는 뜻이다. 교사의 실험, 실습 테이블도 이론 공간과 실험·실습 공간 사이에 배치하면 좋다. 인천예송초등학교 창의융합과학실의 입구는 미닫이문이고, 옆으로는 과학이 연상되는 일러스트로 꾸몄다. 안으로 들어가면 과학실에 있는 '스마트 러닝 룸'이 있다. 정면의 교사 책상은 'ㄷ'자 형태로, 각종 실험·실습을 할 수 있도록 넓게 구성하였다. 옆의 벽면은 학습을 위한 흰색 칠판으로 마련하였다. 아이들이 정면을 향해 실험을 할 수도 있고, 측면으로 의자를 돌리면 흰색 칠

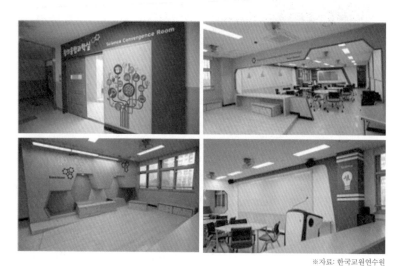

※자료: 한국교원연수원

인천예송초등학교의 창의융합과학실
유연하고 개방감 있는 다목적 공간 구성이 돋보인다.

판을 통해 배움이 가능하도록 공간을 유연하게 구성하였다.

스마트 러닝룸 옆 벽면 쪽에는 6각형 벌집 모양으로 만든 공간을 마련하였다. 작은 마루가 있고 벤치도 있는데 여기서는 아이들이 모여서 설명을 듣거나 발표 수업도 할 수 있다. 그뿐만 아니라 쉬는 시간에는 아이들의 놀이 공간으로도 사용할 수 있다.

실용성과 안전을 중요시한 해외 사례들

다른 나라의 과학실은 어떤 모습일까? 몇 가지 참고할 만한 사례가 있어 소개하려고 한다. 다음의 사진은 영국의 과학실 모습이다. 뒤쪽 게시판 앞에 계단식 의자를 두었다. 계단에 앉아서는 이론 수업을 할 수 있다. 교사 탁자는 이론 수업 공간과 실습 수업 공간 사이에 두어 양쪽으로 모두 편리하게 사용할 수 있다. 실습

계단식 의자

교사용
탁자

실험·실습용 탁자
(전기, 가스 설비)

※자료: 한국교육개발원, 2017

영국의 과학실 사례
실험·실습은 물론, 교실 뒤편에 계단식 의자를 두어 발표나 이론 수업도 가능하도록 구성하였다.

천장 설비(전기, 가스)

※자료: 한국교육개발원, 2017

독일의 과학실 사례
학생들이 밟을 위험이 없도록 전선이나 가스선을 천장에서 내려오게 설계해 편리와 안전성을 함께 고려하였다.

테이블 위에는 각종 설비, 즉 가스 및 전기 시설을 갖추고 있다.

위 사진은 천장에서 전기나 가스 배선이 내려오는 구조인 독일의 과학실 모습이다. 바닥에 전선이나 가스선이 늘어져 있으면 먼지가 끼고 아이들이 밟고 지나다니게 된다. 전기·가스 시설의 배관은 바닥에 있는 것보다 천장에서 내려오는 것이 더 안전하다.

수업부터 모둠활동, 다양한 미디어 제작이 가능한 컴퓨터실

컴퓨터실의 경우 강의식 수업과 모둠별 수업이 가능하고 개인별 미디어 제작 공간도 있으면 좋다. 영상 제작이 가능한 공간을 구성하고, 이 공간을 학교 방송 스튜디오 역할도 겸하게 하면 좋다. 일반적으로 컴퓨터실은 모니터를 앞에 두고 앉았을 때 아이들의 얼굴을 가린다. 교사는 모니터 뒷면만 보다 보니 아이들의 학습이 제

※자료: 한현미

지평선학교 컴퓨터실
중앙에는 학습 공간을 두고, 벽면에 빙 둘러 컴퓨터를 배치하였다. 컴퓨터 모니터가 중앙을 향해 있기 때문에 아이들의 학습 정도를 파악하는 데 용이하다.

대로 이루어지는지 파악하기 어려울 때가 많다. 이러한 문제를 개선한 사례를 지평선학교의 컴퓨터실에서 발견할 수 있다. 이 학교의 컴퓨터실을 보면 중앙에 학습 공간과 함께 벽면을 향해 배치되어 있는 컴퓨터 실습 공간이 있다. 벽면에 컴퓨터가 놓여 있어 아이들의 실습 정도를 한눈에 파악할 수 있다. 중앙의 넓은 테이블과 벤치, 평상 공간은 학습은 물론 앉아서 토의도 하고, 누워서 쉴 수도 있는 공간이다. 이처럼 학습 공간과 실습 공간이 개방되면 서로 연결하고, 소통하면서 더 역동적으로 배울 수 있다.

304쪽 사진은 바닥이 계단식으로 되어 있는 영국의 컴퓨터실이다. 계단 위에 책상을 설치한 후 컴퓨터를 두었고, 회전의자를 마련했다. 이론 수업을 할 때는 정면을 향해 의자를 돌리면 칠판을 볼 수 있다. 실습을 위해서는 의자만 뒤로 돌리면 된다. 한 공간에서 이론 수업과 컴퓨터 실습이 가능한 구조이다. 교사가 학생의 모니터를 관찰하면서 학습 상태를 파악하기에도 좋다.

계단식
책상 배치

의자를 뒤로
돌리면
모니터,
정면으로
향하면 칠판

※자료: 한국교육개발원, 2017

영국의 컴퓨터실 사례
회전의자 덕에 정면 칠판을 보거나 뒤쪽 모니터를 자유롭게 이용할 수 있다. 의자의 방향을 자유롭게 움직일 수 있어 모둠 수업을 하기에도 용이하다.

건식 작업실과 습식 작업실을 갖춘 미술실

–

미술실은 회화뿐만 아니라, 만들기, 패션디자인, 컴퓨터 그래픽을 위한 공간 등, 여건이 된다면 여러 개의 실을 갖추면 참 좋다. 그러나 현실은 하나의 실조차 제대로 갖추기 어렵다. 그래도 미술실은 기본적으로 건식 작업 공간과 습식 작업 공간이 모두 마련되어야 한다. 미술실 복도 공간이나 벽면을 전시 공간으로 구성하여 수업 결과물로 나온 아이들의 작품을 수시로 전시하면 함께 보고 배울 수 있다(305쪽 사진(위) 참조).

천안동성중학교 미술실 옆 복도 갤러리
미술실 벽면이나 복도 공간을 갤러리로 만들어놓으면 수업시간에 만들었던 작품을 전시하여
함께 볼 수도 있고, 그 자체로 아름다운 디자인 요소가 되기도 한다.

아래 사진은 세종예술고등학교인데, 미술실 중 서양화실에는 작업을 할 수 있는 탁자가 놓여 있고, 벽면에는 미술 도구를 정리할수 있는 책장형 선반이 있다. 구석에는 그림 도구를 씻을 수 있는수도 시설도 갖추었다. 조소실 또한 활동에 필요한 여러 도구들을정리하기 위한 선반과 작품을 올려두는 선반이 따로 마련되어 있다. 또 패션디자인실에는 재봉틀이 놓여 있는 탁자와 함께 디자인과 재단을 할 수 있는 넓은 탁자도 있다.

세종예술고등학교의 서양화실(좌)과 패션디자인실(우)
회화, 디자인 등 다양한 활동을 할 수 있는 여러 개의 실을 마련해놓았다.

예술활동을 하는 것만큼이나 창작한 작품들을 전시하는 것 또한 중요하다. 즉 아이들의 작업활동을 통해 나온 작품을 전시하면서 함께 배우는 공간이 필요하다. 세종예술고등학교의 중앙홀은 도서관으로 사용하기도 하고, 아이들의 작품 전시 공간으로도 사용한다(사진 ①, ②). 도서관 서가 뒷면에 아이들의 작품을 전시해두고 아이들이 오가면서 자연스럽게 관람할 수 있도록 하였다. 벽면에도 작품을 걸고, 중앙홀 도서관과 벽면 사이를 전시 공간으로 활용하기 위해 둥근 봉 형태의 지지대를 설치하고 커다란 액자를 세워놓았다. 커다란 액자 앞뒤 양면에 모두 작품을 전시할 수 있다. 이 공간은 아이들이 앞-뒤-옆으로 이동하는 통로이자 머무는 공간이기도 하다. 아이들은 이동하면서, 또는 머물면서 작품을 감상할 수 있다.

※자료: 한국교원연수원

다양하게 마련된 세종예술고등학교의 전시 공간
작품활동만큼이나 전시 공간을 마련하는 것도 중요하다. 이 학교는 도서관의 서가 뒷면에 아이들의 작품을 전시하기도 하고, 아예 작은 갤러리 형태의 전시 공간도 따로 마련해두고 있다.

이 학교에는 또 다른 전시 공간인, 작은 갤러리 '라움'이 있다(306쪽 사진 ③, ④). 타공판을 설치한 벽면 선반에 작품을 걸고, 여러 개의 조명으로 작품을 비추며 전시나 게시를 할 수 있다. 특히 타공판을 적절히 활용하면 다양한 크기의 작품을 전시하는 데 용이하다. 또 라움 공간에는 여러 개의 탁자와 의자도 놓여 있어서 함께 앉아 작품을 감상하고, 작품 관련 이야기도 하면서 예술의 세계로 흠뻑 빠져들 수 있다.

캐나다에 있는 한 미술실은 컴퓨터를 이용한 디자인 수업이 가능하도록 구성하였다. 교실 가장자리에 컴퓨터를 배치하고, 중앙에는 함께 사용할 수 있는 탁자를 두었다. 미술실에 컴퓨터를 들이기가 힘들면 컴퓨터실과 미술실이 바로 옆에 위치하게 하고 가벽을 설치하면 쉽게 컴퓨터를 활용할 수 있다.

※자료: 한국교육개발원, 2017

캐나다의 미술실 사례
최근의 디자인 작업에는 컴퓨터 사용이 필수적이다. 이에 미술실의 가장자리에는 컴퓨터, 중앙에는 공동 탁자를 두어 필요에 따라 자유롭게 작업할 수 있는 환경을 마련하였다.

방음과 악기 보관에 특히 신경 쓴 음악실

음악실에서는 각종 악기 연주 소리, 노랫소리가 늘 울려 퍼진다. 따라서 음악실에서 가장 중요한 것은 방음 시설이다. 만약 방음이 잘 되지 않으면 소리가 멀리까지 퍼지고, 다른 교과 수업을 방해할 수도 있다. 특히 '난타' 같은 어마어마한 소리를 내는 활동은 다른 교실에 더 많은 영향을 끼치므로, 완벽한 방음 시설이 중요하다.

학교에서는 연주회뿐만 아니라 각종 행사가 종종 열리는데, 악기 연주가 필요한 행사도 많다. 따라서 행사를 하는 강당과 음악실이 너무 멀면 악기를 옮길 때 조심스럽기도 하고, 여러모로 불편하

이동식 계단

※자료: 한국교육개발원, 2017

독일의 음악실 사례
학교 음악실 안에 이동식 계단을 설치했는데, 이 계단은 작은 무대처럼 활용되며 합창 연습, 악기 연습 등이 실감나게 이루어진다.

다. 만약 새로 짓는 건물이라면 강당 옆에 음악실을 배치할 것을 권장한다. 강당에서 연습하기도 쉽고, 연주회를 열거나 행사를 진행할 때도 악기를 이동하기에 훨씬 수월하다.

예술고등학교의 음악실은 대체로 공간 구성이 짜임새 있게 되어 있다. 예컨대 각 전공마다 레슨 공간이 있고, 개인 연습 공간도 따로 배정되어 있다. 한편 일반 학교의 경우에는 예술학교처럼 개인 연습실을 마련하기는 어려울 것이다. 하지만 일반 학교의 음악실이라도 기본적으로 각종 악기를 정리해둘 수 있는 준비실과 방음이 잘된 학습실 및 연습실 정도는 마련되어야 하지 않을까?

308쪽의 사진은 독일의 음악실 사례이다. 눈에 띄는 것은 이동식 계단이다. 이 이동식 계단에서 합창 연습도 하고 악기 연주도할 수 있다. 이 계단만으로도 마치 작은 공연장 같은 느낌이 든다. 음악실 자체가 공연장 분위기가 난다면 아이들은 노래를 부르거나 연주를 할 때 훨씬 더 잘 몰입할 수 있을 것이다.

310쪽 사진은 핀란드의 음악실인데, 이곳은 체육관 바로 옆에 음악실을 둔 것이 이채롭다. 음악실 바닥 높이를 체육관 무대 높이와 똑같이 만들었다. 즉 체육관 무대로 악기만 옮기면 바로 공연장처럼 연출되는 형태이다. 높이를 똑같이 만들어서 악기들을 한층 수월하게 옮길 수 있다. 높이가 다르면 계단을 오르락내리락하면서 악기들을 옮겨야 하는데, 특히 무거운 악기라면 대단히 번거롭고 힘들 것이다. 이처럼 음악실과 강당의 무대 높이가 같고 서로 문짝 하나로 연결되어 있으면 여러모로 편리하다.

체육관의 무대와 이어진 핀란드의 음악실
체육관 무대와 음악실 바닥 높이를 똑같이 만들어 악기 이동을 용이하게 하고, 체육관의 무대를 바로 공연 무대로 활용할 수 있게 하였다.

정리가 편한 수납공간과 집진시설을 갖춘 목공실

―

목공 기술은 내 삶에 필요한 것을 직접 만들어서 사용할 수 있는 대표적인 기본 기술의 하나이다. 아이들이 삶에서 필요한 가구들 중 간단한 것들은 손수 만들어 사용한다면 뿌듯함과 주체의식을 함께 느낄 수 있을 것이다. 그런데 목공실은 작업 중 먼지가 많이 발생한다. 따라서 넓은 창문이나 발코니 등으로 외부와 연계되는 공간이어야 하고, 가능하면 집진시설을 설치하는 것이 좋다.

광주선운중학교의 목공실 '꼬물'을 소개한다. 아이들이 지은 이름이고, 한 아이가 대표로 직접 쓴 글씨로 아름다운 현판을 만들었다. 선반을 경계 삼아 한쪽은 작업실, 한쪽은 목공기계실로 공간을 분리하였다. 목공실 꼬물은 실제 작업이 가능한 실습 기기와 기구들을 갖추었는데, 목공에 필요한 용품들은 공간 한구석과 벽면에 잘 정리해두어 편하게 찾아서 사용할 수 있다. 이곳에서 아이들은 생활에 필요한 다양한 가구들을 만든다. 벤치를 만들어 학교에 두기도 하였다. 자신들이 만든 벤치가 학교 곳곳에 놓여, 삶의 한 공간을 차지하는 모습을 보면서 분명 뿌듯함을 느꼈을 것이다.

※자료: 한국교원연수원

광주선운중학교 목공실 '꼬물'
아이들이 목공실 이름을 직접 지었다. 실습 기구가 벽면에 잘 정리되어 있고, 이곳에서 아이들은 생활에 필요한 다양한 가구들을 직접 제작한다.

※자료: 한국교원연수원

사천용남중학교 목공실

편안하게 작업할 수 있는 넓은 테이블이 있고, 계단을 이용해 만든 공간에 재료들을 정리함으로써 공간의 활용도를 높였다.

경남 사천의 용남중학교 목공실도 수납과 작업에 편리한 공간을 잘 갖추었다. 작업 공간에는 널찍한 탁자를 여러 개 두었고, 계단으로 올라가서 위층에는 목공에 필요한 재료들을 정리해두었다. 또 계단 아래 공간 벽면에도 목공 기구와 각종 연장들을 가지런히 정리하였다. 나사못을 크기와 용도에 맞게 보관해둘 수 있는 작은 나무 상자도 있다.

탁자 위에 나무를 대고 쉽게 자를 수 있는 기계인 테이블 소(table saw, 탁상톱)도 있다. 작업 중 먼지가 많이 발생하는 만큼 밖으로 연결된 공간은 폴딩도어를 설치해 완전히 개방할 수도 있다. 이런 폴딩도어는 환기와 채광에 유리하다. 이와 별개로 천장에는 먼지를 빨아들이는 집진시설을 갖췄다.

누구나 자유롭게 이용할 수 있는 개방된 체육관

－

체육관은 기본적으로 다양한 체육활동이 이루어지는 공간이다. 따라서 체육활동에 필요한 부속시설인 기구실은 물론 탈의실과 샤워실, 화장실 등도 함께 설치해야 한다. 하지만 체육관은 체육활동만 하는 공간은 아니다. 특히 강당이 따로 있는 학교는 드물기 때문에 체육관이 강당 역할을 대신하면서 학교의 각종 행사, 공연, 강연 등의 장소로도 자주 활용된다. 만약 체육관에 조금 더 시설을 추가하면 뮤지컬, 댄스 연습, 전시나 공연 등 한층 다양한 교육활동을 담아낼 수 있다.

　대부분의 학교에서 체육관은 안전상 이유로 교사가 있을 때만 개방한다. 일반적으로 체육관은 고립된 구조가 많다 보니 출입구를 닫아놓으면 외부와 아예 차단된 공간이 되고 만다. 아이들끼리 그 안에서 어떤 행동을 하는지 볼 수가 없기 때문에 교사들로서는 불안하다. 우리 학교에서도 여학생들이 배드민턴 자율 동아리를 만든다며 점심시간에 체육관을 개방해달라고 교무실로 찾아온 적이 있었다. 이때도 아이들끼리만 활동하다가 다칠 수도 있고, 행여 일탈행위라도 하면 어쩌나 걱정했던 기억이 난다.

　만약 체육관을 새로 지을 여건이 된다면 아예 한쪽 벽면 전체를 유리로 시공해 다른 아이들이나 선생님의 시선이 자유롭게 교차되는 공간으로 만들면 어떨까? 개방된 공간일수록 아이들은 스스로 말과 행동을 좀 더 조심하는 경향이 있다. 시선이 자유롭게 교차하는 공간이라면 굳이 교사가 함께하지 않더라도 아이들에게 맘껏 체육관을 개방할 수 있지 않을까?

현재의 대부분의 학교 체육관 구조가 관중석을 제외하면 하나의 넓은 공간으로 구성되어 다양한 활동이 동시에 이루어지기는 어렵다. 그런데 독일의 체육관에서 재미있는 아이디어를 발견했다. 아래 사진과 같이 칸막이 시설이 되어 있었던 것이다. 칸막이를 내리면 동시에 두 개 이상의 학급이 독립적으로 수업을 할 수 있고, 칸막이 아랫부분에는 이동 통로가 설치되어 있어 필요에 따라 자유롭게 이동할 수도 있다. 체육관 2층 높이의 벽면에는 관중석도 마련되어 있다. 체육관에서 관중석은 이처럼 따로 공간을 내어 달 수도 있지만, 체육관 부속시설(샤워실, 기구실, 탈의실, 화장실 등)의 윗부분에 마련할 수도 있다.

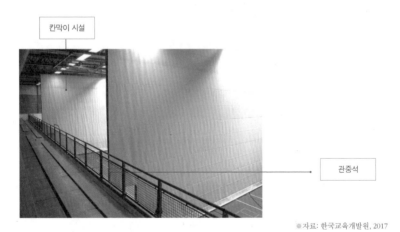

※자료: 한국교육개발원, 2017

독일의 체육관 사례
체육관에 칸막이 시설이 있어 여러 학급이 동시에, 또는 필요에 따라 독립적인 수업도 가능하다.

실내 미니 암벽장

안전 매트

※자료: 한국교육개발원, 2017

핀란드의 체육관 사례

체육관 안에 암벽 타기를 할 수 있는 미니 암벽장을 설치하였다. 아래쪽에 이동식 안전 매트를 설치해 안전하게 암벽등반을 할 수 있다.

※자료: 한국교육개발원, 2017

오스트레일리아의 체육관 사례

필요에 따라 한쪽 벽을 완전히 개방할 수 있게 설계하여 외부와 자유롭게 연결되도록 한 점이 눈에 띈다.

체육관 벽면에 실내 미니 암벽장을 설치할 수도 있다. 암벽 타기는 전신운동으로 집중력, 지구력, 균형감각, 근력을 기를 수 있다. 내가 꼭 만들고 싶은 공간이기도 하다. 집을 지을 때나 교실을 바꿀 때 아주 작은 암벽장이라도 꼭 만들고 싶다. 암벽장 같은 경우 아이들의 안전을 위해 안전 매트를 설치해야 한다. 315쪽의 위쪽 사진은 실제로 체육관 벽면에 미니 암벽장을 설치한 핀란드의 사례이다.

끝으로 1층에 위치한 오스트레일리아의 체육관을 소개한다(315쪽 아래 사진). 한눈에 봐도 탁 트인 개방감이 느껴진다. 한쪽 벽면을 완전히 개방할 수 있도록 설계하여 밖의 공간과 자연스럽게 연결시켰다. 우리나라 학교의 체육관처럼 밀폐된 공간 안에서 아이들에게 무슨 일이 벌어질지 걱정할 필요 없이, 필요에 따라 벽을 개방하면 아이들의 활동을 훤히 볼 수 있다. 다만 흙으로 된 운동장에서 놀다가 그냥 들어올 경우 바닥이 쉽게 오염되는 것이 문제인데, 이런 것만 주의하여 시원하게 뚫린 구조에서 아이들이 자유롭게 이용하게 하면 좋을 것이다.

07

교무실과 행정실

수직적 · 권위적 공간에서
수평적 · 민주적 공간으로

좋은 인간관계가 풍요로운 삶을 보장한다는 말이 있다. 여러 사람과 좋은 관계를 맺으며 어울려 살 때 건강한 인간으로 성장하고, 행복하게 살 수 있다는 뜻이다. 건강한 인간관계에서 빼놓을 수 없는 것이 바로 원활한 **소통**이다.

특히 공동체 구성원이 관계 맺음 속에서 행복하기 위해서는 소통이 꼭 필요하다. 막히지 않고, 서로 자유롭게 대화가 오갈 때 우리는 소통의 기쁨을 느낀다. 소통이 잘되면 계속 말을 하게 되고, 자연스럽게 서로 협력하게 된다. 나아가 이러한 협업을 통해 한 차원 높은 성취 수준을 경험할 수도 있다. 그 안에서 서로 뿌듯함을 느끼는 한편, 공동체 안에서는 끈끈한 유대감을 싹 틔우고, 무럭무럭 키워가게 될 것이다.

물리적 공간구조가 심리상태와 인간관계에 미치는 영향

–

어떤 학교에 근무할 때는 아무리 바빠도 굉장히 신나게 일했는데, 반대로 어떤 학교에서는 별것 아닌 일에도 몸과 마음이 만신창이가 되는 경우가 있다는 데 많은 분들이 공감할 것이다. 학교문화가 서로 소통하고 협업하느냐, 그렇지 못하느냐에 따라 구성원이 함께 성장하면서 행복을 느낄 수도 있고, 반대로 몸과 마음이 날로 피폐해질 수도 있다.

교사의 심리상태는 고스란히 동료와 학급의 아이들에게 전달될 수밖에 없다. 아무리 티를 내지 않으려고 애써도 사람에게서 무심코 뿜어져 나오는 기운까지는 어쩔 수 없기 때문이다. 그래서 더더욱 우리의 일터를 소통하는 공동체, 마음 편히 협업하는 공동체로 만들어야 한다. 이러한 공동체에서는 한 사람, 한 사람의 역할과 관계가 중요한데, 특히 공간은 공동체문화 형성에 큰 영향을 미친다. 즉 함께 생활하는 공간이 어떻게 구성되어 있느냐에 따라 관계 형성이 달라질 수 있다는 뜻이다.

일반적인 교무실의 구조를 떠올려보자. 물리적인 공간구조에서부터 일단 상당한 위계와 위압감이 전해진다. 즉 공간구조 자체가 알게 모르게 위계를 드러내는 것이다. 예컨대 교감선생님의 책상은 일단 크다. 그리고 교사들을 감시(?)할 수 있는 방향으로 앉아 있다. 이어 부장교사가 맨 남쪽 창가에 앉고, 그 외 교사들이 쪼르륵 자리하며, 최근에 발령을 받은 신입 교사는 북쪽 복도 창가 쪽에 앉는 것이 일반적인 교무실의 풍경이다. 이런 공간구조에서 과연 수평적이고 민주적인 문화가 형성될 수 있을까?

교실 공간도 마찬가지이다. 정면에는 칠판, 칠판 한가운데는 교탁, 그리고 그 아래 단상이 놓여 있다. 이 단상 위에서 교사들이 아이들을 내려다보면서 수업을 하고, 아이들은 앞을 향해 분단별로 줄을 맞춰 앉는 굉장히 딱딱한 배열이다. 이러한 공간에서 아이들의 뇌는 무심코 딱딱한 생각의 틀을 갖게 될 것이고, 그 틀 안에서 세상을 재단하면서 살아가기 쉽다. 창의력 넘치는 민주시민의 소양을 기르는 교실이라면 당연히 수평적인 공간, 아이들이 교사 및 친구들과 맺은 관계 속에서 편안하게 자신의 의견을 이야기할 수 있는 민주적인 공간이 되어야 하는데, 현재의 학교 공간은 이와는 사뭇 거리가 멀다.

하지만 요즘 많은 학교에서 수평적이고 민주적인 문화를 강조하고, 학교 관리자를 대상으로 민주적 학교문화 조성에 도움이 될 만한 연수를 많이 한다는 점은 고무적이다. 학교에서 다양한 의견을 자유롭게 내면서 협의를 통해 의사결정을 하는 과정은 공동체 발전의 원동력이다. 수평적인 관계에서 자유롭게 토론하고 협의할 때 질 높은 의사결정이 가능하고, 공동체는 성장할 수 있다. 그렇지만 수십 년간 줄곧 위계와 서열이 강조된 문화 속에서 생활해왔기에 하루아침에 바꾸기란 참 어려운 일이다. 그러나 구성원 각자의 노력과 함께 공간에 변화를 준다면, 수평적 공동체문화로 바꿔가는 데 한층 도움이 될 것이다.

공간적 위계가 심리적 위계로 이어지다

—

신영복의 《담론》에 머리-가슴-발에 대한 글이 나온다.

> 우리가 일생동안 하는 여행 중에서 가장 먼 여행은 '머리에서 가슴까지
> 의 여행'이라고 합니다. 이것은 낡은 생각을 깨뜨리는 것입니다. 오래된
> 인식 틀을 바꾸는 탈 문맥입니다.…[중략]…우리에게는 또 하나의 먼 여
> 행이 남아 있습니다. '가슴에서 발까지의 여행'입니다. 발은 우리가 발
> 딛고 있는 삶의 현장을 뜻합니다. 애정과 공감을 우리의 삶 속에서 실
> 현하는 것입니다.[7]

아무리 머리로는 수평적 문화가 중요하다는 것을 알고 있어도,
가슴으로 공감하면서 느끼기란 참 어려운 일이다. 나아가 그것을
일상생활 속에서 발로 실천하기란 더더욱 어렵다. 《사무환경이
문화를 만든다》를 보면 37쪽에 자리 배치에 대한 두 가지 그림이
나온다.

오른쪽 그림에서(321쪽 참조) Ⓐ의 경우 우리의 평범한 교무
실, 행정실 자리와 비슷하다. 자리만 봐도 누구의 자리인지, 얼마
나 서열이 높은 사람인지 금방 알 수 있다. 모두 자리에 앉았을 때
'가' 자리에 앉은 사람은 고개를 돌리지 않아도 '나' 자리에 앉은 사

---

7. 신영복, 《담론》, 돌베개, 2015, 19~20쪽
8. 퍼시스, 《사무환경이 문화를 만든다- Vol.2》, 퍼시북스, 2020, 37쪽 참조

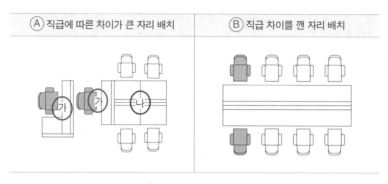

자리 배치에 따라 달라지는 조직문화[8]
책상과 의자의 배치를 어떻게 하는가에 따라 조직의 구성원에게 암묵적인 메시지를 전달한다.
Ⓐ의 경우는 철저한 위계구조가 느껴지는 반면, Ⓑ의 경우는 평등한 관계가 느껴진다.

람이 무엇을 하는지 한눈에 보인다. 그러나 '나' 자리에 앉은 사람은 '가' 자리에 앉은 사람을 보기 위해서는 고개를 돌려야 한다. 공간에서 불평등과 위계가 절로 느껴진다.

한편 Ⓑ의 경우는 Ⓐ와 다르게 수평적인 공간 분할을 보여준다. 이러한 구조에서는 모두가 서로 마주 보고 앉게 된다. 책상의 크기도 똑같다. 이와 같은 자리 배치라면 한결 편안한 분위기에서 토론이나 협의를 할 수 있을 것이다. 이제 권위나 위계에 얽매이던 시대는 지나가고, 소통과 자율성을 중시하는 시대가 왔다. 하지만 우리의 학교 공간이 여전히 공고한 위계 구조에서 크게 벗어나지 못하고 있는 것은 안타까운 현실이다. 공간에서 뿜어나오는 기운에는 막강한 힘이 있다. 조직 내에서 평등한 관계, 수평적이고 민주적인 문화를 만드는 가장 확실한 방법은 구성원 모두에게 동일한 공간을 제공해주는 것이 아닐까?

민주적 학교문화를 원한다면 공간의 틀을 깨라

—

무인도에서 혼자 살지 않는 한, 사람은 사회의 틀 속에서 규범과 제도를 지키며 생활해야 한다. 이러한 사회규범과 제도는 인간다운 삶을 보장해주는 측면도 있지만, 만약 그 틀이 공동체의 발전을 저해하고 인간의 존엄성을 훼손한다면 우리는 과감하게 그 틀을 깨고 나와야 한다. 하지만 문제는 틀 속에 오래 머물다 보면 그 틀 자체가 공동체의 발전을 방해하는지, 인간의 존엄성과 관련이 있는지 깨닫지 못한 채, 그냥 관행처럼 받아들일 때가 많다는 점이다. 우리는 학교라는 공간에서 아이들이 민주적으로 생각하고 행동하는 민주시민으로 자라길 바란다. '민주적'이라고 하면 한 사람 한 사람이 자신의 삶의 주체가 되고, 타인의 삶을 존중하면서 평등한 인간관계를 맺으며 살아갈 수 있어야 한다. 그러나 학교 공간에서 우리는 여전히 이러한 의문을 제기할 수밖에 없다.

- 구성원들끼리 진짜 평등할까?
- 교실에서 아이와 교사는 평등할까?
- 교장·교감, 교사가 평등한 관계에서 서로의 의견을 내면서 더 좋은 의견이 나올 수 있도록 협의하는 문화가 형성되어 있을까?
- 오직 교장의 의견대로 학교가 굴러가는 것은 아닐까?

구성원들의 생활방식을 바꿔 민주적인 학교문화를 만들고 싶다면 먼저 공간의 틀부터 깨보자. 위계가 느껴지지 않는 곳, 평등의 기운이 흐르는 공간으로 교무실을 배치해보는 것이다. 《그리드를 파괴하라》는 책에 기업 '유한킴벌리'의 사례가 나온다. 이 회사는 1990년대부터 시차 출퇴근제를 실시하였고, 2010년대에는 전 사원의 변동 좌석제를 실시한 바 있다. 이러한 공간혁신 프로젝트를 '스마트 워크'라고 부른다. 일반적으로 기업에서 임원이 되면 개인 집무실을 제공받는데, 유한킴벌리는 과감하게 개인 집무실을 모두 없앴다. 물론 처음에는 임직원의 반발이 심했다고 한다. 당시 유한킴벌리의 최규복 사장은 자신의 방부터 없애는 솔선수범을 통해 임원들을 설득하면서 사무 공간에 대한 혁신을 이루어갔다. 출퇴근 시간의 자율성, 공간의 유연성을 강조하면서 부장님, 차장님, 사장님 등의 호칭을 없애고, 전 직원이 서로를 '○○님'이라고 부르며 수평적, 민주적 관계에서 업무의 자율성을 높여 나갔다.[9] 민주적인 공간과 민주적인 업무 문화는 함께 가는 것임을 잘 보여준다.

공간혁신보다 중요한 구성원들의 마음가짐과 의식 변화

–

경기도 파주 헤이리에 있는 '제니퍼소프트사'의 홈페이지에 들어가면 '하지 말아야 할 33가지'를 명시하고 있는데, 이를 통해 기업 경영의 철학을 엿볼 수 있다. 33가지 중 다음과 같은 구절이 있다.

---

9. 이동우 · 천의영, 《그리드를 파괴하라》, 세종서적, 2016, 283~284쪽 참조

"회의 중인데 좀 있다 전화할게"는 아니거든요~ 가족 전화는 그 어떤 업무보다 우선이에요.…(중략)…퇴근할 때 눈치 보지 말아요. 당당하게 퇴근해요.

학교에서도 정시에 퇴근하면서 "좀 일찍 갈게요~"라고 멋쩍게 말을 하는 교사가 있다. 사실 그 말을 들었을 때, '왜 정시에 퇴근하면서 굳이 '일찍'이라고 표현할까?'라는 생각에 씁쓸했다. 나는 이 회사의 '하지 말아야 할 33가지'를 읽으면서 비로소 깨달았다. 정시에 퇴근하는 것이 당당한 곳이야말로 진정한 민주적인 공동체임을 말이다. 이 회사의 '하지 말아야 할 33가지' 중 일곱 번째에는 이런 글도 있다.

출장 후 초콜릿 사 오지 말아요. 그거 사기 위해 신경 쓰는 누군가에겐 부담이 되어요.

학교에도 출장을 갔다가 떡이나 과자 등 간식을 사들고 오는 교사가 간혹 있다. 고마운 마음으로 먹으면서도 '정신없는데 이런 것까지 챙기느라 힘들고 신경 쓰였을 텐데…'라고만 생각했다. 그러나 그것은 누군가에겐 부담이 될 수 있고, '나도 다음에 초콜릿 하나라도 사 와야 하나'라고 고민하게 만드는 행위라는 것은 미처 생각하지 못했다. 서로를 존중하는 수평적인 문화를 만들기 위해서는 아주 작은 것부터 구성원 모두가 관심을 갖고 노력해야 한다.

공간혁신은 비단 공간만 바꾸는 것이 아니다. 구성원들의 의식을 변화시키고, 이것이 수평적이고 열린 문화로의 변화로 자연스럽게 이어지는 것이다. 즉 공간을 바꾸고, 일하는 방식을 바꾸고, 수업 방식을 바꾸고, 삶을 바꾸고, 문화를 바꾸는 것이다. 이는 인내심을 가지고 꾸준히 실천해야 한다. 수십 년간 굳어진 위계적인 문화나 습관은 한순간에 바뀌지 않는다. 먼저 공간에 드러난 조직의 구조적 위계를 무너뜨리고, 조금씩 변화시키는 것이 중요하다.

그러기 위해서는 교장, 교감이 관리자로서 교사를 관리한다는 생각은 버려야 한다. 교사는 교장, 교감의 관리 대상이 아니라 협업을 위한 **동반자**이다. 공문이 내려오면 자세히 살핀 후, 업무 담당 교사를 불러 자리 옆에 앉히고 어떻게 하라고 꼼꼼히 이야기해주는 관리자도 있다. 물론 이를 '효율'이라고 말하는 사람도 있을 것이다. 하지만 그럴수록 조직의 자율성은 조금씩 파괴될 뿐이다.

사실 우리나라 교사들의 능력은 월등하다. 공문을 보면서 얼마든지 스스로 생각하고 잘 처리해낼 수 있다. 물론 상황에 따라 혼자 판단하기 애매한 것은 당연히 옆에 있는 교사나 교감, 교장에게 물어보며 조언을 구할 것이다. 이렇게 먼저 의견을 구하고 질문할 때까지 기다리는 것이 중요하다. 상대가 궁금해하건 말건 교무실에서 모든 업무에 일일이 관여하며 친절(?)하게 방법을 제시해주는 관리자가 있다고 하자. 아마도 교사들은 본인이 한 것에 대해 다른 말을 듣기 싫어서라도 아주 사소한 것조차 번번이 관리자에게 물어보게 될 것이다. 관리자가 제시한 방법대로 하면 최소한 뒷말은 듣지 않기 때문이다. 하지만 일 처리가 계속 이런 식으로 진행된다면 공동체의 구성원들은 자발성을 잃고 만다. 즉 스스로 고민하거나 생각하지 않고, 그저 수동적인 자세로 시키는 일만 하게 되는 것이다. 그런 조직은 정체되고 성장하지 못한다. 교사 스스로 할 때까지 지켜보는 것, 하고 싶은 말과 행동을 가능하면 하지 않는 것, 그것이 리더의 진정한 용기이며, 민주적인 공간 창출을 위해 꼭 필요한 마음가짐이기도 하다.

유연한 공간 구성이 절실한 우리나라 교무실

우리나라 학교의 교무실은 대부분 여유 공간이 없다. 현재의 협소한 공간에서는 연구도 휴식도 여의치 않다. 아이들에게 다양한 공간이 필요한 것처럼 교사들에게도 다양한 공간이 필요하다. 즉 교사 전용 연구 공간, 휴게 공간, 독서나 세미나를 할 수 있는 공간이 따로 필요하다. 그러나 이것이 현실적으로는 힘들기 때문에 최소한 지금의 교무 공간이라도 좀 더 유연하게 만들어야 한다.

지역 교육청마다 공간혁신 사업에 관한 세부 내용은 차이가 있다. 하지만 공통적으로 교무실의 공간혁신 영역을 찾아볼 수 없는 점은 아쉽다. 즉 학교 내 아이들을 위한 공간은 공간혁신 대상에 포함하고 있지만, 교무실 공간에 대한 지원은 없는 것이다. 학교에서 아이들을 위한 공간 못지않게 교사를 위한 공간도 중요하다.

집에서 부모가 편안하고 행복해야 아이들도 행복한 것처럼, 학교라는 공간에서도 교사가 행복해야 그와 함께 배우는 아이들도 행복할 수 있다. 당연히 교사를 위한 공간혁신 영역을 넣고, 지원도 이루어져야 한다.

커피 한 잔을 마셔도 쓰레기가 나뒹구는 지저분한 길가에서 마시는 것과, 밝고 따뜻하고 아름답게 꾸며진 커피숍에서 마시는 것은 전혀 다른 느낌이다. 교무실을 아름답게 꾸미고, 교사가 쉬거나 아이들과 상담할 수 있는 공간이 충분할 때 좀 더 편안한 마음으로 근무할 수 있지 않을까?

글로벌 기업 구글은 직원 개개인의 자율성 존중, 최고의 복지제도로도 유명하다. 프랑스에 있는 구글의 스튜디오 겸 사무실을 보면 세련되고 편안한 느낌이 든다. 우리 교무실 한쪽에 이런 공간이 있다면 저절로 마음이 우러나서 자유롭게 소통할 뿐 아니라 창의적인 의견이 샘솟을 것 같다.

※자료: https://www.frameweb.com/news/google-france-elodie-ricord-studio

구글 프랑스 스튜디오 겸 사무실
딱딱한 사무실에서 탈피하여 가정의 거실을 연상시키는 편안하고 따뜻한 공간으로 구성하였다.

이런 공간은 그냥 쳐다보는 것만으로도 마음이 즐겁고 평화로워진다. 327쪽의 왼쪽 사진을 보면 깔끔한 느낌의 흰색을 기본 색으로 사용했다. 창가에는 키 낮은 수납장을 두고, 그 주변에는 녹색 식물을 들였다. 의자에 앉아 사용할 수 있는 테이블도 있고, 러그에 편안하게 앉을 수 있도록 낮은 탁자를 두기도 했다. 잠깐 휴식을 취할 수도 있고, 책을 읽을 수도 있고 협의나 토론도 가능하다. 한편 오른쪽 사진을 보면 자연에서 영감을 받아 색감이 살아 있는 한층 따뜻한 공간으로 구성하였다. 따뜻한 느낌의 2인용 소파, 귀여운 1인용 소파, 둥근 그네형 소파도 있다. 푸른 벽과 푸른 화분은 공간을 생기 있게 해준다.

나아가 교사들이 학교에서 편안하게 운동할 수 있는 공간이 있으면 좋겠다. 수업뿐 아니라 쏟아지는 행정 업무에 지친 교사들은 운동은 고사하고 숨 쉴 시간도 부족하다. 우리 교사가 인간으로서 존중받는다는 느낌이 들 수 있도록 교사의 복지에 좀 더 많은 지원을 해줬으면 하는 바람이다. 앞서 민주적 공동체를 말하며 소개한 '제니퍼소프트사'의 이원영 대표는 회사의 복지에 대한 생각을 다음과 같이 밝혔다.

"복지는 기업이 당연히 해야 될 일이고, 생산성은 그것과 별개의 문제라고 생각합니다. 구성원들이 얼마나 능력을 발휘해서 의미 있는 생산성을 이끌어내느냐의 문제겠죠. 떡 하나 주면 일을 더 열심히 하겠냐고 묻는 건 우습잖아요." [10]

교사의 복지 또한 당연한 조치이며, 복지에 어떤 대가를 바라서는 안 된다. 교사를 성과급 따위로 움직일 수 있는 존재로 여겨서는 안 된다는 뜻이다. 가르치고 싶은 욕구가 솟구치는 환경을 만드는 것은 복지를 떠나 교육의 질 향상을 위해서도 당연한 조치가 아닐까? 먼저 교무실을 아늑하고 밝은 공간, 수평적이고 자율성이 보장되는 공간으로 만들어야 한다. 소통과 협업이 자유롭게 이루어지는 공간이라면 교사는 자발적으로 움직이며, 한껏 역량을 발휘하게 될 것이다. 그리고 교사가 발휘하는 역량은 고스란히 아이들에게 전달되고 아이가 성장하는 데 원동력이 될 것이다.

권위를 덜어낸 아늑한 카페 같은 교무실 공간 연출 사례

—

다행인 것은 우리나라 학교도 좀 더 민주적인 교무실로 바뀌가는 사례들이 생겨나고 있다는 점이다. 예컨대 경남 사천의 용남중학교 교무실은 마치 카페같이 편안한 느낌이 든다. 330쪽의 사진에서 보는 것처럼 이 학교는 교무실을 복도와 연결해 공간을 넓게 활용하였고, 휴게실은 교무실 측면에 마련하였다. 교사용 휴게실은 교무실과 가장 가깝게 있어야 한다. 만약에 교무실은 2층 중앙에 있는데 휴게 공간은 3층 끝에 있다면 자연히 활용도가 떨어질

10. SBS스페셜 〈리더의조건〉 제작팀, 《리더의 조건》, 북하우스, 2013. 86쪽

※자료: 용남중학교

경남 사천의 용남중학교 교무실

카페처럼 아늑하고 아이들과의 소통도 쉽게 할 수 있는 교무실이다. 특히 휴게실을 교무실 측면에 연결하여 교사들이 편하게 사용할 수 있도록 배려하였다.

수밖에 없기 때문이다. 천장은 어두운 바탕에 원목 나무판으로 강조했고, 조명도 공간마다 모양을 다르게 설치하였다. 이처럼 용남중학교 교무실은 꼭 용무가 있어야 방문하는 공간이 아니라 아이들이 언제든 마음 편히 찾아올 수 있도록 열린 공간으로 구성하였다. 특히 중앙현관 2층에 자리하고 있어 전면 유리를 통해 밖에서 아이들이 어떤 활동을 하는지도 쉽게 관찰할 수 있다.

또 다른 사례로 서울신현중학교의 경우 교사를 위한 공간으로 '도란도란' 카페를 마련하였다. 교직원 식당 바로 옆에 위치한 이 카페에서 교사들은 점심 식사 후에 간단히 차 한 잔과 함께 서로 이런저런 이야기를 나누기에도 좋다. 카페 명패에도 아름다운 조명을 넣었고, 천장 조명도 충분히 설치해 밝고 환한 분위기이다. 특히 카페 측면의 문을 열고 들어가면 교과 연구나 협의활동도 할 수 있는 공간이 있다(331쪽 오른쪽 사진). 창가 쪽으로는 긴 테이블

서울신현중학교의 도란도란 카페
식당 옆에 마련한 카페는 교사들이 편하게 담소를 주고받을 수 있을 뿐만 아니라, 카페 측면에 협의 공간을 마련하여 교사들이 다양한 활동을 할 수 있도록 하였다.

을 배치해 책도 읽을 수 있다. 책상도 평범하고 밋밋한 디자인이 아니라 책상 홈에 자연스런 장식이 있는 책상이다. 이처럼 세심하게 디자인한 공간에 있으면 존중받는다는 느낌이 절로 든다.

복도와 교무실을 함께 혁신하여 전형적인 공간에서 탈피해 아이들과 편하게 상담할 수 있는 공간으로 개선한 사례도 있다. 바로 서울의 삼정중학교이다. 삼정중학교는 학년별로 각 층에 교무실을 배치하였다. 이전의 복도와 교무실은 삭막하고 단조로운 공간으로 책상이 쭉 이어져 있고, 칸막이가 쳐져 있는 전형적인 모습이었다. 하지만 지금은 밝고 쾌적한 공간, 수납공간이 많은 공간, 또 아이들과 편안하게 상담할 수 있는 공간으로 바꾸었다.

332쪽의 설계도를 보면 맨 오른쪽 교무실에서 복도 쪽으로 회의실 겸 상담실이 있다. 복도에는 이야기방 및 만남의 광장이 있다. 기존에는 교무실에 학부모가 찾아오면 편안하게 앉아 대화를 나눌 공간이 없어서 교무실 책상 옆에 둥그런 작은 의자를 내주고 상담을 했다. 또 아이들이 찾아와 고민을 이야기해도 함께 진지하

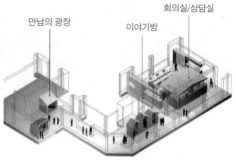

회의실/상담실

만남의 광장

이야기방

※자료: 서울특별시교육청, 2018

삼정중학교 복도와 교무실 및 설계도
층별로 교무실이 배치된 이 학교는 공간혁신 후 교무실 내에 상담 공간을 따로 마련함으로써
좀 더 마음 편히 대화를 나눌 수 있는 환경으로 변모하였다.

게 공감하며 들어줄 만한 공간이 따로 없어서 그냥 교무실에서 대화를 나눠야 했다. 그런데 교무실은 다른 교사와 함께 생활하는 공간이기 때문에 이 대화는 조용한 교무실에 다 들리게 된다. 듣는 사람도 불편하고 말하는 사람도 불편하기 때문에 교무실 안에는 마음 편안하게 상담할 수 있는 공간이 꼭 필요하다.

삼정중학교는 복도 쪽 전면의 벽을 허물고 아예 상담실이자 회의실을 설치했다. 상담실이 이렇게 교무실과 아주 가까이 있어야 아이들이 교무실에 오면 금방 상담실로 이동해 이야기를 나눌 수 있다. 교무실과 멀리 떨어진 상담 공간은 잘 사용하지 않게 된다. 교사는 늘 수업에 쫓기다 보니 쉬는 시간 10분을 이용해 상담을 하는 경우도 많다. 그러니 반드시 교무실 가까이에 상담 공간을 마련해야 한다.

교무실과 가까운 복도에는 이야기방도 있다. 썰렁한 복도에서 깊이 있는 대화를 나누기는 힘들다. 하지만 이런 작은 공간에서는 한두 명 또는 서너 명이 앉아 고민거리도 터놓고 이야기를 하고, 토론과 협의도 자유롭게 할 수 있다.

교직원 휴게실도 조금씩 개선되는 모습이다. 예컨대 하늘숲초등학교의 교직원 휴게실은 여유롭고 다양한 형태의 공간으로 이루어졌다. 한쪽 벽면에는 작은 테이블과 벤치가 놓여 있는 알코브 공간으로 조용히 차를 마시면서 독서를 할 수 있다. 파랑색 벽면에 비친 조명 불빛에서 편안함이 느껴진다. 창가 쪽으로는 둥그런 테이블과 편안안 의자를 두었고, 창턱에는 작은 화분을 두어 좀 더 아늑하고 따뜻한 느낌이 든다. 기존의 우리가 알던 교무실과는 전혀 다른 공간이다. 학교생활에서 마음이 무겁고 지칠 때, 이런 공간에 잠깐 머무는 것만으로도 조금은 마음의 평안을 찾을 수 있으리라 생각한다. 예쁜 주방에서 커피를 내리거나 차를 준비해서 마시면서 지친 마음에 잠시나마 위로를 받을 수 있을 것이다.

※자료: 한국교원연수원

하늘숲초등학교의 교직원 휴게실
이 학교의 교직원 휴게실은 다양한 공간구성이 눈에 띈다. 무엇보다 교사들이 바쁜 학교생활에서 잠시나마 힐링의 시간을 가질 수 있도록 아늑하고 따뜻한 분위기로 공간을 구성하였다.

교직원, 학생, 학부모가 함께 소통하는
공간으로 변신한 행정실

—

학교 행정실은 학교의 다양한 행정관리 업무를 수행한다. 각종 교육사업과 관련한 업무들을 수행하다 보면 협의가 필요하거나 손님맞이를 해야 하는 경우도 많다. 하지만 대부분의 학교에서 행정실 공간은 협소하고 어수선한 상태로 방치되기 일쑤이다. 서울창북중학교의 경우도 마찬가지였다. 기존 행정실은 창고가 차지하는 면적이 꽤 됐고, 남은 공간에서 업무도 보고, 협의도 하고, 손님이 오면 차도 마시는 공간으로 비좁게 사용했다. 이 비좁은 공간을 교직원, 학생, 학부모가 함께 대화를 나누면서 소통할 수 있는 여유로운 공간으로 바꾼 것이다.

※자료: 서울특별시교육청, 2018

시공 전의 서울 창북중학교 행정실과 창고 방풍실
여느 학교의 행정실과 마찬가지로 비좁고 삭막하여 손님이 방문했을 때 편안하게 대화를 나누기가 어려운 공간이었다.

기존에는 학교에 방문객이 오면 마땅히 앉을 만한 공간조차 없어 난감할 때가 많았다고 한다. 그래서 방문객을 맞이하고, 협의도 할 수 있는 공간을 만들었다. 탕비실은 업무 영역과 방문객 영역 사이에 두어 누구나 편안하게 사용할 수 있도록 하였다. 협의 및 방문객을 맞이할 수 있는 공간에는 예쁜 테이블과 의자를 두었다. 벽 쪽으로는 편안히 앉을 수 있는 1인용 소파를 마주 보도록 배치하였다. 탕비실이 있는 둥근 벽면 아래에는 주황색 벤치를 시공했다. 방풍실 쪽으로는 폴딩도어를 설치해 활짝 열면 밖과 자연스럽게 연결된다. 이런 공간이라면 처음 방문하는 손님이라도 어색해하지 않고, 좀 더 편안하게 머물 수 있을 것이다.

행정실 업무 공간은 노출 천장으로 두고 긴 나무판을 여러 개 붙여서 시공하였다(아래 오른쪽 사진). 아울러 장식 효과를 겸해 조명도 나무판의 길이에 맞게 길게 설치하였다. 차분한 색감의 업무

※자료: 서울특별시교육청, 2018

새롭게 탄생한 창북중학교 행정실
행정실 안에 손님맞이를 위한 공간을 따로 마련하고, 꽉 막힌 벽 대신에 폴딩도어를 설치해 안과 밖을 연결하는 개방감 있는 공간으로 변모했다. 업무 공간 또한 기존의 모습과 달리 밝고 산뜻한 분위기로 전환되었다.

공간과 나무 색깔의 천장 공간이 서로 조화를 이루며 세련되고 깔끔한 느낌이 든다. 이러한 공간에서는 어느새 조급했던 마음이 가라앉으면서 왠지 모르게 편안해지고 여유가 생긴다. 그 느낌은 다른 사람을 대할 때도 이어져서 한층 여유로운 마음으로 상대를 존중하면서 업무를 볼 수 있을 것이다. 이 모든 것은 머무는 사람의 마음가짐마저 변화시키는 공간의 힘 때문이 아닐까?

삶과 배움이
조화로운 공간을 창조하려면?

공간은 그곳에 머무는 인간에게 슬그머니 스며들어, 어느새 삶 전체에 깊은 영향을 미친다. 따라서 어떤 공간에서 사느냐는 우리 모두에게 매우 중요한 문제이다. 내가 사는 공간은 내 마음, 내 기분, 내 행동까지 좌우하기 때문이다. 지금이라도 스스로에게 다음과 같은 질문을 던져보자.

"나는 어떤 공간에 있을 때 가장 행복한가?"
"우리 아이들은 어떤 공간에 있을 때 가장 행복할까?"

아늑하고 포근한 공간이 떠오를 것이다. 어렸을 적 한없이 푸근했던 엄마 품도 생각나고, 부드러운 인형을 매만지면서 앉아 있던 햇살 가득한 창가도 떠오를 것이다. 나는 어린 시절 어머니께서 부엌 아궁이에 불을 때실 때면 늘 그 옆에 딱 달라붙어 앉아 있곤 하였다. '타닥타닥' 소리를 내면서 타는 따뜻한 불꽃을 한없이 바라보던, 요즘 말로 치면 '불멍'에 빠져 있던 그 공간을 떠올리는 것만으로도 어쩐지 마음이 평온해진다. 우리 아이들에게도 온전히 마음의 평온을 느낄 수 있는 그런 공간을 학교에 마련해줄 순 없을까? 우리 아이들이 학교에서 행복한 추억을 마음 깊이 간직할 수 있도록 다양한 공간을 만들면 좋겠다.

아이들의 마음을 어루만지는 치유와 성장의 공간

공간이 아이들의 마음 깊은 곳을 어루만질 수 있을 때, 비로소 그 공간은 아이들에게 포근한 안식처가 되고, 삶의 큰 의미가 된다. 이러한 공간에서 울고, 웃으며 친구들과 함께 생활한 아이는 설사 시련을 겪더라도 스스로 치유하면서 평화롭고 따뜻한 내면의 힘을 가진 어른으로 성장할 것이다. 아이들의 삶에서 학교는 잠깐 스쳐 지나가는 공간이 아니다. 12년에서 16년, 길게는 거의 20년 넘게 학교에서 생활한다. 인생에서 꽤 긴 시간을 보내는 학교를 세계에서 최고의 공간으로 만들어보면 어떨까? 대한민국의 거의 모든 국민은 학교에 다녔고, 또 다니고 있다. 학교 공간이 최고로 아름다운 공간이 된다면 이 혜택은 전 국민이 누리게 될 것이므로 더욱 의미 있는 일이다. 아름다운 공간에서 아름다운 마음이 싹 트고, 아름다운 마음은 아름다운 행동으로 연결된다. 아이들의 삶을 따뜻하고, 풍요롭게 담아낼 수 있는 최고의 그릇을 빚어보자. 사실 우리가 학교 공간에 조금만 관심을 기울여도 바꿀 수 있는 공간이 많이 보일 것이다. 꼭 학교를 다시 지어야만 가능한 일은 아니다. 그저 교실 한구석이라도 아이들의 마음을 푸근하게 감쌀 수 있는 공간으로 바꿔보면 어떨까? 작더라도 교실 안에 그런 공간이 마련된다면 아이들의 마음이 절로 부드러워지면서 말과 행동에도 한층 여유가 생길 것이다.

삶과 배움이 조화를 이루는 공간혁신이 가능하도록

우리의 소중한 아이들이 발 닿는 곳곳에 정성을 들여보자. 꼭 거창하게 시작할 필요는 없다. 아주 조금씩 바꿔나가도 이 작은 힘이 모이고 모여 완전히 다른 공간으로 탈바꿈할 수 있을 것이기 때문이다. 삶과 배움이 조화를 이루는 공간혁신은 아주 작은 것부터 시작할 수 있다. 무조건 벽체를 허물고, 고가의 새로운 가구를 들이지 않아도 된다. 아이들이 자연의 아름다움을 느낄 수 있도록 교실 한구석에 화분 하나 들이고 아이들이 늘 사용하는 학습 도구 하나라도 조금 더 깔끔하고 조금 더 예쁜 것으로 고르는 것, 아이들이 좀 더 편안할 수 있도록 배려하는 작은 마음 씀씀이 모두가 의미 있는 공간혁신이다.

학교 공간을 아름답게 가꾸고, 아이들이 스스로 배울 수 있는 공간이 될 수 있도록 아이들과 함께 구성해보자. 특히 공간혁신의 의사결정에 아이들이 참여하는 것은 매우 중요하다. 학교는 아이들이 스스로 배우면서 성장의 기쁨을 맛볼 수 있도록, 다양한 기회를 제공해주어야 한다. 이는 공간혁신도 예외는 아니다.

'우리 학교는 참 예쁘다! 참 좋다!'

이런 마음이 절로 솟아나려면 아이들의 눈높이에서 그들의 삶을 학교 공간에 정교하게 담아내야 한다. 만약 아이들에 대한 존중 없이 일방적으로 이루어지는 공간혁신이라면, 아무리 삶과 배움의 조화를 이루는 공간 구성을 지향한다고 부르짖어도 결코 원하는 결과에 이르기는 어렵다. 아이들의 의견을 존중하면서 그들의 눈높이에 맞게 공간을 세밀하게 구성하는 것이 중요한 이유이다.

아이들은 교실에서, 복도에서, 도서관에서, 운동장에서, 또 시원한 나무 그늘 아래 벤치에 앉아 친구들과 어울리며 관계를 맺고, 그 안에서 배우고 성장한다. 그 모든 과정이 편안하고, 아름답고, 행복할 수 있었으면 좋겠다. 함께 머리를 맞대고 '늘 가고 싶은 학교, 늘 머무르고 싶은 교실'을 만들어보자. 아주 작은 관심과 사랑이 모이고 모이면, 모두가 머물고 싶은 최고의 공간으로 바꾸는 '학교 공간혁신'의 위대한 꿈이 언젠가는 반드시 이루어질 것이라고 믿는다.

참고자료

단행본 및 무크

김경인, 《공간이 아이를 바꾼다》, 중앙북스, 2014.
김광현, 《건축이 우리에게 가르쳐주는 것들》, 뜨인돌, 2018.
김난도, 《천 번을 흔들려야 어른이 된다》, 오우아, 2012.
김정혜, 《색깔의 힘》, 토네이도, 2016.
김종진, 《미지의 문》, 효형출판, 2018.
김종진, 《공간 공감》, 효형출판, 2011.
김진애, 《이 집은 누구인가》, 샘터, 2006.
나은중·유소래, 《교육 공간의 새로운 발견》, 써프로그램, 2017.
네임리스 건축, 《스쿨 블루프린트》, 정예씨, 2016.
박성철, 《학교공간의 가치》, 교육공감, 2020.
송순재, 《상상력으로 교육에 말 걸기》, 아침이슬, 2011.
송현숙 외, 《놀이터의 기적》, 씨앗을뿌리는사람, 2015.
신영복, 《담론》, 돌베개, 2015.
심상욱 외, 《학교디자인과 교육적 상상력》, 부크크, 2017.
어룡초등학교 교직원, 《왜 학교공간인가》, 북트리, 2017.
유현준, 《어디서 살 것인가》, 을유문화사, 2018.
이동우·천의영, 《그리드를 파괴하라》, 세종서적, 2016.
이시형·김준성, 《의사가 권하고 건축가가 짓다》, 한빛라이프, 2015.
임정훈, 《학교의 품격》, 우리교육, 2019.
전국학교도서관담당교사 서울모임, 《아름다운 삶, 아름다운 도서관》, 우리교육, 2015.
정기용, 《기적의 도서관》, 현실문화연구, 2010.
조재현, 《공간에게 말을 걸다》, 멘토프레스, 2012.
퍼시스, 《사무환경이 문화를 만든다- Vol.1 사무환경 디자인의 시작》, 퍼시스북스, 2017.
퍼시스, 《사무환경이 문화를 만든다- Vol.2 오피스 일상을 바꾸다》, 퍼시스북스, 2020.
편해문, 《위험이 아이를 키운다》, 소나무, 2019.
한현미, 《공간의 인문학》, 맘에드림, 2018.
홍경숙 외, 《학교 공간 어떻게 바꿀 수 있을까》, 창비교육, 2019.
SBS스페셜 〈리더의조건〉 제작팀, 《리더의 조건》, 북하우스, 2013.

구도 가즈미, 《학교를 만들자》(류호섭 옮김), 퍼시스북스, 2009.
권터 벨치히, 《놀이터 생각》(엄양선·베버 남순 옮김), 소나무, 2015.
말로 모건, 《무탄트 메시지》(류시화 옮김), 정신세계사, 2003.
론 프리드먼, 《공간의 재발견》(정지현 옮김), 토네이도, 2015.
세라 W. 골드헤이건, 《공간 혁명》(윤제원 옮김), 다산사이언스, 2019.
소린밸브스, 《공간의 위로》(윤서인 옮김), 문예출판사, 2014.
시민교육연구회, 《우리가 만드는 미래학교》(류호섭 옮김), 기문당, 2013.
에스더 M. 스턴버그, 《공간이 마음을 살린다》(서영조 옮김), 더퀘스트, 2013.
이토 도요 외, 《이토오요의 어린이 건축학교》(이정환 옮김), 안그라픽스, 2016.
장 가브리엘 코스, 《색의 놀라운 힘》(김희경 옮김), 이숲, 2016.
찰스 몽고메리, 《우리는 도시에서 행복한가》(윤태경 옮김), 미디어월, 2014.
콜린 엘러드, 《공간이 사람을 움직인다》(문희경 옮김), 2017.
크리스티안 리텔마이어, 《느낌이 있는 학교건축》(송순재·권순주 옮김), 내일을여는책, 2005.
헤르만 헤르츠버거, 《헤르만 헤르츠버거의 건축 수업》(안진이 옮김), 효형출판, 2009.

논문, 보고서 및 자료집

광주광역시교육청, 2018, 〈아·智·트 Project〉, 《학생중심 학교공간재구성사업백서》.
서울특별시교육청, 2017, 《교육공간혁신 사례-꿈을 담은 교실 만들기》.
서울특별시교육청, 2018, 〈학교, 고운 꿈을 담다- 학교공간 재구조화〉, 《서울교육 공간디자인 혁신 사
    업백서》.
서울특별시교육청, 2018, 《꿈을 담은 교실 만들기 가이드북》.
서울특별시교육청, 2018, 《서울교육공간플랜》.
한국교육개발원, 2016, 《학교시설 선진화를 위한 가이드라인》.
한국교육개발원, 2017, 《학생중심 교육과정 운영을 위한 학교공간 재구조화 방안-현장 사례중심으로》.
한국교육개발원, 2017, 〈학교공간조성 해외사례〉, 《EDUMAC 교육시설 해외연수 자료집》.
한국교육개발원, 2017, 《4차 산업혁명 시대의 미래형 학교환경은 어떠해야 하는가?》.
한국교육개발원, 2018, 《주요국의 학교 공간 조성 사례와 한국 교육에 주는 시사점》.
한국교육개발원, 2019, 《학습자 중심의 미래 교육환경에 대응하는 학교공간 재구조화 모형 개발》.

사이트

https://www.frameweb.com/news/google-france-elodie-ricord-studio

http://www.decohoms.com/kids-toilet/

http://www.uk.roca.com/rocalife/the-best-kids-bathroom-ideas-and-designs

http://enews.gen.go.kr/v4/?sid=2&wbb=md:view;uid:1451;

https://www.2woo.net/board/publicity

https://dawon1.modoo.at/?link=k779kfy0

https://ko.wikipedia.org/wiki/%EC%BE%B0%EB%A5%B8_%EB%8C%80%EC%84%B1%EB%8B%B9

https://www.namuarchitects.com/2007－comg

https://ko.wikipedia.org/wiki/%ED%8C%8C%EB%86%89%ED%8B%B0%EC%BD%98

http://pcae.g2b.go.kr:8044/pbs/psa/psa0110/popup3.do?_openerserialnumber=1565182353890&_
    isPopup=true

삶과 교육을 바꾸는
맘에드림 출판사 교육 도서

독자 여러분의 소중한 원고를 기다립니다

맘에드림 출판사는 독자 여러분의 소중한 원고를 기다리고
있습니다. 원고가 있으신 분은 momdreampub@naver.com으로
원고의 간단한 소개와 연락처를 보내주시면 빠른 시간에 검토해
연락을 드리겠습니다.

고교학점제란 무엇인가?
김성천 · 민일홍 · 정미라 지음 / 값 17,000원

이 책은 아직까지 우리나라에서는 생소한 개념인 고교학점제에 대한 거의 모든 것을 아우른다. 아울러 고교학점제가 올바로 정착하기 위해 학교 현장의 교사는 물론 학생, 학부모에게도 학점제를 좀 더 깊이 이해하기 위한 좋은 지침서가 되어줄 것이다.

고교학점제, 어떻게 실천할 것인가?
김삼향 · 김인엽 · 노병태 · 정미라 · 최영선 지음 / 값 20,000원

이 책은 고교학점제의 구체적인 실천 방안을 중심으로 풀어간다. 특히 소통과 협력이 원활한 학교문화, 체계적인 학교운영, 학생들이 주체가 된 과목 선택과 진로교육을 위한 다양한 교육과정 편성 및 운영, 발달적 관점에서의 질적 평가, 학점제에 최적화된 학교 공간혁신 등을 아우른다. 특히 마이스터고와 특성화고의 실천 사례들도 함께 소개하고 있다.

고교학점제, 진로교육을 다시 디자인하다
정미라 · 곽충훈 · 노병태 · 박기윤 · 서승억 지음 / 값 17,900원

이 책은 진로학업설계를 기반으로 학교의 일상과 함께하는 지속가능한 진로교육을 제안한다. 전담조직의 구성부터, 진로지도, 과목선택지도, 과목이수설계지도, 학업관리지도 등의 전 과정을 포괄적으로 살펴본다. 또한 중학교, 나아가 유·초등과도 연계한 장기적 체계적인 진로학업설계의 필요성과 실천 방안 및 해외의 진로학업설계 사례 등도 폭넓게 아우른다.

혁신학교란 무엇인가
김성천 지음 / 값 15,000원

교육공동체가 만들어내는 우리 시대 혁신학교 들여다보기. 혁신학교 전반에 관한 이야기를 다루고 있는 책으로, 공교육 안에서 혁신학교가 생기게 된 역사에서부터 혁신학교의 핵심 가치, 이론적 토대, 원리와 원칙, 성공적인 혁신학교의 모습을 보이고 있는 단위학교의 모습까지 담아냈다.

학교, 민주시민교육을 만나다!

김성천, 김형태, 서지연, 임재일, 윤상준 지음 / 값 15,000원

2016년 '촛불 혁명'의 광장에서 보인 학생들의 민주성은 학교에서는 찾아보기 힘들다. 민주시민교육은 법률과 교육과정 총론에 명시되어 있지만 그 중요성을 실제로는 인정받지 못해왔다. 또한 '정치적 중립성'이 대체로 '정치의 배제'로 잘못 해석됨으로써 구체적인 쟁점이나 현안을 외면해왔다. 이 책은 교육과정, 학교문화 등 다양한 측면에서 시민교육을 성찰하고 정책 대안을 제시한다.

학교, 민주시민교육을 실천하다!

교육정책디자인연구소시민모임 지음 / 값 17,000원

학교에서 어떤 식으로 민주시민교육이 이루어져야 하는지를 이야기한다. 특히 학생들의 눈높이에 맞춰 민주주의를 그들의 삶과 어떻게 연결시킬지에 초점을 맞추었다. 18세 선거권, 다문화와 젠더 등 다양한 차별과 혐오 이슈, 미디어 홍수 시대의 시민교육, 통일 이후의 평화로운 공존 방안 등의 시민교육 주제들을 아우른다.

교육을 교육답게 우리교육 다시 세우기

최승복 지음 / 값 16,000원

20여 년간 교육부 공무원으로 정책을 연구하고 입안해온 저자가 우리 사회가 당면한 교육 문제의 본질과 대안을 명확하게 정리한 책. 저자는 표준화된 교육과정과 평가에 따라 학생들에게 획일성과 경쟁만 강조해왔던 과거의 교육을 단호히 비판하고 학생 개개인에게 맞는 개별화 교육이 필요하다고 주장한다.

혁신교육 정책피디아

한기현 지음 / 값 15,000원

이 책의 저자는 교육 현장은 물론, 행정 프로세스에 대한 경험을 모두 갖춘 만큼 교원 업무 정상화, 학폭법의 개정, 상향식 평가, 교사 인권 보호, 교육청 인사, 교원연수 등과 관련해 교육 현장의 가려운 곳을 제대로 짚어 긁어주면서도 현실성 높은 다양한 정책들을 제안한다.

공교육, 위기와 도전

김인호 지음 / 값 15,000원

학생들에게 무한경쟁만 강요하는, 우리 교육 시스템과 그로 인해 붕괴된 교실에서 교육주체들은 길을 잃고 말았다. 이 책은 이러한 시스템 속에서 고통을 겪고 있는 교사, 학생, 학부모, 지역사회가 연대하여, 교육과정·수업·평가·진로 등 모든 영역에서 잘못된 교육 제도와 관행을 이겨낼 수 있는 대안과 실천 사례를 상세히 제시한다.

혁신학교의 거의 모든 것

김성천·서용선·홍섭근 지음 / 값 15,000원

이 책은 혁신학교에 대한 100가지 질문에 답하면서 혁신학교의 역사, 배경, 현황, 평가와 전망을 구체적인 증거를 통해 설명하고 있다. 이 책은 우리 사회에 필요한 교육은 무엇인지, 교사와 학생들이 더 즐겁게 가르치고 배우면서 성장할 수 있는 교육을 위해 필요한 것이 무엇인지 등을 더 깊이 생각해보게 한다.

혁신교육 미래를 말한다

서용선 외 지음 / 값 14,000원

혁신교육 정책을 입안하고 추진하는 데 기여해왔던 6명의 교사 출신 연구자들이 혁신교육 발전에 필요한 정책 과제들을 모아 하나의 책으로 제시한다. 이 책은 교육철학, 교육과정, 교육행정과 학교 운영(거버넌스) 등에서 주요 이슈들을 정리하고 혁신교육의 성과와 과제를 보여준다.

혁신학교 효과

한희정 지음 / 값 15,000원

이 책에서 저자는 혁신학교 효과를 살펴보기 위해 혁신학교가 OECD DeSeCo 프로젝트에 제시된 '핵심 역량'을 가르치고 있는지, 학생·학부모·교사가 서로 배우는 교육공동체를 이루고 있는지, 학생의 발달을 위한 다양한 교육과정을 운영하고 있는지 등을 반 학교와 비교하여 설명한다.

교사의 말하기
이용환 · 정애순 지음 / 값 15,000원

이 책은 말하기 기술을 연마하기에 앞서 말하고자 하는 상대에 주목해야 함을 강조한다. 그리고 무심코 내뱉은 말 한 마디로 학생들이 얼마나 큰 상처를 입을 수 있는지 경계한다. 아울러 교사의 말이 학생을 성장시키고 나아가 교사 자신까지 성장시키는 엄청난 힘을 발휘한다는 것을 강조한다.

초등 상담 새로 고침
심경섭 · 김태승 · 박수진 · 손희정 · 김성희 ·
김진희 · 남민정 · 박창열 지음 / 값 16,000원

학교 현장에서 아이들의 부적응이나 문제행동을 고민하지 않는 교사는 거의 없다. 이 책은 이러한 문제에 대한 해결책을 찾는 교사의 상담 지혜를 다룬다. 특히 문제 상황에 따른 원인을 분석하고 명확한 가이드라인을 제시한다. 이는 교실 현장에서 발생하는 거의 모든 문제 상황에 적용될 수 있다.

시인 체육교사로 산다는 것
김재룡 지음 / 값 16,000원

이 책은 정년퇴임까지의 한평생을 체육교사이자 시인으로서 살아온 저자가 솔직하고 담담한 자세로 쓴 일상의 기록이며, 한편으로는 구술사를 꾸준히 고민해온 저자 자신의 역사가 담긴 사료(史料)이다. 그는 자신의 삶 속에서 타인의 고통과 접속하며 자신의 고통을 대면하여 가볍게 만드는, 자기치유의 가능성을 말한다. 사소한 순간의 기억이 모여 운명처럼 완성된 한 생애의 이야기가 여기 있다.

교사, 어떻게 살아야 하는가
김성천 외 지음 / 값 15,000원

오랫동안 교육현장에서 교육과 연구를 병행해온 저자 5인이 쓴 '신규 교사를 위한 이 시대의 교사론'. 이 책은 학교구성원과의 관계 맺기부터 학교현장에서 맞닥뜨리게 되는 여러 가지 문제들과 극복 방법 등 어떻게 개인의 성장을 도모해야 하는지를 두루 담고 있다.